張載思想研究

宋明理學の中の「太虚」説

山際明利
Yamagiwa Akitoshi

北海道大学出版会

凡例

一、表記は歴史的假名遣ひ、正字體（いはゆる康熙字典體、ただしAdobeJapanグリフセットの範圍内にて）で統一した。

一、「現代假名遣い」で書かれた邦文論文を引用する際には、假名遣ひは「現代假名遣い」のままとし、漢字は必要に應じて正字體に改めた。

一、典籍を引用する際には漢文訓讀で示した。ただし文字の異同を示す、また原典での記載箇所を示す際等、筆者の讀解を明示する必要性が低い場合にはそのまま白文で示した。『朱子語類』を引用する場合は、原典の性質に鑑みて口語譯を示し、原文を注記した。

目次

序論

一　研究の目的

張載（ちやうさい）、字は子厚（しこう）。北宋の儒者。眞宗の天禧四年に生れ、神宗の熙寧十年に没した。西暦に直すときは普通一〇二〇年生、一〇七七年没と表記される。居所にちなんで横渠（わうきよ）先生と稱せられ、長く關中すなはち陝西で講學したためその學を關學（くわんがく）と稱する。日本人にとつては終戰の詔勅に使はれた「萬世の爲に太平を開く」といふ言葉（『張子語錄』卷中）によつて親しい。

張載は周敦頤、程顥、程頤と竝ぶ北宋四子、またこれに邵雍を加へた北宋五子の一人として朱熹の尊崇を受け、その學は朱子學の先蹤と評價される。しかしまた朱熹は周敦頤および二程を道統の本流と見做し、張載および邵雍は傍流とした。朱熹は張載の氣論、心性論などは高く評價するが、本體論、修養論などには批判的である。張載の學に對する朱熹の態度は批判的攝取と評するのがふさはしい。

張載の學に關しては「朱子學に吸収されてしまった」（島田虔次『中國革命の先驅者たち』百六十九頁）といふ見解がある。たしかに、張載の關學は、二程の洛學とともに、朱子學を構成する要素として取り入れられ、その意味で朱子學に吸収されてしまつたのだと言ふのは不當ではない。しかしこの評價を文字通り張載の關學に適用すると、朱熹が批判したものが朱子學に吸収されるといふ事象が生じたことになる。この自家撞著めいた事象についてどう考へたら良いのであらうか。

島田教授が「朱子學に吸収されてしまった」と述べるのは、二十世紀後半の一時期、中華人民共和國の思想史學界において宋明の儒學思想を唯物主義、唯心主義に分類し、氣を重視するのが唯物主義であると規定した上で、唯物主義思想が最も進歩的であり歴史の發展に貢獻したものだと論ずる動きがあつたこと、そして張載の思想がその尤なるものだと論ずる動きがあつたことを前提としての發言である。宋代における唯物主義哲學と見做され、進歩的であるはずの張載の學が、宋明儒學思想の進歩發展に目に立つ形では貢獻しなかつたといふ矛盾を突くことを意圖しての發言かと推察される。二十一世紀の現在、張載が唯物主義哲學者であるか否かといつた觀點には殆ど意味は無くなつたと考へて差支へなからうが、唯物史觀といふことを離れた地點から考へたとき、張載の學は氣の學と呼び得るものであるのかどうかといふ問題は、引き續き檢討する價値のある問題である。

他方、明代中葉以降、すなはち朱子學が官學化し、王學が盛行する中で、張載の學を批判する儒者、反對に張載の後繼を自任する儒者が、それぞれ出現する。朱子學に吸収されてしまつた學が、數百年を經てなほそれ自體として論評の對象となるのは何故であらうか。

張載の學には、單に「朱子學の先驅」とだけ解して濟ませることのできない、獨自の思想的立場があるのではないか。

張載の思想に接する過程で、筆者は常に、張載の思想には、一般的な中國思想史書籍の解説で言ふ「朱子學の先驅者」「氣の思想の先驅け」といつた文言では説明しきれない、獨特の特徴があると考へざるを得なかつた。張載および關學の思想は、宋代以降の儒學思想が朱子學成立、朱子學の官學化、王學への展開、朱子學への揺り戻し、また大觀すると理學から氣學への思考基盤の推移、といつた變遷を辿る裏面で、常に一定の地歩を占め、かつ時時の流行思想の背後にあつて常に一定の影響力を保ち續けた思想であるといふのが、筆者年來の考へである。

近代以降、たとへば馮友蘭『中國哲學史』に「周濂溪、邵康節、張橫渠は、いづれも道學家中の有力分子ではあるが、宋明道學がはつきりと成立したのは、程氏兄弟からであると斷ずるべきである」（第二編第十二章（二））「道學家中、周邵張程を集大成して理學一派の完成者となつたのは朱子である」（第二編第十三章）と述べるのは、いまだ「道統」の觀念を脫しない說との感がある。中華人民共和國成立後、右に述べた通り張載を「宋代の唯物主義哲學者」と顯彰する動きがあり、その是非を巡る議論を經る中で、張載思想に關する檢討は次第に「道統」觀念を離れた自由な地點から行なはれることとなつた。張載の思想は時に「氣一元論」「唯物主義」と見做され、時に「一種の理氣二元論」「唯心主義」と論ぜられる。近年、張載の生誕一千年（二〇二〇年）を迎へ、陝西省の各大學および橫渠書院から張載に關する文獻、研究成果報告が續續刋行されたが、その思想史上の位置づけについては必ずしも歸一しない。張載の思想に關して、なほ議論は盡されずにあると言つて閒違ひあるまい。

近代日本において、張載に關する研究は、江戶儒學以來の蓄積があつたためか、文明開化後の早い時期から開始され、特色ある論考が多數發表された。本書で折に觸れて引用する通り、張載の思考法に一種獨特の二面性があること、張載の氣論に本體論と現象論との混淆する獨特の思考法が見出されること、張載の性說に道家思想、道教的思考との交涉の跡が見られることなどを發見したのは我が先學の業績であり、本書もまたそれら先學の業績から多大の恩惠を受けて成立した。しかし張載の人と思想とに關する全體的考察となると、思想史概說書の一項目として以外、專門の著述は日本に存在しない。本書は張載の人物像、思想內容そして同時代および後世への影響に關する、史上初の日本語の專著である。

本書の目的は、張載思想の特色、獨自性を明かにし、その歷史的意義を再定義することにある。それによつて宋明時代儒學思想史が全面的に刷新されるなどといふことはあるまいが、思想史について考察する際の前提に幾許かの新しい要素を提供したいと思ふ。

二　研究の方法

近代の日本において宋明儒學思想を研究する際の方法として、西洋哲學史の知識を基に、宋儒明儒の言説を切り分けるといふ手法があつた。古く明治の「哲學雜誌」に掲載された吉田靜致「周張二子の哲學」などは、どちらかと言へば素樸に東西の思想語彙を比較検討して類似を見出すといふ作業を行なつたものだと言へよう。戰後の安田二郎『中國近世思想研究』となるとその手法は遙かに洗練され、ドイツ哲學の概念を利用しつつ宋學王學の諸概念を巧みに分析して斯界に長く影響を與へた。中國思想史研究の黎明期における手法と言ふべく、今日、かうした「比較研究」から得られるものは多くはあるまい。

思想史に向き合ふとき、たとへば一定の史觀を視座として、思想家の言説がどこに定位するかを探るといふ方法が有り得よう。宋明儒學思想史に關して言へば、岩間一雄『中國政治思想史研究』は、地主としての士大夫による鄕村支配の理論背景提供、といふ觀點から朱子學および王學の成立、展開を考察する。時代の下部構造に立脚して思想の背景を探る手法には一應の説得力はあるものの、思想家の內的體驗を一切捨象してしまふのは思想史研究として問題がある。そして本書で次第に明かにする通り、張載のごとき、時代の課題に對する向き合ひ方が著しく復古主義的であり、いはば同時代的でない思想家に對しては、かうした手法は用ひ難い。

またたとへば、思想家自體の遺著遺言に沈潜し、そこで得られた觀念を思想史の中に落し込むといふやり方で思想の歴史的意義を探るといふ方法も有り得る。有り得るといふより、一般的な思想研究はおほむねこの手法によつて行なはれるであらう。楠本正繼『宋明時代儒學思想の研究』は、さうした作業を繼續して得られた最良の研究成果と評し得る。ところがこの手法で張載の思想に立ち向かはうとするとき、少しばかり困難が生ずる。張載の遺著は斷片的なものばかりで、系統的な著作が無いこと。しかも斷片を集積した遺著の文言が難解で讀み難いといふことである。朱熹は「關中陝西の方言は理解しづらい」（『朱子語類』卷九十八、第一條「張橫渠語錄用關陝方言、甚者皆不可曉」）と述べた。牟宗三『心體與性體』では、張載の思想を分析するに當つて、張載の主著『正蒙』の行文は「滯辭」が多いゆゑにその內容が誤解されやすい、と指摘する（該書第二部第二章引言）。張載自身の遺言から思想の特色を抽出し、それをもとに思想史上の立場を演繹する、といつた作業には馴染みづらいのである。

ただし張載の遺著は、大きな括り方で言ふと、ほとんど全て經傳に對する注解と見る事ができる。斷片的だといふ特徵は、それが經傳に關する箚記として書かれたといふ出自に由來すると見て良い。してみると、經傳の中に見られる或る語句または觀念を基準とし、これに對して張載がどのやうな意見を述べたか、その意見は思想史上にどのやうな意味を有するか、といつたことを檢證する作業ならば、張載の言說に對して親和性が高い。その作業を繰り返すことで、張載が經解の形で述べた思惟內容の全體像が浮び上がることが期待できよう。

そこで本書では、經傳に見られる或る語句または觀念を基準として取り上げ、これに對する張載の意見が、同時代ならびに後世に對してどのやうに影響したか、また影響しなかつたか、といふことを檢討する作業を繰り返す。さらに張載その人ばかりでなく、張載の學派すなはち關學における經傳解釋をも檢討の對象とすることで、張載の、ひいては關學の、思想史上に占める位置について明かにしたい。ただし張載思想の根幹たる「太虛卽氣」論、「天地之性」「氣質之性」の心性說については、最初に概要を述べ、以て張載思想の全體像を把握する手がかりとする。

以上から本書の構成は次の通りとした。

まづ第一部で張載の生涯、業績について概說することで張載の人物像を述べる。張載の生涯の細部については未詳の點が多く、本書でも判斷保留のまま先へ進まざるを得ない箇所が頻出する。しかしともかくも、知り得る限りの情報を集めて、思想の背景を明かにしたい。

續く第二部では張載の思想に關する分析を行なふ。初めの二章は、いはば總論として、宋代儒學思想の基本的問題である本體論、心性論に關する張載の見解を檢討の對象とする。これによつて張載思想全體の見取圖を示したい。續く各章では經傳中の語句または觀念をトピックとして取上げ、それに對する張載の見解、およびその見解に對する同時代、後世の評價を確認する、といふ作業を繰り返す。繰り返すうちに次第に張載の思惟の特色が判明してくるものと思ふ。

張載の生前、張載が關中で講じた學すなはち關學は程子の洛學に遜色ない隆盛を誇つたといふ。張載の死後、門弟の多くが程子の門に入つたこともあり、關學の勢力は急速に衰運に向つた。しかし張載の思想について檢討する以上、關學の興亡に關する檢討も除外するわけに行かない。そこで第三部では檢討の對象を關學に擴げ、宋明時代儒學思想の中に占める關學の位置についての考察を行なふ。衰運に向つた關學の影響力が、實は細いながらも意外に長く、宋明儒學思想——いや、もう少し限定的に理學思想と述べる方が適切であらう——宋明理學思想の中に殘つた經過を明かにしたい。

微細な語句から張載および關學思想の特色を探る作業を繰り返し、次第に宋明理學思想史上の定位を明かにしたい。本書の副題を『宋明理學の中の「太虛」說』と名づける所以である。

第一部　張載の生涯と事績

第一章　張載の生涯

張載に關する傳記資料は門弟呂大臨の手になる「横渠先生行狀」（以下「行狀」と記す）を基本とする。張載の本傳は『宋史』巻四百二十七道學傳にあるが、その記載内容は、宋代の筆記類から多少補足する以外、多く「行狀」に基づく。「伊洛淵源錄」『宋元學案』等も同様である。淸代以來、年譜は數種存在したが、いづれも簡略で、内容において「行狀」を凌駕するものではない。

近年、關學文庫から張波『張載年譜』（西北大學出版社、二〇一五年）が出て廣く張載の關聯資料を集め、その中には從來未見のものもある。本章では「行狀」および關學文庫版年譜（以下「新年譜」と記す）に依りつつ、張載の生涯に關する概略を述べるが、その前に張載の生涯の背景となる時代の趨勢について、ごく簡略に觸れておくのが便利であらう。時間の經過を摑みやすくするため、以下しばらくの間、中華帝國の年號と西暦との關係については、あまり嚴密を求めずに換算する。

唐王朝が崩壞したのは天祐四年（九〇七）。五代の動亂後、趙匡胤すなはち太祖が推戴されて宋王朝が成立したのが九六〇年、北漢を滅ぼして宋による中國統一が達成されたのが太宗の太平興國四年（九七九）のことである。張載の生きた十一世紀宋代の大事を略年表風に記す。

眞宗　景德元年（一〇〇四）　澶淵の盟
大中祥符元年（一〇〇八）　天書降下、封禪

仁宗	天禧四年（一〇二〇）	張載生
	慶曆四年（一〇四四）	西夏との間で慶曆の和約
	嘉祐二年（一〇五七）	張載登第
	嘉祐八年（一〇六三）	仁宗崩御。英宗の即位に伴ふ濮議
神宗	熙寧二年（一〇六九）	新法開始
	熙寧十年（一〇七七）	張載沒
	元豐三年（一〇八〇）	元豐改制
哲宗	元祐元年（一〇八六）	元祐更化（新法の破棄）
	紹聖元年（一〇九四）	哲宗親政（新法の復活）
	元符三年（一一〇〇）	哲宗崩御

ごくおほまかに言ふと、張載は宋の統治體制が安定した時期に生れ、新法舊法の黨爭が激化する前に亡くなつた。國際的には遼との間に和睦が成立した後に生れた。平和は保たれつつ、反面、五代の間に遼の領有するところとなつた燕雲十六州の奪還が念願となつた時代である。また党項（タングート）の建てた西夏との戰爭が一應、収束するのを、前線に近い陝西で目撃した。漢民族が國際關係を意識せざるを得なくなつた時代を生きたことになる。それは言葉を換へると、東亞において、中華帝國の地位が相對的に低下し、中華帝國が「中國」としての地位を失つたとも解釋し得る時代である。[1] 宋學すなはち宋代新儒學興起の原因については既にさまざまの角度から分析が進んでゐるところであるが[2]、國際關係の中で宋の置かれた地位といふ要素も輕視できないのではないかと考へる。[3] 漢民族の古代文化は既に周邊國に行き渡り、宋がそれを獨占して「中國」としての威嚴を保つなどといふことは非現實的になつた。漢民族の中世文化は、敢て亂暴に簡略化して言へば佛教文化であり、周邊國も概して佛教を奉ずる中にあつて、「中

國」の優越を示す文化素材にはなり得ない。

優越を示すためには漢民族獨自の、かつ周邊國にまだ無い文化素材が必要である。獨自のといふ點からは黃老の學も候補となり得るし、內廷での精神生活を支へるのは黃老の學であつたらうが、朝廷が外部に對して、創業者と同氣の者が天下を繼承するといふ王朝支配の論理を示さうとするとき、これを理論的に裏打ちできる中國傳統思想は、結局、儒學思想である。禮の規則、祭祀の法を說くばかりでなく、世界、人閒に關する形而上學的思辨をも包攝する新しい思惟としての儒學思想が必要となつた理由がここにある。そしてこの形而上學的思惟は「中國」獨自の產品、文化における輸出品目となる。

ただしそれが周邊民族に對する優位を誇るのは、もはや必ずしも容易ではない。この時代、周邊民族も傳統思想に關する獨自の見識を有しつつある。たとへば、少し時代は下るが、朱子學の北傳以前、金人李純甫は中國古代思想を自家藥籠中のものとした上で老佛に關する見識を武器としつつ、蘇氏の蜀學を信奉する立場から關學洛學の言說を論難する。(4) 本書で詳述する張載の太虛卽氣說なども、「老子の無を理解せず、佛の空を理解せず、孔子の形而上形而下の意味も理解せぬ、淺妄の說」と散散にやつつける。(5) かうした攻擊は、傳統思想からの部分的離脫を意味するといふ點で、逆說的に張載の思惟の獨自性を示すものでもある。

宋代思想に內觀的、內面的性格を見る指摘があり、(6) 筆者としても一概に、宋代儒學の內面性を否定するものではない。しかしながら當時「中國」が置かれた狀況から考へるとき、漢民族が外に對して威嚴を保つ（結局は自己の內部での問題に收斂してしまふことかもしれぬが）ための具としての思想、といふ觀點も檢討の餘地があるやうに思ふ。從來、著目されてきた、貴族政治から士大夫政治への轉換、各種產業の成長に伴ふ經濟構造の變化といつた要素の他に、東亞の國際關係といふ面からも、新しい儒學思想が求められるやうになつた時代を背景に見つつ、(7) 張載の生涯について確認して行きたい。

一　世系

張載の先について、「行狀」には、

先生、諱は載、字は子厚、世〻大梁の人。曾祖某、唐末に生れ五代を歴て仕へず、子の貴を以て禮部侍郎を贈らる。祖復、眞宗の朝に仕へ、給事中、集賢院殿士と爲り、司空を贈らる。父迪、仁宗の朝に仕へ、殿中丞、知涪州事に終り、尙書都官郎中を贈らる。

と記す。本貫については張載自身「汴人張載」（「慶州大順城記」）と記してをり、大梁すなはち開封の人で間違ひない。資料によつては「長安人」「秦人」といった記載も見かけるが、これは出生地のことと推測される。

呂大臨は張載の曾祖父の名を知らず、それより前のことも聞かなかつたらしい。故に今日において知るすべも無いのだが、おほまかに一世代三十年から四十年と數へるなら、西暦一〇二〇年に生れた張載の曾祖父が唐末に生れたといふ記述で平仄は合ふ。祖父である張復については、『續資治通鑑長編』巻八十五、眞宗の大中祥符八年九月の記事に「庚申、權判鴻臚寺刑部郎中直史館張復上言」と見えるのがその人かと思はれる。

今日、張載の後裔は中國各地に現存するが、その中で湖北省の張氏が傳へる「南嘉兩銘堂張氏宗譜」に、張載自身の撰である「橫渠里著譜序」なる一文を収めるといふ。當該資料は未見であるが、新年譜にその全文を引く。それによれば張載の家系は唐の名臣張九齡の弟、張九皐に端を發する。張載の高祖父は張紀といひ、璲と璘との二子を儲けた。長子璲が張載の曾祖父に當り、唐末、濠州刺史に任ぜられた。その子すなはち張載の祖父は居咏といひ、南唐の昇元元年、侍郎同平章事に除せられた。六子を儲け、次男が張載の父、迪であるといふ。「行狀」の記載と比べて詳細ではあるが、曾祖父、祖父の出生生存時期が合はず、また祖父の名が異なる。

『朱文公文集』巻九十五に収める張浚（張栻の父）の行狀「少師保信軍節度使魏國公致仕贈太保張公行狀」には、張浚の世系を張九皐から列記する。その系譜は「横渠里著譜序」で張載の高祖父だと記す張紀の代までは一致する。新年譜では朱熹の記述が「横渠里著譜序」の傍證となり得ると解するが、反面、朱熹は「張公行狀」の中で張載の家系について一言も觸れず、また張栻の著作中にも、唐以来、五世前まで自家と共通するはずの張載の家系に關する言及は見られない。

筆者は陝西省横渠鎭で張載祠を守る張載二十八代後裔、張世敏先生から族譜（「張横渠先生家譜」）の複印を提供された。その族譜は張迪から始まつてをり、「里著譜序」の記述に當るものは存在しない。この件に關して斷定する材料を持たないが、「横渠里著譜序」は何人かが、文を朱熹に假り、名を張載に託して作成したものだといふ可能性を考慮した方が良いのではないかと考へる。(8) 曾祖父より前の世系については不明としておくのが穩當であらう。

二　生涯

張載は眞宗の天禧四年（一〇二〇）、おそらくは父の居所であつた長安で生れた。父張迪の生沒年、及第年等は不明である。「仁宗の朝に仕へ」たのであるから、張載誕生時點で處士であつたのか、それとも登第の上で任用を待つてゐたのか、詳細は判然としない。

母は陸氏。實弟の張戩、字は天祺が生れたのは仁宗の天聖八年（一〇三〇）。これは張載自ら「張天祺墓誌銘」に熙寧九年（一〇七六）、四十七歳沒と記すので明白である。また呂大臨の手になる「宋故淸和縣君張氏夫人墓誌銘[9]」によつて、姉がゐたことがわかる。

「行狀」には前引部に續けて、

涪州、西官に卒す。諸孤、皆幼く、克く歸らず。鳳翔郿縣橫渠鎭の南、大振谷口に僑寓し、因りて徙りて焉に家す。

と記す。遺兒が幼かつたといふ記述から推して、張迪はおそらくは張戩が生れた後まもなく、任地涪州（重慶市）で亡くなつた。遺族は故地へ戻らうとしたが途中で進めなくなり橫渠鎭に假寓することとなつた。路用が盡きたといふ意味なのか、あるいは當時、党項が動きを活發化させつつあり、その影響から關中に入つたところで動きがとれなくなつたといふことなのか、細かい事情は判明しない。橫渠鎭は現在の行政區劃だと陝西省寶鷄市下の郿縣橫渠鎭となる。

張載の少年時代について、「行狀」では次のやうに記す。

先生、始めて外傅に就くに、志氣、群せず、父の命を虔奉するを知り、守りて奪ふべからず。涪州、之を器とす。少孤自立、學ばざる所無し。邠人焦寅と游ぶ。寅、兵を談ずるを喜び、先生、其の言を說ぶ。康定、兵を用ふるに當り、時に年十八、慨然として功名を以て自ら許し、書を上して范文正公に謁す。公、一見して其の遠器なるを知り、之を成就せしめんと欲し、乃ち之を責めて曰く、「儒者、自ら名教有り。何ぞ兵を事とせん」と。因りて中庸を讀むを勸む。先生、其の書を讀み、之を愛すと雖も猶ほ未だ以て足ると爲さず。是に於て又、諸を釋老の書に訪ね、累年、其の說を盡究す。得る所無きを知り、反りて之を六經に求む。

陝西にあつて党項が西夏を建國するといふ動きに刺戟されたのであらうか、兵學に心を寄せ、西方經略に關する建白書を携へて范仲淹に謁したのである。張載の著作として現存する「邊議」が、あるいはその建白書に當らうか。張載に兵學を說いた焦寅なる人については今日、傳はらない。なほ「行狀」では十八歲のこととするが、李元昊が大夏を興して自ら即位したのが仁宗の寶元元年（一〇三八）十月甲戌。范仲淹が陝西都轉運使に任ぜられたのが康定元年（一〇四〇）四月癸丑、同年五月己卯には更に陝西經略安撫副使同管勾都部署司事に、八月庚戌には重ねて兼知延州に任ぜられた。これら全て張載十八歳の事とするのは無理がある。『宋史』道學傳が范仲淹に謁したのを二十一歳と記すのは妥當である。「行狀」の記述をも活かすなら、十八のころから兵學に志し、二十一の年に范仲淹に謁した、といふことにならう。[10]

血氣の青年を迎へた范仲淹は、その血氣を矯めるべく「中庸」を學ぶことを勸める。張載は「中庸」に感銘を受けつつも物足らぬものを感じ、その後數年、佛教、道家道教の書籍を渉獵した。范仲淹から繼續的な指導を受けたのかどうか、また佛老の研究が對人交流によるものであつたのか、それとも書籍上のことであつたのか等、詳細については「行狀」にも記載が無く、判明しない。[11]とはいへ本書で後述する如く、張載が佛教を批判するのに佛典の語彙を用ひること、また思想の全般を通じて虚といふ語彙を重用することなど、いづれもこの時期の研鑽の名殘かと推測される。

「行狀」は次のやうに續く。

嘉祐の初、洛陽の程泊淳、正叔昆弟に京師に見ひ、共に道學の要を語る。先生、渙然として自ら信じて曰く、「吾が道、自ら足る。何ぞ旁求を事とせん」と。乃ち儘く異學を棄てて淳如たり。

開封で二程すなはち程顥（字は泊淳。明道先生。一〇三二～一〇八五）程頤（字は正叔。伊川先生。一〇三三～一一〇七）と相逢つたことで學問の方向性が定まつたといふ。『宋史』道學傳ではこの前に、京師で虎皮に坐して易を講じ、聽衆甚だ多かつたが、二程と會見した後、虎皮を撤し、二程は自分より易に深いゆゑ、二程に教はるやう告げたといふ逸話を載せる。[12]張載は二程の表叔に當り、程顥より十二歳、程頤より十三歳の年長である。二程全書中、張載に對する二程の呼稱は「表叔」「張兄」「十八叔」などが見られる。張載と程顥とどちらも嘉祐二年貢擧に中つたのであるから、京師に上つたのは受驗のためであらう。この時が初對面であつたかどうかは不明確である。[13]

嘉祐二年（一〇五七）、登第。祁州司法參軍（河北省安國市）を皮切りに、丹州雲巖縣令（陝西省宜川縣）、著作左郎・簽書渭州軍事判官公事（甘肅省平涼市）といつた地方官を歴任する。神宗の熙寧二年（一〇六九）、推擧を受けて中央に入り、崇文院校書に任ぜられるが、翌年には辭職し、以後數年、橫渠で講學の日を送る。熙寧十年（一〇七七）、再び推擧を受けて朝廷に赴き同知太常禮院に任ぜられるが、間もなく辭職、歸鄉の途中、臨潼の館舍で沒した。享年五十八。邵雍（字は堯夫。康節先生。一〇一二～一〇七七）を見舞つた際の詩における敍述から死因は肺疾かと推測される。[14] 官僚としての張載の事績および沒年比定の問題については節を改めて詳述する。

死去の際、甥一人が侍するだけで、囊中索莫たるものであつたといふ。長安にあつた弟子達が驅けつけ、やうやく納棺して橫渠に歸つた。翌元豐元年八月、父および熙寧九年に逝去した張戩と同じ、橫渠鎭の南にある山中の墓所に葬られた。

南宋、理宗の端平二年（一二三五）孔廟庭に從祀され、淳祐元年（一二四一）郿伯に封ぜられた。明、世宗の嘉靖九年（一五三〇）呼稱が「先儒張氏」とされ、穆宗の隆慶五年（一五七一）「先儒張子」に改められた。清、世宗の雍正三年（一七二五）「先賢張子」と改稱された。

「行狀」によれば妻は郭氏。因といふ男子があつた。張因の事績、以降の家系については不明の點が多い。明の萬曆四十六年（一六一八）、鳳翔知府であつた沈自彰が張載祠の再興を圖り、後裔を探して郿縣に住まはせるまでの張氏家系については、各地の張氏後裔が有する族譜に相矛盾する記述が見られる。郭氏以外にも妻がゐたとする資料もある。[15] 今後の研究に俟つところが大きい。

張載の生涯に關して一つ指摘しておきたいのは、宗族多數が一堂に會する中で育つ、といつた樣子ではなく、獨立した家族の中で暮したやうに見えることである。累世同居のいはゆる義門には宗族數百人が同居するといふ大規模なものもあつた[16]。宋儒の中ではたとへば南宋の陸氏兄弟（陸九韶、陸九齢、陸九淵）がさうした出自で有名である。そこまで大規模でなくとも、洛陽の南、今日の河南省伊川縣にある程氏墓は筆者も機會を得て實見したが、さほど廣大といふわけではない敷地内で、寄り添ふやうに一族の墳墓が聚合する。張載に師事した藍田呂氏の墓所もさうした樣子であるらしい。それに比して陝西省郿縣の張氏墓は張迪、張載、張戩だけで鎭まつてゐる。現代風の表現をすれば、核家族のおもむきがある。詳細に不明な點があるため俄に斷定しがたいが、幼時、父の任地に同行し、父の死後、任地からの移動途中、鄉里とは離れた場所に居を定めたのだとしたら、比較的孤立した家族の中で育つた可能性が出て來る。その場合、さうした生育歷が思想に何らかの影響を與へはしなかつたか、考慮する必要があるやうに思ふ。

二　官僚としての事績

既述のごとく張載は仁宗の嘉祐二年（一〇五七）貢擧に及第した。時に張載は三十八歲。この年、歐陽脩が權知禮部貢擧として選擧を取りしきり、進士三百八十八名中、及第者は狀元章衡以下二百六十二名、その中には曾鞏、蘇軾、蘇轍、程顥といつた名が見える。他に百二十六名が同出身を與へられた。つまり全員合格となつたわけで、殿試に臨む進士が全員黜落無しとされたのはこれが最初である（『續資治通鑑長編』卷百八十五。以下『長編』と記す）。ちなみにこの貢擧では歐陽脩が採點方針を大きく改め、それに抗議する學生が歐陽脩の家に押しかけ、脅迫文を投げ込むといふ事態が生じた[17]。

張載は官僚としての生涯の大部分を地方官として過してをり、中央政府での勤務は前後通算して一年そこそこのものである。前述の通り、同期及第者の中には數多の名臣がゐるが、彼らと比較すればいたつて地味な官歴であると言はざるを得ない。それゆゑか、北宋黨爭史の中に張載の名を見出すことはほとんど無い。本書での考察を經て次第に明かにする豫定であるが、張載の思想には一種純粹な復古主義的傾向があり、同時代の課題に對する向き合ひ方といふ點では、或る意味浮世離れとも言ひ得るやうな側面がある。さうした張載の思考の特徴から考へると、宋代儒者官僚のあり方を特徴づける黨爭といふ風潮から離れてあることは、張載といふ思想家にはふさはしいことであると述べても差支へない。

しかしながら張載が中央政府にゐた期間を見るならば、熙寧二年から三年、そして熙寧十年といふ、きはめて興味深い時期に當つてゐる。周知の通り熙寧二年は王安石が執政として新政を開始した年、熙寧十年は再度登用された王安石が挂冠した翌年。すなはち張載は短期間ながらちやうど政情激變の折に中央政府にゐたのである。その點からすれば、張載もまた完全に黨爭の圈外にゐたわけではないと言へようし、張載の出處進退の詳細を知ることから神宗朝における儒者と政府との關係に關する認識を得られる可能性が有る。

「行狀」では熙寧二年、呂公著の薦によつて登用されたが、王安石と意見が合はなかつたこと、學館の職に補せられたが直ちに地方の任務に送られたこと、そして翌年、實弟張戩が黜せられたために中央に留るを得ず、辭職したことを記す。しかしながら、なぜ呂公著が張載を推擧したかといふこと、王安石との間にどのやうな見解の相違が有つたのかといふこと、そして張戩の黜去と張載の辭職との間にどのやうな關連が有つたのかといふことは、「行狀」の記述からでは判然としない。

本節では張載の任用と辭去との詳細に關する検討を通じて、北宋における儒者官僚の處世に關する一具體例を描き出してみたい。あはせて本書で主題とする張載の思想の特色について、張載の處世との間に何らかの關連が見出し得るかどうかといふことも検討の對象としたい。

1　熙寧二年の登用

「行狀」では、張載が登第前、文彥博の知遇を得たことを記した上で、熙寧二年の登用を次のやうに述べる。

上、位を嗣ぐの二年、大臣を登用し、變更有らんことを思ふ。御史中丞呂晦叔、先生を朝に薦めて曰く、「張載の學、本原有り、四方の學者、皆、之を宗とす。以て召對訪問すべし」と。上、卽ち命じ召す。

すなはち呂公著が張載を神宗に推擧したことを記す。呂公著の上奏文と思しきものは『宋會要輯稿』選擧三十三に錄する。

（一）呂公著の推擧

九月十一日、御史中丞呂公著言ふ、「伏して見るに祕書省著作佐郎張載は、修身事君の大要を學び得と爲す。久しく陝西に在り、一方の士人、以て師表と爲す。前河南府永安縣主簿邢恕は、剛毅不撓、爲すに勇、學術に善く、實を操守し、賈誼馬周の流なり。伏して望むらくは特に裁擇を賜ひて、或は召對して以て其の才を觀、或は之を館閣に置きて以て任使を待たしめんことを」と。

つまりこの時呂公著は、張載と邢恕との二人を推擧したのである。ここでまづ、呂公著が何故に張載を推擧したのかといふことが問題になる。

閻若璩は『潛邱劄記』卷一で、呂公著が周敦頤、程顥、程頤、張載、張戩、邵雍などの名儒を推擧した事例を擧げ、その人物眼を稱贊する。しかしこの熙寧二年九月、張載とともに推擧された邢恕が、後に貪官と謗られ、つひに正史では姦臣傳に列せられた（『宋史』卷四百七十一）のを見ると、あまり手放しで呂公著の眼識を稱贊することはできなくなる。

前述の通り張載は二程の表叔であつた。また張載の實弟張戩は、既に皇祐五年（一〇五三）に登第し、このとき呂公著の下で程顥とともに監察御史裏行を務めてゐた。さらに邢恕は程顥の弟子であり、『河南程氏外書』巻十二には、

神宗、明道に問ふに張載・邢恕の學を以てす。奏して云ふ、「張載は臣の畏るる所、邢恕は臣に從ひて游べり」と。

と二人の名を併記してある。そして程顥が官界にあつては呂公著の、言はば子分として行動してゐたことは『長編』巻四百五十三に引く蘇轍の言などによつて確認できる。(18) かやうな對人關係の中に置いて見るならば、呂公著が張載を推擧したのは、人物を見込んでのことといふ面を否定しないまでも、まづ第一には人脈上の繫りからのことであらう。

ここに、賢才の登用を建前としつつ、內實は現代漢語にいはゆる「關係」によつて進められてゐたといふ、官界人材登用の一側面を見ることができよう。

（二）三代の治

呂公著の推擧を受けて、神宗は張載を召對した。「行狀」にはその模樣を次のやうに記す。

既に入見す。上、治道を問ふに、皆、三代を漸復するを以て對と爲す。上、之を說びて曰く、「卿、宜しく日に二府の議事を見るべし。朕、且に大いに卿を用ひんとす」と。先生、謝して曰く、「臣、外官より召に赴き、未だ朝廷新政の安んずる所を測らず。願はくは徐に觀ること旬月にして繼いで獻ずる所有らんことを」と。上、之を然りとす。

つまり張載は夏殷周の政治に復ることを主張し、神宗もこれを是認したのだと述べる。しかし『宋史全文』巻十一、熙寧二年閏十一月、張載が崇文院校書に任ぜられたことを記す條には、次のやうに述べるだけである。

呂公著、載を荐す。召對し、問ふに治道を以てす。載曰く、「政を爲すに三代を以て法と爲さずんば、終に苟道なり」と。

ここからは神宗が張載の應答にどういふ反應をしたかといふことは分らない。なほ『宋史』道學傳の記述もこれを襲ふ。

ところで張載の語錄と目される『經學理窟』自道、第九條には次のやうな記述がある。

上曰く、「堯舜を慕ふ者、必ずしも堯舜の迹を慕はず」と。是の心有れば、則ち是の迹有り。是の如くんば則ち豈に其の迹無からんや。上又曰く、「嘗て謂へらく、孝宣は能く人君の權を總べ、漢の弊を繩すと」と。曰く、「但だ陛下の志、甚の處に在るかを觀んのみ。假使(たとひ)孝宣、能く其の力を盡すも、亦た漢法を齊へ得るに過ぎず、漢法は秦法に出づるのみ」と。

『經學理窟』なる書物の出自にはやや不明瞭な點が有り、取扱ひには注意を要するが、一應これを張載の語錄と考へるなら、この發言は張載が講學に專念してゐた時期、すなはち熙寧三年から九年までの間に爲されたものに相違なく、從つて「上」とは神宗のことに違ひない。そしてこの發言に徵する限り、復古を志す張載の應答が神宗を滿足させたとは考へ難くなる。

中華的思考に通有する尙古主義からして、三代に復るといふテーゼそれ自體は、別段特異なものだとは思はれない。ただし神宗および王安石が三代に復ることを主張し、とりわけ『周禮』を尊重したのは、祖法を盾として改革に反對する官僚達を折伏するために、より古い由來を持つ經典を持ち出し、以て新法の理論的根據にしようとしたものと解釋できる。[19] 割り切つて言ふならば、神宗にとつて「三代に復る」といふ主張は、目下の政治改革のための便法である。

他方張載は、『周禮』を「的當の書」と稱しつつ後世の添入有るを疑ひ（『經學理窟』周禮、第一條）、その中にあつて井田制こそは周の古制を傳へるものだと稱揚した（同第二條以下）。しかも「行狀」に徵するに、井田を理論的に硏究するのみならず、實際に土地を入手して井田制を實驗しようとしたらしい。言はば張載は、便法としてではなく、純眞に「三代に復る」ことを主張したのだと思はれる。[20] この點については後に詳述する。

假に張載がその純眞な復古主義を神宗に開陳したとするならば、神宗にはそれは迂儒の空論としか聞えなかつたであらう。前引『經學理窟』自道に見られる問答からも、兩者の相違は明白に窺へまいか。果して然りとするならば、官僚界における黨爭などといふこと以前に、張載には根本的に神宗朝政府の中樞にゐる資格が無かつたのだとすら考へられることになる。

（三）崇文院校書

張載の懷く經綸は神宗を滿足させなかつたであらうが、神宗は呂公著の推擧を無視はしなかつた。前引『宋會要輯稿』選擧三十三、呂公著の言の後に、

詔令して閤門に引對す。旣に對し、竝びに特に命じて崇文院校書と爲す。校書、是より始めて置く。詔有りて供職を須たしめ、二年にして取旨を奏す。是の後、故罷黜あるを以てに非ざる者、皆、館閣校勘に充つ。

とある。また『宋會要輯稿』職官十八には、この邊りの事情を次のやうに記す。

神宗熙寧二年十一月三日、詔して、「今後、選擧に應じて試用すべきに到る人、竝びに崇文院校書たらしめ、以て朝廷の訪問差使に備へしむ。二年にして旨を取り、或は館職に除し、或は升擢して任に資し、或は只差遣に合入するを與ふ」と。時に初めて前河南府永安縣主簿邢恕を除して校書と爲す。十一月壬寅、張載を之と爲す。

呂公著は張載と邢恕とを學館に置いて任用を待たせるやう奏上したのだが、神宗はその一段手前に崇文院校書を

設けてここで試用することにしたのである。なほ、ここに張載の任用を十一月壬寅のこととするが、暦法上をかしい。これは『玉海』巻百六十八に、

神宗熙寧二年十一月丙寅、邢恕に命じて崇文院校書と爲して以て訪問に備へしむ。閏十一月壬寅、張載を之と爲す。

とある通り、閏十一月の誤記であらう。

邢恕ならびに張載に始まる崇文院校書なる職は、試用ではあるが、北宋の士人中、この職に就いた名士は數多い。ざつと見ても王安禮、王安國、曾肇、はては蔡京といつた名を擧げることができる。したがつてこの職に除せられることは一義的に冷遇を意味するのではなく、正しく試用、將來の榮達にも繋る地位であつたと言へよう。しかし結果として張載は、學館に腰を据ゑる暇もなく、直ちに任を帶びて地方へ派遣されることになる。

（四）苗振の獄

熙寧二年、前の明州（浙江省寧波市）知事、苗振の瀆職事件が起る。張載は詔敕を奉じて越州（浙江省紹興市）に赴き、事件を審理することとなつた。『宋史』巻二百、刑法志二によれば、北宋における詔獄の特記すべき具體例は、この苗振の獄を嚆矢とするやうである。崇文院校書といひ詔獄といひ、どういふものか張載は、宋代においては神宗朝のこれが最初、といふ事例に深く關つたことになる。

この事件が熙寧二年の何月に問題化したかといふことについては、史書に記載が無い。ただ『宋會要輯稿』刑法三の記事によつて、張載への詔が閏十一月二十二日に下つたことが分る。

神宗熙寧二年閏十一月八日、擧勾當當公事沈衡を遣はして前知杭州龍圖閣學士祖無擇を秀州に鞫せしむ。……又、權御史臺推直官張景直を遣はして前知明州光祿卿苗振を越州に鞫せしむ。皆、御史王子韶、其の不

法の事を得るを以ての故なり。景直、親嫌を以て命を辭し、職方員外郎徐九思を之に代ふ。二十二日、崇文院校書張載に命じて苗振の事を劾せしむ。初め徐九思を遣はさんとするに、未だ行かずして王子韶、別に人を選ぶを乞ふ、故に改めて載に命ず。是に於て呂公著と程顥と等、皆言ふ、「載は賢者なり、當に鞫獄せしむべからず」と。上曰く、「鞫獄、豈に賢者、之を爲すべからざらんや」と。許さず。

また程顥に、張載を派遣することに反對する上表文がある。『河南程氏文集』卷一では「乞留張載狀」と題されてをり、同文が『宋名臣奏議』卷十五に「上神宗論不當遣張載按獄」の題で收錄される。『奏議』は末尾に「熙寧二年閏十一月上時爲監察御史裏行」と注する。これらによれば、張載は崇文院校書に任ぜられて間もなく越州に派遣されたことになる。

程顥は、瀆職事件の審理などは儒者の務めではなく、張載のごとき大儒をこれに派遣するのは不穩當であると論ずる。しかし史書や筆記の記載を總合すると、張載が派遣されたことには何らかの意味が有つたのではないかとも思はれてくる。

そもそもこの事件は、苗振が明州知事を終へて鄆州に歸つた時、明州の物資を密かに大量に持ち歸つたことが謠言として廣まり、王安石の耳に入つたことに端を發する。王安石はまづ監察御史裏行王子韶を派遣して調査させたところ、端なくも時の右諫議大夫、祖無擇が杭州知事であつた時、違法に私腹を肥やしてゐた形跡が發見された。かくして事は二州に跨る大瀆職事件に發展した（『東軒筆錄』卷十二）。王子韶は自分一人では手に餘ると訴へ、朝廷は張載を派遣して苗振の事件を審理させ、王子韶には祖無擇の事件を擔當させることとした（『宋史』卷三百九十一、祖無擇傳）。

ところが『東都事略』卷七十六や『宋史』祖無擇傳には、王安石が祖無擇に惡意を抱いてをり、本來潔白であつた祖無擇に無理に罪を著せたかのやうに記してある。『宋史』卷三百二十九、王子韶傳には、はつきりと、

　安石、祖無擇を惡む。子韶、其の意を迎へ、無擇、杭州に在りし時の事を發く。自ら京師に逮對し、而して苗振の獄を以て張載に付す。無擇、遂に廢せらる。

とあつて、王子韶が王安石に迎合し、苗振の獄に絡める形で祖無擇を陥れたのだと記す。

かうした關係の中に置いて見るならば、張載が苗振の獄に關ることは、間接的にとはいへ王安石のために動くといふことにもなり得る。

「行狀」には、張載と王安石との關係は良くなかつたとある。

　他日、執政に見ゆ。執政、嘗て語りて曰く、「新政の更、事に任ずる能はざるを懼る。助を子に求む、如何」と。先生對へて曰く、「朝廷、將に大いに爲す有らんとす。天下の士、下風に與せんと願ふ。若し人と與に善を爲さば、則ち孰か敢て盡さざらん。如し玉人に追琢を教ふれば、則ち人、亦た故に能くせざる有らん」と。執政、默然たり。語る所、多く合はず、寖悅ばず。既に書を崇文に校ぶるを命ぜらる。先生、辭して未だ謝するを得ざるに、復た獄を浙東に案ずるを命ぜらる。或ひと之が爲に言ひて曰く、「張載は道德を以て進む。之をして獄を治めしむる能はず」と。執政曰く、「淑く問ふこと皐陶の如きも、猶ほ且つ囚を獻ず。此れ庸何ぞ傷まん」と。

これによれば張載は王安石の人柄を譬喩を用ひて非難したらしいが、しかし政策に關する具體的な意見の相違は、ここからは讀み取られない。また『長編』『宋史全文』等には特に兩者の關係が惡かつたとの記述は見當らない。かつ呂大臨は張載の死後二年を經て、元豐二年から程子に師事した人である。「行狀」の執筆と呂大臨の「東見錄」すなはち『河南程氏遺書』卷二上の根據となつた程子への從學とは時期を一にする可能性が高い。そのことを前提とするなら、「行狀」中、王安石に關る記述には何らかの偏向が有るといふ可能性を否定できまい。してみると、朝廷が張載を派遣したのは、「行狀」が匂はせるごとく王安石が張載を遠方に追拂つたのだとも考へられるが、逆に王安石が張載に、自分のために言はば手を汚してくれることを期待したのだと解釋しても、あながち牽強附會と言へないのではあるまいか。

前述の通り、呂公著や程顥は張載を派遣することに反對し、また『宋史』刑法志二によれば、張戩は祖無擇を拘禁することは不當だと論じ、いづれも採用されなかつた。これらも表面的な理非の問題ばかりでなく、舊法派側からの反發、さらに言へば張載が王安石に抱き込まれてしまふことを危惧しての言辭と見ることも可能なのではないかと思はれる。

（五）移疾辭去

苗振の審理がいつ終つたのかといふことについては史書に記載が無い。『長編』巻二百十三によれば、祖無擇の處分（忠正軍節度副使に貶す）は熙寧三年七月二十五日に發令されてゐる。苗振は罰金刑で濟んでゐるから、その處分はこれより遲れることは無かつたであらう。すなはち張載は同日を下限として、それ以前に京師に復歸したはずである。ちなみに『東都事略』巻六十七では、王子韶が祖無擇に下した處置と、張載が苗振に下した處置とを比較して、王子韶を小人と蔑み、「張載は賢人であるから、人的處分に及ばず、全て罰金刑で收めてしまつた」と稱贊する。

さて前後關係は確定し得ないのだが、おそらくは張載が越州から戻つて間もなく、中央では呂公著の黨與が次次と失脚した。『長編』巻二百十に徴するに、熙寧三年四月八日、まづ呂公著が御史中丞を免ぜられて潁州（安徽省阜陽市）に出された。十九日には程顥が監察御史裏行から京西路提點刑獄に轉出し、二十三日にあらためて簽書鎭寧節度判官事に發令されてゐる。その前日、二十二日には張戩が監察御史裏行を免ぜられて江陵府公安（湖北省）の知縣に貶された。呂公著と張戩とが更迭されたのは王安石との衝突が原因である（程顥に關しては必ずしも判然としない）。なほ張戩と同日、王子韶も江寧府上元（南京市）の知縣に貶されてゐる。王子韶の場合は、王安石に迎合しつつ、青苗法への反對を述べたりしたもので、神宗から「小人、首鼠兩端、當に之を黜くべし」と呆れられたためである。言はば官界遊泳術に失敗したものと思はれる。

かうして推擧者、實弟、族弟が次次と斥けられたのを見れば、張載が心平らかでゐられなかつたとしても不思議ではない。「行狀」ではその事情を、

獄成り、朝に還る。會〻弟天祺、言を以て罪を得。先生、益〻安んぜず、乃ち謁告して西に歸り、横渠の故居に居り、遂に疾を移して起たず。

と述べる。言ふまでもないことだが移疾とは病氣の届出をして職を辭すること。それがいつのことであつたのか、『長編』には記載が無い。『續資治通鑑』巻六十七では、張戩および王子韶の更迭を記した條の末尾に、

初め、戩の兄載、出でて振の獄を按ず。朝に還るに及び、會〻戩、言を以て罪を得。載、乃ち謁告して西に歸り、終南山の下に屛居し、斂衣蔬食、意を學問に專らにす。

と記す。

以上の經緯からして張載が熙寧三年の夏から秋にかけての時期、辭職歸鄉したことに關しては何も不審の點は無いやうに見えるが、しかし史書に徵する限りでは、王安石と張載個人との間に特別な衝突は發見できない。むしろ王安石からすれば、明州の獄を首尾よく裁いてきた張載を尊重してもをかしくないのではあるまいか。前引『東都事略』の記述から推測するに、同じやうに詔獄に關つたからとて、張載が王子韶と同じやうに評判を落すとも考へられない。

ただ、王子韶が神宗の怒りを買つたのとは違ふ次元で、張載も神宗の信頼を得てゐなかつたことを伺はせる資料が有る。『長編』巻二百十三、熙寧三年七月二十五日（既述の通り、これは祖無擇の處分が發令された日でもある。

その日以前に張載が崇文院校書を辭してゐたことを暗示する材料となるかもしれぬ）、范育が崇文院校書に任ぜられたことを報ずる記事に、神宗と王安石との對話が錄されてゐる。

是より先、上、執政に問ふ、「范育は如何」と。王安石曰く、「育、地制の事を言ふ、亦た全くは迂闊と爲さず」と。上曰く、「育『凡そ一事に措置すれば、一事も卽ち得ず』と言ふ、此の言、是なり。又『須く先づ田制を治むべし』と言ふ、其の學、張戩と同じ」と。安石曰く、「臣、程顥の『須く民田を限り、古の井田の如からしむべし』と云ふを見る」と。上曰く、「此の如くんば卽ち亂を致すの道なり」と。

この後、井田に關する議論が有り、結局、神宗は范育を館職に置くことに同意するのであるが、この范育は張載の高弟である。ここでは范育に加へて張戩、程顥の、井田に關する說が話題となり、神宗は三者の井田說を全く評價してゐない。そしてこの三者と張載との關係、および前述した張載の主張から考へて、張載の井田說もまた、神宗から見れば「亂を致すの道」と評すべきものであつたに違ひあるまい。なほ張載の井田說については本書第二部第六章で詳細に檢討する。

以上から推して案ずるに、張載をして中央を去る決意をさせたのは、王安石ではなくむしろ神宗その人だつたのではあるまいか。程宜山『張載哲學的系統分析』（學林出版社、一九八九年）では、張載と、神宗および王安石との決裂を、「事實上、現實の政治家と、統治階級のために幻想を製造する思想家との間の分岐」と表現する（該書一〇一頁）。そして熙寧の新政から元豐の改制に至る政治の流れを見るならば、神宗こそ正に「現實の政治家」と呼ぶにふさはしい實際家であつたやうに思はれる。

一般に宋以降の近世中華帝國においては、皇帝が絶對的な權威を持つてゐたと言はれる。この大雜把な史觀に對しては樣樣な疑義が呈せられてゐるが[21]、少なくとも一つの事例として、熙寧二年三年における張載の進退について檢討する時、官僚に對する皇帝の强い意志の働きといつたものが感得される。

2　熙寧十年の登用

（一）同知太常禮院

熙寧十年三月、呂大防が張載を神宗に薦めた。『長編』巻二百八十一では三月八日の條に、
　戊午、著作佐郎前崇文院校書張載に詔して歸館供職せしむ。載、前に尋醫を以て去る。秦鳳路經略使呂大防、召還せんことを請ふ。故に是の詔有り。

と記す。呂大防の上表文と思しきものは『説郛』巻四十二、『陝西通志』巻八十七に錄する。今『陝西通志』から引く。

　伏して見る（おもんみ）るに本州路鳳翔府寄居、著作佐郎前崇文院校書郎張載は、學術精深、性姿方毅、昨に告して醫を尋ぬるを得るに因りて、未だ朝廷の召命を蒙らず、義として自ら進み難し。田閒に老ゆるは、衆の共に惜しむ所なり。臣、未だ敢て別に朝廷の任使を乞はず、聖慈を望みて、且（しばら）く書館舊職に召還せしめんことを欲す。

呂大防は言ふまでもなく呂大臨の兄、張程の學統に連なる人であるから、彼が張載を薦めることには何も不思議は無い。そして此度も神宗はこれを無視しなかつた。『長編』巻二百八十三、七月七日の條に、
　著作佐郎崇文院校書張載、兼ねて太常禮院に知たり。載、禮を有司に議して合はず。亟（すみやか）に罷めて歸る。

とある。すなはち張載を同知太常禮院に任じたが、間もなく張載は辭去したといふのである。この邊りの事情を「行狀」では次のやうに記す。

　會ゝ秦鳳帥呂公、之を薦めて曰く、「張載の學、善く聖人の遺意を發す。其の術略、之を措きて以て古に復すべし。舊職に召還し、訪ふに治體を以てせんことを乞ふ」と。詔して之に從ふ。先生曰く、「吾が是の行は、敢て疾を以て辭せず、庶幾（こひねが）はくは遇ふ有らんことを」と。都に至るに及んで、公卿、風を聞きて之を慕ふ。然れど

も未だ深く先生を知る者有らず。欲する所を以て言ひて嘗て人に試みるも、多く未だ之を信ぜず。會〻言ふ者有り、冠昏喪祭の禮を講行せんと欲す。詔して禮官に下す。禮官、故常に安習し、古今、俗の異なるを以て説を爲す。先生、獨り以て行なふべしと爲す。且つ謂へらく、不可と稱するは、儒生博士の宜しき所に非ず、と。……先生益〻悅ばず、會〻疾有り、謁告して以て歸る。

前述の通り、この時期、既に肺疾の最終段階にあつたものと思はれる。從つて張載は無理を押して出仕したのたが、これを逆から言へば神宗は無理を押して出仕させたことになる。

周知の通り、この前年、王安石が最終的に隱退して神宗の親政が始まつてをり、翌年には元豐と改元、その元豐三年から五年にかけて、官制の大改革が行なはれた。あはせてこの年十月、呂公著が中央に復歸してゐる。元豐年間を通じて新法は廢止されなかつたのだから、これを單に舊法派の卷き返しと見るよりは、神宗が、能の有る人物ならともかくも使はうとしたのだと推測して大過無からう。

本節で述べ來つた所を是とするならば、神宗は張載に實務官僚としての手腕は期待してゐなかつたであらう。その張載が禮學に於て令名高かつたことは程子の言[22]によつて確認できる。そして『宋史』禮志を通覽するに、おそらくは元豐新制の前段階といふことなのであらうが、この熙寧十年、各種禮制の改制がなされてゐる。

以上のことからして、神宗は張載に實務官僚としてではなく禮學者としての手腕を期待して召還したものと考へられよう。

(二) 有司と合はず

しかし既述の通り、張載は召還後、ほとんど間を置かずに辭去してしまつた。その謁告の時期は判然としない。「行狀」は張載の死去を十二月乙亥のこととするが、先學の指摘する通り、熙寧十年十二月に乙亥の日は無い[23]。『九朝編年備要』巻二十、『宋大事記講義』巻十四などでは日付を記さずに十二月に繫けるが、『通鑑續編』巻九では十一月に、また『資治通鑑後編』巻八十三では十一月甲戌に繫ける。もし十一月甲戌ならば二十七日、十一月乙亥とするならば二十八日のこととなる。また假に「十二月乙亥」が十二月「己亥」の訛であるとしたら、十二月二十三日、西暦では年が變つて一〇七八年一月十日に當る。すなはちこの場合は通説の「張載一〇七七年沒」といふ記述に再検討が必要となるが、今のところ斷定する材料は無い。いづれにせよ張載が同知太常禮院の任に在つた期間は長くとも四五箇月のことであるには違ひない。

前引「行狀」には、張載が古禮を主とし、禮官が今禮を主とし、意見の相違が原因となつて辭職したと記す。『長編』の記述も多分これを襲つたものであらう。呂大臨は、張載が儒者として筋の通つた禮の在り方を主張したのに、禮官は現狀を追認して古禮を實踐できなかつた、と書くが、これは張載を持ち上げようとする立場からの一方的な言辭と言ふべく、前述の通りこの年には禮制の改制が行なはれてゐる。また『宋史』巻一百六、禮志九によれば、熙寧五年および元豐元年、宗廟の禮に關する込み入つた議論が交されたことが分る。宗廟の禮制が、皇帝の意向を抜きにして論議の對象になることはあるまい。してみると禮官たちは神宗の意向を受けて今禮を採用し、張載はそれに乘ることができずに辭職したのだと考へるのが最も穩當だといふことになる。

本書で詳述する通り、張載は太虛卽氣の説を唱へ、物の生滅は氣の聚散によるものであること、氣それ自體には生滅は無く、有形の物と無形の太虛との間で循環してゐることを主張した。この主張は、事物を超越した世界の根源を想定せず、物質の循環によつて世界の有様を説明するもの、いはば實體重視、さらには現實重視の主張だとも解し得る。

しかし同時に張載は、無形の太虛を氣の本源と位置づけ、太虛を萬物の上位に置いた。つまり太虛卽氣と言ひつつ、その實、太虛は存在を越えた超存在なのである。その上で張載は聖人を至虛なる者と見做し、修養の目的を、虚を體現することに置いた。割り切つて言へば、程子に於ける理が、張載にあつては太虚と表現されてゐるのである。ただし張載の太虚は、その文字面からも明かな通り、收斂するイメージを持ち得ない。いはば道徳の根源が廣漠たる虚空に擴散してしまふのである。

これを現實の政治體制に適用するならば、道徳の根源すなはち政治の根源が、皇帝に收斂し得ない。皇帝の徳が高ければ高いだけ皇帝は虚でなくてはならず、虚は虚空に通じてその存在感を擴散させてしまふ。神宗朝の體制、すなはち皇帝が宰相と手を携へ、宰相が去つた後はみづから財政改革を推し進めようとしてゐる中にあつて、張載の擴散する聖人觀が力を持つとは考へづらい(24)。

張載の存在論と禮說との關係については後に考察する。とりあへず張載の世界觀からして、その禮說が神宗朝の求める所とは大きく隔たつてゐた蓋然性は相當高いものと判斷して大過あるまい。

本節の結び

宋代以降の一般的傾向として、儒者は貢擧を通過した官僚であり、その意味で學者と言つても時の皇帝權力との關係に鈍感ではゐられなかつたと考へてよからう。少しく極端に言ふならば、張載の思想はその部分で鈍感な思想、皇帝權力の側から言へば求められざる思想であつたやうに思はれる。

宋代新儒學を程朱學とも言ふが、朱熹の世界觀、人性觀は多く張載に負つてゐるといふのが筆者年來の考へである。ただし朱熹は、張載の思想の虚無的要素を排除し、根源的概念、思想のシャッポと言ふべきもの、やや奇矯な表現になるが思想の頭頂的部分に程子の理の概念を据ゑることによつて自己の學說を完成させた。それは換言すれば張載の氣の思想から道家的要素を捨てて程子の、おそらくは華嚴的理法觀を採つたといふことであり、さうすることによつて朱子學は、一方で事物や心性の根源を論理的に説明しつつ、他方一天萬乘の皇帝權力を支へる理論ともなり得、それゆゑに元代以降、長く官學であり續けたのだと思はれる。このことについては本書でも折に觸れて言及するであらう。

本節では張載の官歴と神宗朝との關係を考察することで、まづは儒者官僚と皇帝權力との關係について、一つの具體的な像を描かうとした。ややもすれば北宋の儒者の動向は王安石との關係から考察されがちだが、王安石と雖も畢竟臣下の一人なのであり、その背後に見え隱れしてゐる皇帝の意志を無視することはできないのではなからうか。

かたや皇帝權力の側から張載の思想を照射することで、そこに新たな像を結ばうとしたのだが、この時點ではあらましを素描するに止める。本書で張載の思想に關する檢討を行なふ過程において、思想の全體像は次第に明かになるであらう。皇帝權力のあり方と深く關聯する禮の思想については、本書第二部第六章において詳述する。

四　張載の門弟

『宋元學案』卷三十一、呂范諸儒學案には張載の門弟として呂大忠、呂大鈞、呂大臨、蘇昞、范育、游師雄、种師道、潘拯、李復、田腴、邵清、張舜民、薛昌朝の十三人を列する。全祖望は同學案序錄において、北宋の當時、二程に匹敵する名聲を得た張載の門弟が、後世、少數しか知られないことを嘆じ、史書、別集などを涉獵して游師雄以下の名を拾ひ上げたことを述べる[25]。

主要な門弟に關して概略を述べる。

1　藍田呂氏

王梓材の案語によると黄宗羲の『宋元學案』原本では藍田呂氏兄弟およびその門弟の事績を述べた「藍田學案」が立ててあつたといふ。兄弟六人のうち五人が登科した藍田呂氏は特筆すべき存在であつたのだといふことが伺はれる。

近年（二〇〇六年）陝西省藍田の呂氏墓が盗掘され、事件調査、および文化財保護のために應急的な發掘調査が實施された。その結果、呂大鈞と呂大臨との間に從來その名が傳はらなかつた呂大受がゐたこと[26]、呂大臨の下に早世した呂大觀がゐたことが判明した[27]。兄弟中、儒者官僚として最も重要なのは哲宗朝の尙書左僕射まで上つた呂大防であらうが、張載の門弟としては呂大忠、呂大鈞、呂大臨を擧げるのが順當である。三者いづれも張載の沒後は程子に師事したため、關學と、程子の洛學との異同を計測する目安となるといふ點からも思想史的に重要な存在である。

長男呂大忠、字は進伯。官僚として長く西北方面で勤務し、開成石經を長安に安置して今日まで續く碑林の礎を築いた。また弟とともに「呂氏鄕約」を定め、關中の社會改良に功績を擧げた。程子から「呂進伯、愛すべし。老いて學を好み、理會、直だ是れ底に到る」（『河南程氏遺書』卷二上、第百五十六條。程頤の語か）と稱讚された。

三男呂大鈞、字は和叔。張載と同年及第の間柄でありながら弟子の禮を取り、長く師事した。「呂氏鄕約」の制定にあたつては中心的な働きをし、張載から「關中の風俗が一變したのは和叔の功績が大きい」（『河南程氏遺書』卷十、第三十一條）と讚へられた。

五男呂大臨、字は與叔。最も有名な門弟であり、また張戩の女婿である。『考古圖』を著したことで金石學の先軀の一人とされる。儒學思想といふ點からは、程頤との間で交した中和を巡る議論（『河南程氏文集』巻九所收「與呂大臨論中書」）が朱熹の思想定立に強い影響を與へたことで知られる。また元豐二年、程門に遊んで大部の二程語錄「東見錄」を記し、これが『河南程氏遺書』巻二に收められた。その中には程顥の思想の核心を語る「識仁篇」を含む。『朱子語類』巻一百一に徵するに、朱熹は程門諸子のうち呂大臨を最も高く評價し、長命を得ずに逝去したことを惜しんだ。

經書の注解を多數執筆したが全て散逸したため、從來、その思想を伺ふには宋元閒の經解に就いて佚文を蒐集する必要があつた。市來津由彥「呂大臨の思想」（『日本中國學會報』第三十二集、一九八〇年）は衞湜『禮記集說』から呂大臨の禮記解を摘錄し、その思想的特色を明かにした報告であり、長いこと呂大臨思想に關するほぼ唯一の參考文獻であつた[28]。

陳俊民『藍田呂氏遺著輯校』（中華書局、一九九三年）は廣く群書中から呂大臨を始めとする藍田呂氏の佚文を蒐集整理し、この書によつて呂大臨思想の研究は格段に容易になつた。なほ同書は增訂版が儒藏精華編第二二〇冊（北京大學出版社、二〇〇七年）に收められた。さらに同書を基礎として『考古圖』を追加し、新資料も加へた關學文庫『藍田呂氏集』（西北大學出版社、二〇一五年）が出た。

近年、呂大臨思想研究の充實は瞠目すべきものがあり、宋代儒學思想史研究の空白を埋めつつある。本書もその動きに裨益することを目的の一つとする。

2　蘇昞

蘇昞、字は季明。武功の人。長く張載に師事し、張載の沒後は程子に事へた。『正蒙』に寄せた序によれば、該書を十七篇に構成し、篇名を附けたのは蘇昞の仕事である。また『河南程氏遺書』巻十「洛陽議論」は蘇昞の錄するところであり、さらに卷十八には未發已發といふことを巡つて程頤と蘇昞とが交した長い問答を錄する。この問答も朱熹の中和說定立に大きな影響を與へた。蘇昞その人の思想の詳細については傳はらないが、張載の思想、關學の思惟方法を知る上で重要な資料を遺した人である。

3　范育

范育、字は巽之。邠州の人。『宋史』の本傳は道學傳、儒林傳ではなく卷三百三、父范祥の傳に附する。『正蒙』に寄せた序によつて、早くも熙寧十年、張載から直接『正蒙』を授けられたことが判明する。同書乾稱篇には張載から范育に宛てた書簡を錄する。

〔注〕

（1）毛利英介「十一世紀後半における北宋の國際的地位について――宋麗通交再開と契丹の存在を手がかりに――」（宋代史研究會研究報告第九集『「宋代中國」の相對化』汲古書院、二〇〇九年）を參照。

（2）楠本正繼「宋學を導いたもの」（『楠本正繼先生中國哲學研究』、一九七五年）は中國思想の內的發展の經過を概說し、宋代儒學の興起を宋代の一般的精神風土との關聯において說明する。また島田虔次「宋學の展開」（『岩波講座世界歷史9』岩波書店、一九七〇年）では、士大夫階級の成立、伸張といふ觀點から宋代學術の特色を述べる。張載の思想に限定すると、山根三芳「張橫渠思想研究序說」（「廣島大學文學部紀要」第二十二卷一號、一九六三年）では君子小人の對比を社會階層としての支配者被支配者關係に置換へ、士大夫政治の論理的根據を得るといふ點に張載の思想の出發點を見る。

（3）「中國」觀念の變遷について、またその變遷が漢民族にもたらした歷史的影響の跡については葛兆光『中國は〝中國〟なのか　「宅茲中國」のイメージと現實』（橋本昭典譯、東方書店、二〇二〇年）を參照。

（4）金朝の思想狀況に關しては吉川幸次郎「朱子學北傳前史――金朝と朱子學――」（『宇野哲人先生白壽祝賀記念東洋學論叢』、一九七四年）を參照。

（5）『鳴道集說』卷一に、「老子所謂常無、卽佛之所謂眞空、非斷滅之空也。老子之所謂常有、卽佛之所謂妙有、非礙色之有。無非眞無、有非眞有。空卽是色、色卽是空。張子自分太虛與氣之聚散、又分形與神之淸濁、自比聖人、以爲窮理。淺妄如此。豈知吾夫子形而上者之謂道、形於（而？）下者之謂器虖」とある。なほ『鳴道集說』は中文出版社影印和刻本に依つた。

（6）岡田武彥『宋明哲學の本質』（木耳社、一九八四年）二十三頁以降。

（7）黃秀璣『張載』（東大圖書公司、一九八七年）では北宋の置かれた國際關係を「政治的には中國の歷史上、衰弱の時期」だと見做した上で、「一種普遍的情緒油然而生、卽對任何外來的東西抱著反感的態度（好像五四運動時代的抗日情緒一樣）、並開始了解對於建立國家獨立的必要」と指摘する（該書十二頁）。

（8）方光華／曹振明『張載思想研究』（西北大學出版社、二〇一五年）に「署名爲張載所著的《橫渠里著譜序》不一定眞的出自張載之手」と指摘する（該書二頁）。

（9）關學文庫『藍田呂氏集』（西北大學出版社、二〇一五年）に引く『陝西碑石精華』による。

（10）藤澤誠「張子の成學過程に於ける二三の背景的考察」（『服部先生古稀祝賀記念論文集』冨山房、一九三六年）を參照。

（11）たとへば空谷景隆『尙直編』卷下に、周敦頤（字は茂叔。濂溪先生。一〇一七～一〇七三）が張載と連れだつて東林常總を訪ねて討論したといふ逸話を記すが、信憑性には疑問がある。藤澤誠「張子の成學過程に於ける二三の背景的考察」を參照。

（12）なほこの逸話はもと『河南程氏外書』卷十二に「祁寬所記尹和靜語」と注記して載せる逸話である。すなはち程門からの傳聞であることに注意が必要である。程門の弟子は往往、張載の學は二程に由來すると主張する。たとへば楊時は「跋橫渠先生書及康節先生人貴有精神詩」において「橫渠の學、其の源、程氏より出づるに、關中の諸生、其の書を尊び、自ら一家と爲さんと欲す」と述べる（『龜山集』卷二十六）。門戸の見といふものであらう。

（13）このことについて『經學理窟』學大原上、第十二條に「學者不可謂少年、自緩便是四十五十。二程從十四歲時便銳然欲學聖人、今及四十未能及顏閔之徒。小程可如顏子、然恐未如顏子之無我」とある。張載は少年期の二程を知つてゐたかのやうにも見える。なほ二程は十五六歲のころ、周敦頤に從學したと傳へられる。程頤「明道先生行狀」（『河南程氏文集』卷十一）には「先生爲學、自十五六時、聞汝南周茂叔論道、遂厭科擧之業、慨然有求道之志」と記す。

（14）「詩上堯夫先生兼寄泊淳正叔」に「病肺支離恰十年。病深樽俎久埃塵」とある。

（15）各地張氏後裔の狀況、また族譜の內容については張世敏編著『宋儒張橫渠的思想及家文化』（中國石鼓印社出版社、二〇二三年）

に詳しい。

(16) 宋代の義門については佐藤仁『宋代の春秋學　宋代士大夫の思考世界』（研文出版、二〇〇七年）第七章「「江州陳氏」について」を參照。

(17) 嘉祐二年貢擧の史的意義については東英壽「歐陽脩の科擧改革と古文の復興について」（『鹿兒島大學法文學部人文學科論集』第五十一號、二〇〇〇年）を參照。

(18) 宮崎市定「北宋史概說」（『アジア史研究』第一、一九五七年）、平元道雄「程明道と新法」（『久留米工業高等專門學校紀要』第六卷第二號、一九九五年）を參照。

(19) 宇野精一「中國古典學の展開」（『宇野精一著作集第二卷』明治書院、一九八六年）、宮崎市定「北宋史概說」を參照。

(20) 菰口治「關學の特徵（Ⅱ）――「禮」を中心にして――」（『文化』第三十二卷第三號、一九五八年）は『經學理窟』を主な材料としつつ井田制に關する張載の見解を分析し、それが社會に對する關中士大夫の現實的要求を實現する方策であつたのだと主張する。

(21) 王瑞來『宋代の皇帝權力と士大夫政治』（汲古書院、二〇〇一年）を參照。

(22) 『河南程氏遺書』卷二上、第七十九條に「子厚以禮教學者、最善。使學者先有所據守」とある。

(23) 佐藤仁「張橫渠傳」（『久留米工業高等專門學校研究報告』七、一九六七年）を參照。

(24) 山根三芳「張子禮說考」（『日本中國學會報』第二十二集、一九七〇年）は「氣を基盤とする哲學は、恐らくは、當時の國家政治體制である君主專制と無緣ではないであろう。……この人間社會支配の政治觀を世界的宇宙全體へ投影擴大した必然の所產が、彼の氣の哲學である」と主張する。ただし筆者としてはこの見解に同意しない。

(25) 菰口治「關學の特徵――特に地理的關係において――」（『集刊東洋學』第十八號、一九六七年）では『宋元學案』を主な材料としつつ張載の門弟の傳記を考察し、特に軍事方面で評價される者が多いのは、關中の地理的要因のしからしむるところであり、他の地方の學には見られない特色であると指摘する。また陳俊民『張載哲學思想與關學學派』（人民出版社、一九八六年）では、呂范諸儒學案に名を引く李復が張載の學の正統な後繼者だがその後の傳承を得なかつたと指摘する（該書十五頁～十六頁）。劉學智『關學思想史』（西北大學出版社、二〇一五年）では特に一章を設けて李復の思想を論ずる（該書百六十三頁～百八十三頁。ただし劉氏は「李復が關學の正傳を得た」といふ陳氏の見解には反對する）。全祖望は李復の集は殘らないと記すが、四庫全書には永樂大典から蒐集した『潏水集』十六卷を收める。

(26) 諸葛憶兵編著『宋代科擧資料長篇　北宋卷』（鳳凰出版社、二〇一七年）に引く『宋登科記考』徽宗政和五年（一一一五年）の進

士名錄に呂大受の名が見える（該書一〇六一頁）。登第の年から考へると呂大臨の兄とは同名異人である可能性が高いが、心覺えに記しておく。

(27) 李如冰『藍田四呂及其著述研究』（人民出版社、二〇一二年）および陝西省考古研究所等編『異世同調――陝西省藍田呂氏家族墓地出土文物』（中華書局、二〇一三年）を參照。ただし呂氏兄弟の生沒年については從來諸說紛糾して一致を見ず、呂氏墓發掘によつても決定的な證據となる資料は發見されなかつた。本書では敢て生沒年を記さない。

(28) 呂大臨の思想に關する研究の早いものとしては菰口治「呂大臨の禮思想について」（『中國哲學論集』第二號、一九七六年）がある。『禮記集說』に收める呂大臨禮記解に著目し、その禮思想の特色を探つた點で先驅的な業績であるが、その考察はなほ概括にとどまる。

第二章　張載の著作

宋元間の圖書目錄によつて張載には著作が多數あつたことが知られる。幾つか摘記する。

郡齋讀書志　易說十卷、春秋說一卷、孟子解十四卷、正蒙十卷、信聞記、尉繚子注一卷、文集十卷

直齋書錄解題　易說三卷、祭禮一卷、正蒙十卷、經學理窟一卷

『宋史』藝文志　易說十卷、詩說一卷、經學理窟三卷、横渠張氏祭儀一卷、正蒙書十卷、雜述一卷、文集十卷、三家冠婚喪祭禮五卷（「司馬光程頤張載定」と注する。編纂ものであらう）、諸儒鳴道集七十二卷（「濂溪涑水横渠等書」と注する叢書）

また『近思錄』引據書目には「正蒙」「易說」「語錄」「文集」「孟子說」「禮樂說」「論語說」を擧げる。なほ『郡齋讀書志』卷一下には、「漁樵問對」について「右皇朝張載撰。答問を設爲して、以て陰陽化育の端、性命道德の奥を論ずと云ふ」と錄する。しかし一般に「漁樵問對」は邵雍の著作とされる。晁公武がかかる錄し方をした理由はわからない。

右の通り張載の著作は、儒者の著作として當然のことながら多くは經解であつたらしいが、現存するものは多くはない。主な現存著作について概要を述べる。

一　正蒙

「行状」に云ふ。

熙寧九年秋、先生、異夢に感じ、忽ち書を以て門人に屬し、乃ち立言する所を集め、之を正蒙と謂ふ。出て門人に示して曰く、「此の書、予が歷年致思の得る所なり。其の言、殆ど前聖に合せんか」と。

張載の主著『正蒙』は死の前年、それまで書き溜めた筆記から拔粹して成つたものであることがここからわかる。既述の通り、これを十七篇に整理し、各篇冒頭の句に基づく題目を附けたのは蘇昞である。その篇目ならびに各篇の條數を、中華書局『張載集』に基づいて示す。

太和篇第一　二十二條
參兩篇第二　二十二條
天道篇第三　二十一條
神化篇第四　三十條
動物篇第五　十三條
誠明篇第六　三十六條
大心篇第七　十六條
中正篇第八　五十七條
至當篇第九　五十五條

作者篇第十　　二十一條
三十篇第十一　　三十四條
有德篇第十二　　三十八條
有司篇第十三　　九條
大易篇第十四　　六十二條
樂器篇第十五　　三十七條
王禘篇第十六　　二十三條
乾稱篇第十七　　十八條

あはせて五百十四條、多くは短章である。

大易篇第十四に収める條は、その多くが現存する「易說」に重出する。菰口治「正蒙の構成と易說について——その文獻學的考察——」（「集刊東洋學」第十二號、一九六三年）は、このことを手がかりとして、『正蒙』は經解から摘錄する形で編成された書物であると推斷した。(1) 大易篇以外にも、たとへば三十篇第十一は『論語』の注解から、樂器篇第十五は『詩經』の注解から、王禘篇第十六は『禮記』の注解から集められた篇であると思はれる。他方、太和篇第一は易を根底としつつ太虛卽氣の存在論および本體論を述べ、參兩篇第二も易を根底としつつ氣の運動によつて萬象の運動生成を説明する。また誠明篇第六は「中庸」に則りつつ心性論を展開する。すなはち全篇、經書を踏まへることは同じながら、經解を集めた篇と、より思想の論述に傾く篇とが混在する。

『正蒙』は右に述べた通り構成が散漫であること、短章の中に概念を抛り出すやうに簡潔に書く文章が難解であること、またそこに展開する太虛卽氣の本體論が不分明と解されたことにより、同時代の程子、後世の朱熹、下つて明代の羅欽順等、これを批判する思想家は數多い。反面、朱熹の理氣論は『正蒙』に多くを負ふものと考へられ、明末の王夫之は『張子正蒙注』を著して張載の學を顯彰した。張載の思想を研究するに當つては、『正蒙』に見える張載の眞意と、これを解釋した後儒の意識との異同を見極めることが重要な作業となる。

『正蒙』は各種『張子全書』に収めるが、殘念ながら筆者は影印善本を所有しない。近年出た林樂昌『正蒙合校集釋』（中華書局、二〇一二年）は現存する『正蒙』各種版本により校勘を行なひ、張載立言の依據を探求した、『正蒙』本文研究における決定版と稱し得る業績である。

『正蒙』の注解としては既に名を擧げた王夫之『張子正蒙注』が夙に有名である。明の遺臣として明朝亡國の原因を王學左派の放縱に求め、これを正さうとする立場から張載の氣學を稱揚する。反面、注釋の常道に囚はれず、張載の記述が不分明だと判定した箇所には憚らずその旨を注記するなど、きはめて特色ある注解である。ただし王夫之獨特の骨太な思考力は、時に張載の意圖を踏み越えて進むこともある。張載思想研究の上で必讀の書であるが、また取り扱ひには注意を要する書でもある。

その他、手に入りやすいものには和刻本『張子全書』にも収められた明、高攀龍集注、徐必達發明『正蒙釋』、叢書集成に収める明、劉璣『正蒙會稿』、清代の注釋として四庫全書所収の李光地『注解正蒙』、王植『正蒙初義』などがあつた。明清の注釋については近年、横渠書院の編纂になる點校本が續續刊行され、中には從來罕見のものもある。明清の『正蒙』解釋の諸相は未開拓の研究分野と言ふべく、今後の進展が期待される。

二　西銘、東銘

『河南程氏外書』卷十一に云ふ。

横渠の學堂の雙牖、右に訂頑を書し、左に砭愚を書す。伊川曰く、是れ爭端を起す、と。之を改めて東銘、西銘と曰ふ。

張載自身が「訂頑の作は只、學ぶ者の爲にして言ふ。是れ頑を訂する所以なり」（語録上、第六十三條）と述べるから、生前において訂頑の名で呼ばれたことは疑ひ無い。呂大臨の東見錄（『河南程氏遺書』卷二上）は張載の沒後さう遠くない元豐二年の記録とされるが、既にその中に「訂頑」「西銘」兩樣の呼稱が見られる。あるいは張載生前から西銘の呼稱があつたかもしれぬ。

「西銘」すなはち「訂頑」は『正蒙』乾稱篇第十七の冒頭に置かれた。そもそも乾稱の篇名は「西銘」冒頭の句、「乾を父と稱し坤を母と稱す」にちなむ。そして「東銘」すなはち「砭愚」は乾稱篇の末尾、つまり『正蒙』全體の掉尾に置かれた。

「西銘」は二百五十三字、「東銘」は百十二字、いづれも短文であるが、宋代以降の儒者に多大の影響を與へた。特に「西銘」は、そこに述べられた「親疎の差等を前提とした萬物一體觀」が程頤によつて「理一分殊」と解せられたことにより、程朱學派において極めて重視されることとなつた。そのためであらう、宋元の或る時期から「西銘」「東銘」は獨立し、『張子全書』中で『正蒙』に先だつて置かれるやうになつた。朱熹「西銘解」を始めとして注解は多數存在する。なほ邦儒の「西銘」解釋については山崎道夫「西銘の思想」（『鈴木博士古稀記念東洋學論叢』明德出版社、一九七二年）が、要點ごとに各學派の見解を整理提示し、江戸儒學における「西銘」理解の概要を知る上で有益である。

本書でもたびたび「西銘」に言及するであらうから、ここに全文を示しておく。

乾を父と稱し坤を母と稱す。予、茲（ここ）に藐焉（べうえん）として、乃ち混然として中處す。故に天地の塞は吾が其の體、天地の帥は吾が其の性、民は吾が同胞、物は吾が與（とも）なり。大君は吾が父母の宗子なり。其の大臣は宗子の家相なり。高年を尊ぶは其の長を長とする所以なり。孤弱を慈しむは其の幼を幼とする所以なり。凡そ天下の疲癃殘疾惸獨鰥寡は皆、吾が兄弟の顚連して告ぐる無き者なり。時に之を保つは子の翼むなり。樂みて且つ憂へざるは孝に純なる者なり。違ふを悖德と曰ひ、仁を害ふを賊と曰ふ。惡を濟す者は才ならず。其の形を踐むは惟れ肖る者なり。化を知れば則ち善く其の事を述べ、神を窮むれば則ち善く其の志を繼ぐ。屋漏にも愧ぢざるは忝しむる無しと爲し、存心養性は懈るに匪ずと爲す。旨酒を惡むは崇伯が子の養を顧みるなり。英才を育ふは潁封人の類に錫ふなり。勞を弛めずして豫を底すは舜の其の功なり。逃るる所無くして烹らるるを待つは申生の其の恭なり。其の受くるを體して全きを歸す者は參か。從ふに勇にして令に順なる者は伯奇なり。富貴福澤は將に吾の生を厚くせんとするなり。貧賤憂戚は庸て女を成るに玉にするなり。存するときは吾、順にして事へ、沒するときは吾、寧きなり。

三　易說

横渠易說とも。書名、卷數は書目によつてまちまちであり、一部の書として完成したものであるかどうか、疑問の餘地がある。題名通り『周易』の注解であるが、爻辭一句づつに解を加へるといふ形式を取らず、卦辭爻辭の或るかたまり、また十翼の章段ごとに自己の見解を列記するといふ形で纏められてゐる。筆記として書き繼がれたものが編纂を經ずに流布したものかと思はれる。

中華書局『張載集』では呂祖謙『周易繫辭精義』から佚文を蒐集、增補した上で「横渠易說」の標題で收錄した。この「横渠易說」を取り扱ふ上での注意點については本書中で後述する。

「易說」の構成上の特色に關しては胡元玲『張載易學與道學：以《橫渠易說》及《正蒙》爲主之探討』（臺灣學生書局、二〇〇四年）が詳細に論ずる。『周易』解釋上の特色については朱伯崑『易學哲學史』（華夏出版社、一九九五年）に詳細な分析がある。劉泉『橫渠易說校注』（中華書局、二〇二一年）は各條の典據を示し、『正蒙』に同文がある場合には參照箇所を明記するなど、行き屆いた勞作である。また同書には「易說」の成立と特色とに關する詳細な分析を附する。

四　經學理窟

『郡齋讀書志』卷三上には「金華先生」著の『理窟』を錄し、「未だ何人かを詳かにせず、程張氏の學者と爲す」と注記する。『郡齋讀書志附志（讀書志卷五下）』では「橫渠先生經學理窟一卷。右、張獻公載の說なり」と記す。現存する最古の著錄がかかる曖昧な記載なのであるから、取り扱ひには若干の注意を要する書物である。

現存の『經學理窟』は「周禮」「詩書」「宗法」「禮樂」「氣質」「義理」「學大原上」「學大原下」「自道」「祭祀」「月令統」「喪紀」の十二篇から成り、文體は口語に近い、もしくは談話を整理した文語といふ雰圍氣である。大體においては經書を巡つての談話を筆記したものと思はれる。時に『河南程氏遺書』の文言が混入する。愼重に扱ふことを前提とするなら、張載平生の思想を傳へる語錄として有用な書物である。戸田豊三郎「張橫渠の「經學理窟」について」（「中京大學文學部紀要」第七卷第一號、一九七二年）は『經學理窟』を劄記語錄の類と見做した上で、「また橫渠の場合の如く、正蒙の樣な代表作を存する場合には自らそれを第一として、經學理窟の如きは第二資料として扱ふべきものと考へる」と指摘する。

五　語録

四部叢刊に宋刊本影印『張子語錄』三卷、後錄二卷を収錄する。各種影印本『張子全書』には「語錄抄」を収める。有名な「横渠四句」――また「横渠四爲」「横渠四爲句」「横渠四爲教」などと稱する――すなはち、

天地の爲に心を立て、生民の爲に道を立て、去聖の爲に絶學を繼ぎ、萬世の爲に太平を開く。

といふ言葉は『語錄』卷中に収める。
一般に横渠四句は、若干改變された、

天地の爲に心を立て、生民の爲に命を立て、往聖の爲に絶學を繼ぎ、萬世の爲に太平を開く。

といふ形で知られる。この形は南宋の名臣、文天祥の御試策、すなはち貢擧の答案に現れたのを起源とする。(2) 横渠四句は宋代士大夫の精神を集約的に述べた名句として知られ、(3) 宋朝に殉じたことで名高い文天祥が對策に引いたといふ事實はそのことを象徴する好例であると言へよう。また馮友蘭は『中國哲學史』の自序において、

吾が先哲の思想には、必ずしも錯誤が無いとは言へないものも有るが、しかし「天地の爲に心を立て、生民の爲に命を立て、往聖の爲に絶學を繼ぎ、萬世の爲に太平を開く」は、吾が一切の先哲の、書を著し説を立てる上での宗旨である。學派の別がどうであるかといふことを問はず、先哲の言の字裏行間には皆、この精神が瀰漫してゐるのであり、さればこそ、その言を讀む者は覺り知つたのであつた。(民國二十二年六月附「自序二」)

と述べ、横渠四句が宋代士大夫の精神ばかりでなく、廣く中國哲學の根本精神を述べた言辭であると評した。

横渠四句の、現代における政治的意味合ひについては、本書の末尾で再度、補說したいと思ふ。

六　張子全書

筆者の環境で比較的容易に參照可能の影印本『張子全書』は、明、徐必達集校『周張全書』の和刻本、および正誼堂全書所収『張子全書』であつた。

排印本としては四部備要本があつた。淸の朱軾の校訂本から排印したとの注記があり、「西銘」『正蒙』には『朱子語類』『性理群書句解』『性理大全』等に依つて集めたと思はれる「晦翁朱熹注釋」を附する。

『四庫全書總目提要』卷十八に『張子全書』の収錄書目を西銘一卷、正蒙二卷、經學理窟五卷、易說三卷、語錄抄一卷、文集抄一卷、拾遺一卷、附錄一卷、全十五卷と記す。上述の各種『張子全書』も基本的に同一內容であつた。ただし正誼堂全書本はどういふわけか易說を缺いた。また呂柟『張子抄釋』は抄釋と稱するものの、實は當時知られてゐた張載遺著のうち「易說」除くほぼ全文を収錄する。これも排印本で參照可能であつた。

一九七八年、中華書局から章錫琛點校排印本『張載集』が出版された。萬曆四十八年沈自彰鳳翔府『張子全書』官刻本の淸初翻刻本を底本とし、「西銘」「東銘」を『正蒙』乾稱篇に復歸させ、『周易繫辭精義』を利用して「易說」を補ひ、底本の「語錄抄」に代へて宋刻本『語錄』三卷を収め、佚文を蒐集して「文集佚存」を編むといふ勞作で、時に句讀の疑問があり、また文字について臆改の嫌ひはあるものの、張載研究における畫期的な資料であつた。後、理學叢書に収錄された。

二〇一五年、關學文庫『張子全書』（林樂昌編校、西北大學出版社）が刊行された。『正蒙』『經學理窟』『語錄』は宋刊本、「易說」は通志堂經解所収本を底本として各種刊本による校勘を行なひ、加へて『禮記集說』から「禮記說」を、『論孟精義』から「論語說」「孟子說」を集め、これによつて張載の遺著はほぼ網羅されたと思はれたが、二〇二〇年には同書の增訂版が刊行され、更なる充實を見た。今後の張載研究には增訂版『張子全書』が必携の書となるであらう。

本書では筆者が永年使ひ慣れてゐること、また普及して參照に便利なことから、中華書局排印『張載集』を底本とし、增訂版『張子全書』を參觀する。意を以て文字を改める際は注記する。

〔注〕

（1）『正蒙』と「易說」との間での文言の重複に關しては胡元玲『張載易學與道學：以《橫渠易說》及《正蒙》爲主之探討』（臺灣學生書局、二〇〇四年）二十七頁～六十六頁に詳細な統計分析がある。

（2）魏冬『張載及其關學――〝橫渠四爲句〟視域下的現代闡釋』（西北大學出版社、二〇二〇年）一六八頁～一七八頁を參照。

（3）たとへば島田虔次『朱子學と陽明學』（岩波書店、一九六七年）は冒頭部に橫渠四句を引いて「宋學の根本精神というか、根本的氣分というか、そのようなものを表現したことばとして、これほどみごとなものはないように思われる」（該書一頁）と評する。

第二部　張載の思想

第一章　「太虚卽氣」——存在論、本體論

序論で述べた通り、本書では經傳の語句、あるいは何かの概念を表す語句をトピックとして取り上げ、それに對する張載の見解について考察するといふ方法で、張載思想の特色を明かにする。ただし太虛卽氣論すなはち存在論、本體論、および天地氣質の心性論といふ、宋明理學の最重要課題に係る概念に關する張載の意見については、最初に概括しておくのが便利であらう。そこで本章および次章は言はば張載思想全體の總論とする。まづ張載の太虛卽氣論に關する概要を記し、次いで心性論に關する概括を行なふ。以て張載思想全體の見取圖を示したい。その後各章は、言はば各論として經傳の語句に對する張載の解釋を分析し、そこから張載思想の特色を讀み取る作業を繰り返す。

本章では存在に關する張載の議論、わけても生滅論を檢討の對象とし、次いで、そこに見られる張載の思惟の特徵が、生滅論のみならず、張載の思想全體に通有の特徵であることを指摘したいと思ふ。

一　張載の生滅論

張載は『正蒙』の中で、氣の運動によつて萬物の消長、宇宙の運行を説明する。その記述はきはめて廣汎なもの

であるが、根本的には以下の四點に要約することが可能であると思はれる。

まづ第一に、萬物の生滅は、氣の聚散によつて説明される。『正蒙』太和篇第七條に云ふ。

> 氣、聚れば、則ち離明、施すを得て形有り。氣、聚らざれば、則ち離明、施すを得ずして形無し。其の聚るに方るや、安んぞ之を客と謂はざるを得ん。其の散ずるに方るや、安んぞ遽に之を無と謂ふを得ん。故に聖人は仰觀俯察して、但、幽明の故を知ると云ひ、有無の故を知ると云はず。

文中見える「離明」なる語はやや意味が取りづらいが、これは『周易』説卦傳の「離也者明也。萬物皆相見」に基づく語である。説卦傳にはまた「離爲目」とある。すなはち「離明」とは視覺で捉へ得ること、目に見えることを意味する語であると考へて大過あるまい。右の條では「形」すなはち物の生滅が、離明との關係で捉へられてゐる。從つて張載の考へによれば、物の生滅とは、見えるか見えないかといふことによつて判斷されるものであり、有るか無いかといふことを意味するものではない。

第二に、氣は聚散いづれの狀態にあつても本質的には同一のものであるが、時に應じて陰氣陽氣、いづれかのあり方で發現する。參兩篇第二條に、

> 一物にして體を兩つにするは、氣なり。一なるが故に神。兩在り、故に測られず。兩なるが故に化す。一に推行す。此れ天の參なる所以なり。（小字は自注）

とある。つまり氣は陰陽といふ二種の狀態で發現してゐるが、陰氣・陽氣といふ兩種の氣が存在するのではなく、もともとは同一のものである。同一でありながら、天地間の氣のあり方は千變萬化、人智の及ばぬところがある。そこでこれを神と呼ぶ。他方、陰氣・陽氣として反撥したり融合したりして、本來の「一」の狀態を恢復すべく無限の運動を行なひ、その過程で萬物の化生・消滅が現象として現れる。なほ、陰氣・陽氣、それぞれの運動形態については、參兩篇第十六條に、「陰の性は凝聚し、陽の性は發散す。陰、之を聚むれば、陽、必ず之を散ず」と説

明する。陰氣には凝聚する性格があり、陽氣には發散する性格がある。氣は、この陰陽兩種の性格を有するがゆゑに、聚散いづれかの狀態に固定することなく、運動を繼續する。

第三に、氣の散じた狀態を太虛と呼ぶ。太和篇第三條に云ふ。

> 天地の氣は、聚散攻取すること百塗なりと雖も、然れども其の理たるや順にして妄ならず。氣の物たる、散じて無形に入り、吾が體を得るに適ふ。聚りて有象となり、吾が常を失はず。太虛は氣無き能はず。氣は聚りて萬物と爲らざる能はず。萬物は散じて太虛と爲らざる能はず。是に循ひて出入するは、是れ皆、已むを得ずして然るなり。

この條では氣の運動に關して二つのことを述べる。一つは、氣のあり方として、散じて、目に見えない太虛と呼ばれる狀態と、聚つて、目に見える萬物を形成してゐる狀態との、二通りが存することである。今一つは、氣が、聚散いづれの狀態にも固定することなく、太虛から萬物へ、また萬物から太虛へと、不斷に流動することである。

ここに言ふ「太虛」とは、その語感からも推察される如く、廣漠たる空閒、といつた意味の語であらう。太和篇第五條の冒頭に、「虛空は卽ち氣なることを知れば、則ち有無隱顯、神化性命、一に通じて二無し」とあつて、氣の一狀態として、虛空すなはち擴がりのある天空といふイメージが提出されてゐる。天地閒の全ての事物は皆、虛空の下に在るのだから、「虛空卽氣」といふ句を、天地四方すべての空閒に無形の氣が充滿してゐる、といふ意味に解釋して、まづ差支へあるまい。そして無形の氣を太虛と呼ぶのであるから、結局、太虛は、萬物を包含する廣大な空閒、すなはち天地と同義の語であると思はれる。

なほ文獻上、「太虛」の語は『莊子』知北遊第二十二、

> 是の若き者は、外、宇宙を觀ず、內、大初を知らず、是を以て崑崙に過らず、太虛に遊ばず。

を初出とする[1]。同じ知北遊に、

生や死の徒、死や生の始、孰か其の紀を知らん。人の生や、氣の聚れるなり。聚れば則ち生と爲り、散ずれば則ち死と爲る。若し死生、徒たれば、吾、又、何をか患へん。故に萬物は一なり。

とあり、人の生死を氣の聚散で説明するのは、張載の氣論との關係といふ點で注目に値する。(2)莊子の氣は、人の生死と關係する以上、形而下のものであることは確かであるが、物質的な存在であるかどうかといふことについては判定が難しい。他方、張載の謂ふ聚散して萬物を生滅させる氣は視覺の對象なのであるから、明かに形を備へた物質としての側面を有する。(3)

第四に、氣は新たに生成されることがなく、また消滅することもない。張載は『正蒙』の中で繰り返し「無」を否定する。前引太和篇第七條の文中に、「其の散ずるに方るや、安んぞ遽に之を無と謂ふを得ん。故に聖人は仰觀俯察して、但、幽明の故を知ると云ひ、有無の故を知ると云はず」とあつたが、その他にも、太和篇第八條に云ふ。

氣の、太虚に聚散するは、猶ほ冰の、水に凝釋するがごときなり。太虚は卽ち氣なることを知れば、則ち無なるもの無し。故に聖人の、性と天道とを語るの極は、參伍の神の變易するに盡くるのみ。諸子は淺妄にして有無の分有り。窮理の學に非ざるなり。

氷が融けるのは消滅するのではなく、水といふ形へと變化するのであり、それと同じやうに、物が消滅するのも、文字通り消滅するのではなく、目に見えない太虚の狀態へと變化することである。目には見えないが、氣は天地間に充滿してゐるのであり、從つて「無」なるものは存在しないことになる。(4)

張載が「無」を否定するのは道家の存在論への反駁であらうと思はれる。太和篇第五條に、

若し虛は能く氣を生ずと謂へば、則ち虛は窮り無くして氣は限り有り、體と用と殊絶して、老氏の、有は無より生ずるの、自然の論に入る。

とあり、この言辭は明かに「有は無より生ず」（『老子』第四十章）といふ道家の生成論を否定するものである。つ

まり張載は老子の「無」に、ただ單に「なにも存在しない狀態」といふことばかりでなく、「有を生ずるところのもの」、換言すれば「存在の根源」といつた意味をも認め、その上で「無」を否定したのだといふことになる。

『正蒙』中には、氣の發生源に關する記述は全く見られない。ここから判斷すれば、張載は氣が何處からか新たに發生するとは考へなかつたことになる。そして、もし、氣が新たに發生することがないのならば、そのことは同時に、氣が消滅することはないといふ意味にもなり得る。氣が供給されず、消滅するばかりならば、遲かれ早かれ天地間の萬物すべてが消滅してしまふ。

『正蒙』の中には明瞭に氣が不生不滅であると說く文は見られないのであるが、一つの觀點として、太和篇第十六章に、

游氣は紛擾たり。合して質を成す者は、人物の萬殊を生ず。其の陰陽の兩端の、循環して已まざる者は、天地の大義を立つ。

といふ記述がある。ここで張載は、氣の、陰から陽へ、また陽から陰へといふ發現の仕方を「循環」といふ言葉で表現する。また參兩篇第十二條には、

陰陽の氣の若きは、則ち循環して迭ひに至り、聚散して相盪き、升降して相求め、絪縕として相揉はる。

とあつて、ここでも張載は、氣の運動のあり方を說明するのに「循環」の語を用ひる。これらの記述を見ると、張載が天地間の氣の動きについて考へるとき、「循環」といふことを強く意識したことが示唆される。

氣が發生も消滅もしないのなら、天地間の氣の運動は、同一の氣が幾度も聚散して萬物を生滅させるといふ循環の形をとらざるを得ない。張載が「循環」の語を用ひるのは、氣の不生不滅を意識してのことだと考へるのが合理的である。

以上を要約すると、天地間には氣といふ實在物が充滿してをり、氣は散じたときには太虛と呼ばれる目に見えな

い狀態となり、聚合すると可視の物となる。氣は發生することも消滅することもなく、太虚と物と、兩様の狀態を繰り返す、永遠の循環運動の中にある。人や物の生滅は、さうした氣の運動の過程に於て行なはれる、といつたことにならう。やや强引ながら圖式化するなら、張載の生滅論は、太虚↓（聚）↓物↓（散）↓太虚といふ、氣の循環を基調とするものである。

右のやうな「循環」の考へ方は、夙に朱熹の批判するところとなつた。『朱子語類』巻九十九、第三十二條（黃罃の錄）に、

横渠は釋氏の輪廻説を排斥した。しかし横渠が氣の聚散屈伸を説く場合、かへつて大輪廻といふ弊害がある。思ふに釋氏の輪廻は個個各自の輪廻であるが、横渠の説は萬物を一緒くたにしてをり、やはり一大輪廻である。(5)

といふ言葉が見られる。朱熹は「循環」を、言はば世界全體が生死を繰り返す大いなる輪廻と見做して、これを排斥したものと考へられよう。

早く朱熹が氣づいた程であるから、張載の生滅論が「循環」を基調とするといふ特色を有することは、比較的見やすいことであると思はれるのだが、管見の限りこの特色は張載思想研究においてさほど重視されてをらず、むしろ批判的に言及する例が多いやうに見られる。例へば市川安司博士は、張載の生滅論と程頤のそれとを比較検討した上で、「横渠の聚散説は、それが循環論に陷って、いわゆる輪廻の思想に展開しやすいものを含んでいる」(6)と述べる。市川博士は、張載の氣の存在論の中に氣の循環運動を見出した上で、「循環論に陷って」といふ、どちらかといへば否定的な言葉でこれを評し、さらに循環論が輪廻説に結びつくといふ見解を示してをられる。(7)すなはち、前に引いた朱熹の言葉に左袒してをられるやうに見える。

張載は排佛論者であり、輪廻説に關しては、乾稱篇第十條で次のやうに論ずる。

浮屠は鬼を明かにするに、識有るものの死しては生を受くるの循環を謂ひ、遂に苦を厭ひて免れんことを求む。鬼を知ると謂ふべけんや。（中略）惑へる者は、「游魂、變を爲す」を指して輪廻と爲す。未だ之を思はざるなり。大學は、當に先づ天德を知るべし。天德を知れば、則ち聖人を知り、鬼神を知る。今、浮屠は論を極め歸を要むるに、必ず死生の轉流は道を得るものに非ざれば免れずと謂ふ。之を道を悟ると謂ひて可ならんや。[8]

張載の理解によれば、輪廻とは、靈魂が轉生して生と死とを繰り返すことであり、佛家のいはゆる悟道は、その生と死との循環から脱却することである。他方、張載にとつて鬼神、すなはち靈魂は「二氣の良能」（太和篇第十二條）、つまり萬物を生成消滅させる氣の運動能力の發現なのであり、一個の靈魂が生死を繰り返して諸相に流轉することはあり得ない。

とはいへ張載の存在論における氣の循環が、形の上で佛家の輪廻に類似することも否定はできない。張載自身、右に引いた乾稱篇第十條の文中で、輪廻のことを表現するのに「循環」の語を用ひる。既述の通り張載には佛教に沈潛した一時期がある。市川博士は、「橫渠のそれ（生滅論）は佛教の輪廻説に對抗するためのものであろう」[9]と解された。佛教を學んだ儒者が、佛教に對抗する儒家の理論を構築しようとするとき、識らず知らず佛教の理論に引きずられるといふのは、いかにもありさうなことである。

しかしながら張載の存在論に見られる氣の循環は、前述の如く、氣が不生不滅であるとの前提から導かれたものだとも考へ得る。だとしたら張載の循環思想を、輪廻説の影響といふ點からのみ説明するのは些か早計だといふことになる。

朱熹は「氣の已に散ずる者は、既に化して有る無し」（『朱文公文集』巻四十五、答廖子晦書二）と述べた。氣はやがて亡びると考へたことになる。それを前提として張載の存在論を「大輪廻」と批判したのであらう。だが氣の消散滅亡といふ考へ方は、鬼神論との關係に於て困難に逢著した。『朱子語類』巻三、第十九條（李閎祖の錄）によれば、朱熹は、鬼神を氣の運動の發現であると考へ、祭祀の際には嘗て祖先の心身を形成してゐた氣が來格するのだと說明するのであるが、しかし、氣がやがては消滅してしまふのなら、結局、祭祀は無意味だといふことになりかねない。朱熹は、

人が死ねば、結局は散の狀態に歸するのではあるが、しかし散じ盡してしまふのではない。だから祭祀には感格の道理がある。遠い祖先については、氣の有無は知ることができない。しかし祭祀を奉ずる者は、その子孫なのだから、つまりは同一の氣なのであり、だから感通の道理がある。(10)

と述べて、祭祀の意義を祖先の氣に求めるのであるが、このことは前に引いた「散じた後の氣は消滅する」といふ考へと相容れないやうにも思はれる。(11) もつともこのことについては、祭祀に來格する祖先の氣とは實存的なものなのであつて、祭祀者の內部に現れると考へれば矛盾ではなくなるといふ解が複數の先學によつて提示された。(12) おそらくはこれが朱熹の眞意を捉へた解釋であらうと思はれるが、しかしその場合、今度は形態を生ずる氣と世系の繫がりとしての氣といふ、氣の性質の重層性が問題となる。この點に關する朱熹の說明は必ずしも充分だとは思はれない。右に述べた「矛盾」說が生ずる所以である。

これに對して張載のごとく、氣は循環すると考へれば、聚合する前の氣の來源、及び散じた後の氣の行方を、簡明に說明できる。その點に限つては、朱熹の說よりも合理的と言へるかどうかはともかく、簡潔な說であるといふことは間違ひあるまい。

張載の存在論における循環論的傾向は、それが形の上で佛家の輪廻に似てゐるといふ點において、儒家の言辭として不適切であるとの批評を招き得る。しかし循環によつて氣の運動を合理的に說明できるとすれば、必ずしもこれを否定的にばかり評價することもあるまい。循環の考へ方は、張載の思想における一つの特色として重視さるべきものであると考へる。

二　張載の本體論

張載の存在論、とりわけ物の生滅に關する議論、換言すれば現象を巡る議論には循環論的傾向が強く見られるといふことを指摘した。次いで現象をかくあらしめてゐるもの、すなはち現象の背後にある本體の方面に關する張載の見解を知つておく必要があるだらう。

既述の通り、張載は氣の散じた狀態を太虛と呼び、氣と太虛との關係を「太虛卽氣」と表現した。ところが太和篇第二條には、「太虛の形無きは、氣の本體なり。其の聚り其の散ずるは、變化の客形のみ」とある。二つの事物を指して、一方を本と呼び、他方を客と呼ぶのは、その兩者間に質的な差異を認めることになるであらう。右に引いた條で、張載は太虛の氣を本體と呼び、氣が聚散して物を生滅させる狀態を客形と呼ぶ。つまり張載は、太虛と物との間になんらかの區別を設けてゐることになる。

また太和篇第十一條には、

太虛に由りて天の名有り。氣化に由りて道の名有り。虛と氣とを合して性の名有り。性と知覺とを合して心の名有り。

とある。太虛を天の實體、氣化を道の實體とした上で、「中庸」冒頭の「天命之謂性」を敷衍して天道が性の實體であると說くのであるが、表現として「虛と氣とを合す」と述べるところに、太虛と氣との間隙が生ずる。このことは「太虛卽氣」といふ表現と相容れないやうに見える。だとすると、太虛と氣との關係は、「太虛卽氣」なる句を文字面通り「太虛は氣である」と解するだけでは不足な、何か複雜な內容を有するものだと考へる必要が生ずる。

太和篇第九條には、

太虚を淸と爲す。淸なれば卽ち礙無し。礙無きが故に神なり。淸に反するを濁と爲す。濁なれば卽ち礙あり。礙あるが故に形あり。

とあり、太虚を「淸」と呼んで「神」と關係づけ、「淸」ならざる「濁」が、「形」すなはち物を形成するのだと述べる。「淸濁」といふ表現は價値判斷を伴ふ表現であると考へられる。從つて太虚を淸と呼ぶのは、太虚に、物よりも高い價値を認めることに繫がる。

乾稱篇第十四條には、「大率、天の德たる、虚にして善く應ず」とあり、「虚」が「天の德」と結びつけて考へられてゐる。これに徵するならば、張載は「虚」なるものに、かくあるべきもの、望ましいもの、といつた意味を籠めたのだと見做し得る。張載の虚は、もし朱子學の用語に卽して言ふならば、理によく似た性格を與へられてゐるやうに思はれる。

このやうな虚の性格からして、太虚といふ語にも、絕對善、絕對的優越、といつた意味が籠められてゐると考へることが可能であらう。しかしまた「太虚卽氣」といふ明瞭な規定がある以上、太虚を、まつたく理念的、形而上的なものと捉へることもできない。

ところでそもそも形而上といふ語は、言ふまでもなく『周易』繫辭上傳の「形而上者謂之道」に由來する語であるのだが、同じく繫辭上傳の「一陰一陽之謂道」について、張載の「易說」には「一陰一陽是道也」とあつて、陰陽すなはち氣の運動と道とを直截に結合して說明する。そして氣の運動によつて形而下の物が生ずるのであるから、張載は、形而上の道と形而下の物とを直截に結合して解釋してゐることになる。すなはち張載は、形而上と形而下とを連續的に理解してゐたのだと解し得る。

ここで再び「循環」といふことに注目する必要が生ずる。前に見たやうに、張載は氣の運動を、太虚から物へ、また物から太虛へといふ循環の中で說明した。右に引いた形而上的、優越的な太虛の性格を、この循環にあてはめてみると、天地間のあらゆる存在は、形而上から形而下へ、また形而下から形而上へと、不斷に流動してゐることになる。換言すれば、張載は本體と現象との閒に一線を劃することなく、兩者を統合的、渾一的に把握したのだと考へられる。

太虛が理に似た性格を有することは、これまた夙に朱熹の指摘するところである。『朱子語類』卷九十九、第十三條（鄭可學の錄）に、「太虛卽氣の太虛とは何のことですか」「理のことである。ただし言ひ方が明瞭でない」[13]といふ問答が見える。朱熹の意圖は、張載は明瞭に理すなはち本體の存在を說いてはゐない、しかし『正蒙』を注意深く讀めば、氣の運動の背後に、眞實在としての太虛の存在が看取される、といつたことであらう。

この點からすれば、二十世紀後半の一時期、一部で行なはれた、張載の哲學が「氣一元論」であり、さては「唯物論的」であるか否かといつた議論は[14]、あまり當を得たものだとは言へまい。確かに太虛の性格には不明瞭なところがあり、輕輕しく太虛は理であると斷定するのは不適當であらうが、しかし朱熹が指摘するやうな『正蒙』中の記述からして、太虛が本體、ないしはそれに類するものであることは疑ふべくもないと思はれる。

山下龍二教授は「太虛が氣の奧にあるいは氣を超越して、純粹性を保持した本體として考へられる限り、それは氣を統制し主宰し支配するものであつて、それは朱子の言う『氣に先在する理』的な性格を持っている」（「羅欽順と氣の哲學」）と考察し、さらに進んで張載の思想を「太虛の思想」の一言で說明された[15]。また大島晃教授は「『太虛』の性格を考えるとき、朱子に於ける『理』的なものが、すでにそこには含まれていると言えよう」（「張横渠の『太虛卽氣』論について」）と指摘された。これらが當を得た見方であらう。

しかし太虛の性格を「理」的なものであると捉へる場合、今度は「太虛卽氣」といふ句の意味合ひに不明瞭な點が生ずるのも事實である。形式論理的に言へば、「太虛卽氣」は「理卽氣」と言ひ換へ可能であるといふことになる。

これは些か奇矯な言ひ回しであらう。少しく概念化して言へば、張載の思想には本體と現象との混淆が見られ、これを如何に解釋するかといふ問題が生ずる。

このことに關しては、程朱學派できはめて重視する「理一分殊」の語が、「西銘」から抽出されたといふ事實が示唆を與へるであらう。

張載は「西銘」において天地を父母とし、民を同胞とする博愛觀を説く。楊時がこれは墨家の兼愛に類するのではないかと疑問を呈したのに對して、程頤は、

> 横渠の言を立つる、誠に過てる者有り、乃ち正蒙に在り。西銘の書たる、理を推して以て義を存し、前聖の未だ發せざる所を擴め、孟子の性善養氣の論と功を同じくす。豈に墨氏の比ならんや。西銘は理は一にして分は殊なるを明かにす。墨氏は則ち本を二にして殊無し。分殊の蔽は、私勝りて仁を失ふ。無分の罪は兼愛して義無し。分立ちて理一を推して、以て私勝の流を止むるは仁の方なり。（「答楊時論西銘書」、『河南程氏文集』巻九）

と答へた。ここでの「理」は倫理的文脈で用ひられた語であり、程頤の「理一而分殊」といふ表現もその範圍内で解釋すべきものであらう。朱熹はそれを推して、敢へて言へば擴大解釋して、世界觀あるいは宇宙觀にまで理一分殊の語を援用した。(16)

張載自身は「理一分殊」なる考へを意識的には持つてゐなかつたであらうし、(17)「西銘」に對する程頤の解釋が完全に妥當なものであるかどうかといふことは、俄に斷言できない。しかし「理一分殊」なる言葉が「西銘」から抽出されたのは確かなことであり、(18)これが程朱學派において重視されたことにより、後世、むしろ「理一分殊」を以て「西銘」を解釋するのが普通のこととなつた。(19)

朱熹は學説定立に當つて北宋道學諸儒の遺文を深く研究した。その結果として本來、「理」「天理」といつたこと

をさほど述べない張載の思想も、程子の思想と一緒の織物に編み込まれた。程頤が「西銘」を「理一分殊」と解し、それが朱熹の哲學で擴張された經緯が好個の事例である。[20] 張載の氣の思想は、本體と現象とを循環的、渾一的に捉へる思想である。これを本體論と存在論との切りわけが出來てゐない、不分明の思想と解するのは、朱熹の理氣哲學定立後から振り返つて、それ以前の思想を裁斷する、後知恵の見解と稱し得よう。楠本正繼博士は「一般に横渠には虚氣相即の考を以つても窺へるやうにことの兩面をつくし、しかもこれを一に於て把へる傾きがある。これはただ兩面をつくすのとも、ただ一に於て把へるのとも違ふ[21]」と指摘された。太虚卽氣論における一見不分明な思考法は、楠本博士の指摘される張載の思惟の特色が現れたものと考へられよう。張載の氣の思想は、それ自體として考究の對象とすべきものである。それが朱熹によつて如何に評價されたかといふことは、また別の問題として追究さるべきことである。[22]

本章の結び

張載は氣の運動を循環で捉へることによつて、氣の來源と行方とを合理的に説明しようとした。しかし氣の一狀態である太虚に本體の性格を與へ、かつ太虚と、萬物を生滅させる氣とを直截に結合したため、張載の學における本體と現象との關係は渾一的な樣相を呈することとなつた。そのため張載の存在論は、氣の方向から見れば一元論的であり、太虚の方向から見れば二元論的でもあるといつた、重層的な、些か難解なものとなつた。これを無造作に朱熹の理氣論と比較するなら、未成熟な、あるいは不分明なものとも見做し得るであらう。本書ではさうした觀點から脱却し、張載の思想を、それ自體として考究したいと思ふ。ただし朱熹の立場、すなはち北宋道學諸儒の言說を蒐集、硏究し、統合して自說を樹立したといふ實績からして、張載思想に關する朱熹の見解は、やはり尊重さるべきものではある。張載思想の定位を考へる上で、朱熹による評價は言はば基準線、或は補助線となり得る。張載の思想を朱熹が如何に受容したかといふ觀點は、本書でも折に觸れて言及することになるであらう。

まづは張載の氣の思想において循環論的な特色が見られるといふことを指摘したい。その特色は張載の思想を硏究する上で、存在論以外の部面においても意識すべき事柄となるであらう。

〔注〕

(1) 出土文物に「太虛」の用例があるといふ。林樂昌『正蒙合校集釋』上册十八頁を參照。

(2) 「太虛」といふ語の思想史上の意味に關しては三浦國雄「張載太虛說前史」(「集刊東洋學」第五十號、一九八三年)を參照。

(3) 陳政揚『張載思想的哲學詮釋』(文史哲出版社、二〇〇七年)第三章「張載與莊子氣論比較」(該書五十七頁〜九十三頁)を參照。

(4) 『正蒙』のこの條に關しては大島晃「張橫渠の『太虛卽氣』論について」(「日本中國學會報」第二十七集、一九七五年)、「水氷の比喩試探——張載の比喩の淵源をめぐって」(「上智大學文學科紀要」第一號〜第二號、一九八四年〜一九八五年)を參照。

(5) 原文：橫渠闢釋氏輪回之說。然其說聚散屈伸處、其弊却是大輪回。蓋釋氏是箇箇各自輪回、橫渠是一發和了、依舊一大輪回。

(6) 市川安司「物の生滅に關する張橫渠・程伊川二氏の意見」(「東京支那學報」第十六號、一九七一年)を參照。

(7) 山下龍二「羅欽順と氣の哲學」(「名古屋大學文學部硏究論集」XXVII、一九六一年)にも張載の循環論的思惟に對する批判がある。

(8) この條は元來、呂大防に宛てた書簡の文章である。呂祖謙『皇朝文鑑』卷百十九に「與呂微仲」として收錄する。

(9) 市川安司「物の生滅に關する張橫渠・程伊川二氏の意見」を參照。

(10) 原文：然人死雖終歸於散、然亦未便散盡。故祭祀有感格之理。先祖世次遠者、氣之有無不可知。然奉祭祀者、既是他子孫、畢竟只是一氣。所以有感通之理。

(11) この問題に關しては三浦國雄「朱子鬼神論補」(大阪市立大學文學部「人文硏究」三十七—三、一九八五年)に簡明に纏められてゐる。他に後藤俊瑞『朱子の實踐哲學』(目黑書店、一九三七年)二六六頁以降、島田虔次『朱子學と陽明學』八十四頁以降、および山田慶兒『朱子の自然學』(岩波書店、一九八七年)四三〇頁以降を參照。

(12) 福田殖「朱子の死生觀について」(「中國哲學論集」第十八號、一九九二年)、「朱子の死生觀について(續)—鬼神の理は卽ち是れ此の心の理なり—」(「文學論輯」第三十八號、一九九三年)、吾妻重二「朱熹の鬼神論と氣の論理」(『中國思想における身體・自

然・信仰――坂出祥伸先生退休記念論集』東方書店、二〇〇四年）を參照。

(13) 原文：問、橫渠云太虛卽氣、太虛何所指。曰、他亦指理、但說得不分曉。

(14) 張岱年『中國唯物主義思想簡史』（中國青年出版社、一九五七年）、北京大學哲學系『中國哲學史講授提綱』（一九七五年）など。なほ筆者が氣づいた古い例として、大正年間に書かれ、昭和九年に出版された三島復『王陽明の哲學』（大岡山書店、一九四二年第二刷）において、王守仁の學が氣一元論と見做し得るか否か、もし氣一元論だとしてそれは唯物論的なものであるか否か、といった考察を記す。氣の思想と唯物論とを結びつける見解にはそれなりの淵源があることになる。

(15) 中國文化全書『中國思想史下』（高文堂出版社、一九八六年）三十五頁。

(16) 理一分殊の解釋の變遷については市川安司「北溪字義に見える理一分殊の考え方」（『二松學舍大學論集中國文學編』、一九七七年）を、また朱熹の學における理一分殊の意義の重層性については大濱晧『朱子の哲學』（東京大學出版會、一九八三年）三章C（一〇一頁～一一〇頁）、土田健次郎『朱熹の思想體系』（汲古書院、二〇一九年）第三章第六節（一二八頁～一四三頁）を參照。

(17) 陳俊民『張載哲學思想與關學學派』は「〝理一而分殊〟（或〝分立而推理一〟）、非爲張子《西銘》本旨」と論斷する（該書八十九頁）。他方、周贇『張載天人關係新說――論作爲宗教哲學的理學』（中華書局、二〇一五年）では、「西銘」に見られる張載の天人觀を「天人一本」だと前提した上で、「事實上、以氣爲本的世界是就構造上言、將天人打通融爲一體以後、再以此共同體內的定分之理來各自規範、在這入個意義上講、理一分殊是有道理的」と主張する（該書二三八頁～二三九頁）。

(18) 『河南程氏遺書』卷十四、第六條に「中庸始言一理、中散爲萬事、末復合爲一理」とある。卷十四は程顥の語である。「理一分殊」といふ發想の契機が程顥の「中庸」解釋にあつたといふ可能性は考へ得るであらう。ただし程頤が「西銘」から抽出したといふ事實は動かし難い。

(19) たとへば『宋史』道學傳の序論には「張載作西銘、又極言理一分殊之旨」とある。

(20) たとへば湯淺幸孫「宋學に於ける自然と人倫」（『京都大學文學部研究紀要』第十六號、一九七六年）に「張載や二程の天人合一的思惟にも、『理一分殊』は曖昧な形で前提されているが、それを明確にし、『理一分殊』という概念を提起し、自然と人倫とを說明したのは朱子の功績である」と指摘する。ただし張載の存在論を「氣一元の唯物論」と規定されてをり、筆者とは見解を異にする。

(21) 楠本正繼『宋明時代儒學思想の研究』（廣池學園事業部、一九六二年）七十七頁。

(22) 『朱子語類』卷二十七、第七十二條（黃卓の錄）には「聖賢之言、夫子言一貫、曾子言忠恕、子思言小德川流大德敦化、張子言理一分殊、只是一箇」とあり、「理一分殊」を張載の言葉と見做した上で、これを四書の言葉と竝べて高く評價する。（松川健二博士の御教示による）

第二章　「天地之性」「氣質之性」――心性論

張載の學說の中でも、特に性說は、朱子學への影響が大きかつたことで知られる。『正蒙』誠明篇第二十二條に、

形ありて後、氣質の性有り。善く之に反れば則ち天地の性、存す。故に氣質の性は、君子、性とせざる者有り。

とあつて、人の性の中に、純粹至善の天地の性と、善惡混淆する氣質の性との二面性を見る考へ方が提起されてゐるのであるが、この考へ方について朱熹は、『朱子語類』卷四、第六十四條（錄者名闕）で、

氣質の性といふ考へ方は、張子と程子とによつて提起された。思ふに儒學に大きく貢獻し、後學のために道を開いたものである。……昔から、さまざまな性說が提起されてきたが、張子や程子の說が出てからは、皆、無用のものになつてしまつた。

といふ意味のことを述べて(1)、程顥の「性を論じて氣を論ぜざれば、備はらず。氣を論じて性を論ぜざれば、明ならず。之を二にすれば則ち是ならず(2)」といふ說と竝べて贊意を表する。また『論語或問』では、陽貨篇「性相近也、習相遠也」を釋するのに、この誠明篇第二十二條を引用して自己の立論の根據とする。以て張載の性說に對する朱熹の尊重ぶりが伺ひ知られよう。それゆゑか、概說書等にあつては朱子學の性說を解說する前提として、張載の性說を特に取り上げ、張載のこの言辭に論及するのが常である。

だが反面において、朱子學への影響といふ觀點から離れたところで、張載の性說自體に關する研究が國內の學術界にあつて充分に行なはれたかどうかといふことについては、若干の疑問がある。單に表面的なところから言つて

も、張載の思想に關する日本語の論考は多數存在するのに、性説を正面から主題として取り上げた日本語の報告は、ほとんど見當らない(3)。

本章では張載の性説がその思想全體の中に占める位置についてあらためて検討したい。また同時代および後世への影響についても少しく言及する。

一　考察の前提

言ふまでもなく、性とは、人の生れつきの持ち前のことである。そのことは『漢書』董仲舒傳の「性なる者は生の質なり」といふ言葉に徴しても、中國における古くからの共通理解であつたと考へてよからう。生れつきの持ち前について考察するのであるから、まづは人物の生成に關する張載の意見を知ることが前提となる。前章で詳述した通り、張載は天地間の萬物は氣が聚つて形成されると考へる。萬物といふ意味は、その中に天地間に生きるすべての人も含むことになる(4)。

このことを踏まへつつ、本章では、すべての人が皆持つところの生れつきの持ち前である性について、張載がどのやうに考へてゐたかといふことを見てゆく。まづ、張載の學説にあつて性とは何であるかといふこと、すなはち根本的な意味づけについて検討し、あはせて心性に關する張載の概念が如何なる基礎に立脚するものであるのかといふ點について考察する。續いて張載の性説と程朱學における性説との同異について考察し、さらに自己の性を淳良ならしむる修養の方法について、および修養の目的つまり張載にとつての學問の意義は那邊に求められるのかといふ點について略述する。

二　張載の性説

性とはいかなるものであるのかといふことについて、『正蒙』誠明篇第七條に、次のやうな言辭が見られる。

性なる者は萬物の一源にして、我の私するを得ること有るに非ざるなり。惟、大人のみ能く其の道を盡すと爲す。是の故に立てば必ず倶に立ち、知れば必ず周く知り、愛すれば必ず兼ね愛し、成れば獨り成らず。彼の自ら蔽塞して吾が理に順ふを知らざる者は、則ち亦た之を如何ともする末し。

ここで張載は、性を萬物の一源、いはばこの世界の全存在の根據のごときものと見做し、それゆゑ萬物に漏れなく通有するものと主張する。この條の後半では佛家思想への批判を述べる[5]。

また、誠明篇第十條には、

未だ嘗て無くんばあらざるを之れ體と謂ひ、體を之れ性と謂ふ。

とあつて、常住不滅のものを體と呼び、その體が性なのであると述べる。前に擧げた第七條の言辭と、彼此突き合せてみると、張載は性を、常住不滅の、存在の根據であると考へてゐたことになる。

そのやうな性と、現象としての萬物との關係については、乾稱篇第二條で次のやうに述べる。

凡そ狀とすべきは、皆、有なり。凡そ有は、皆、象なり。凡そ象は、皆、氣なり。氣の性は、本、虛にして神なれば、則ち神と性とは乃ち氣の固有する所なり。此れ鬼神の、物を體して遺すべからざる所以なり[6]。

張載によれば、この世の現象は皆、實在する。實在するものは皆、かたどることが可能の姿がある。姿があるものは皆、氣によつて形成される。氣は本來的には神なる太虛に由來するのであるから、存在の眞實在としての性も、必然的に氣に漏れなく賦與されることになる。そして萬物は氣によつて形成されるのであるから、性は萬物に漏れなく行き渡る。いはば、太虛に由來する眞實在である性は、氣を媒介として、この世に存在する萬物の存在根據となるのである。

右の言辭は、萬物が、性を具有する點で、すべて同質なものであるといふことを述べたものかと思はれる。しかし現實には、萬物には萬物それぞれの性質がある。わけても人の持ち前は、上智から下愚に到るまで各人各様である。かうした人の性質の多様性こそ、先秦以來、さまざまの性説が提起された所以であらう。この、人の性の善不善について、張載は、誠明篇第二十一條で次のやうな意見を述べる。

性の、人に於ける、不善無し。其の善く反ると善く反らざるとに繫るのみ。天地の化に過ぐるは、善く反らざる者なり。命の、人に於ける、不正無し。其の順ふと順はざるとに繫るのみ。險を行くに僥倖を以てするは、命に順はざる者なり。

人の性は本來的には善なのであるが、人によつて、その本來の善なる面目を發揮できるか否かの違ひがある。本來の善に反るものは善人となり、反ることを知らぬものは悪人となる、といふことであらう。

それでは反ると反らぬと、人によつて差が生ずるのは何故なのか。換言すると、人に善不善の多様性が生ずるのは何故なのか。誠明篇第二十三條に云ふ。

人の剛柔・緩急・才と不才と有るは、氣の偏なり。天は本にして、參和して偏ならず。其の氣を養ひて、之を本に反して偏ならざらしむれば、則ち性を盡して天なり。

人にはさまざまな多様性があるが、その差異は、その人を形成する氣の偏りによって生ずる。よく性の善を發揮する者とは、氣の偏りを克服して、全きを得た者である。すなはち張載は、本來の性と、現象としての人に見られる性との閒に、氣といふ要素を介在させることによつて、性の善を確信しつつ、現象としての人の惡の起源を説明しようとしてゐる。この、本來の性と、現象としての人の性と、性の兩様のあり方を明確に説いたのが、本章の初めにも引用した誠明篇第二十二條の言葉である。

形ありて後、氣質の性有り。善く之に反れば則ち天地の性、存す。故に氣質の性は、君子、性とせざる者有り。

ここで張載は、本來的な性を天地の性と呼び、他方、現實の人間各自の持ち前を氣質の性と呼ぶ。氣の通有する性は、現象の本體である太虚に由來するもので、それゆゑ本質的に善なのであるが、他方、物を形成する氣は、必ずしも純粋ではない、濁の氣である。濁の氣によって形成されるのであるから、現象としての、有形の存在である人間の持ち前も、氣の影響を受けて、必ずしも善ばかりではない現れ方をする。とはいへ本來善であるところの性を稟けてゐるのだから、その本來の面目を發揮できるやう修養することによって、人は、本來の純粋至善なる性を自己に實現することができる。

張載は孟子を繼承して人の性の善なることを主張し、あはせて現實に存在する惡の由來を氣質によって説明した。さらに人は修養することによって本來の性善に反られるとも説いた。このことは、本來善なる人間になぜ學問修養が必要なのかといふ疑問に對しても、有効な答となり得るであらう。前に述べた如く、朱熹が、張載の氣質の性の説を「極めて聖門に功有り、後學に補有り」と讃へたのは、この邊を踏まへてのことなのだと思はれる。

三　術語の由來

「天地之性」といふ語は先秦の典籍に現れる。『春秋左氏傳』襄公十四年に、

天の、民を愛すること甚し。豈に其れ一人をして民の上に肆(ほしいまま)にして、以て其の淫を從(ほしいまま)にして、天地の性を

棄てしめん。必ず然らず。

と見えるのが初出であらう。ここにおける「性」は「生」に通じ、「天地の性」とは天地間の生きとし生けるものといふ意味、ひいては萬民の意と解するのが適切かと思はれる。『孝經』聖治章第九には、「天地の性、人を貴しと爲す」とある。

秦漢の書籍に見える「天地の性」は、おほむね右と同様の意味に解せられるが、『論衡』遭虎篇に、

象、出でて物、見はれ、氣、至りて類、動くは、天地の性なり。

とあるのは若干趣が異なり、天地の性質、あるいは天地間萬有の性質、と言ふに近いかと思はれる。

張載の著作中、「天地の性」なる語が現れるのは、誠明篇第二十二條のほか二箇所ある。まづ衞湜『禮記集說』に引く「橫渠禮記說」の佚文を見るに、『禮記』禮運「故に人なる者は其れ天地の德、陰陽の交、鬼神の會、五行の秀氣なり」に注して云ふ。

天地の德は、人の德性を謂ふなり。亦た是れ德なり。五行の氣を稟けて以て生じ、最も萬物に靈、是れ其れ秀なり。造る所、深ければ則ち見る所、厚し。又、天地の性、人を貴しと爲すの如し、たる歸なり。凡そ生は卽ち申なり。終を要むるは卽ち歸なり。神の盛、氣に極まる。故に曰く、氣なる者は神の盛なり、と。鬼の盛、魄に極まる。故に曰く、魄なる者は鬼の盛なり、と。一體にして此の終始を兼ぬ。此れ鬼神の會なり。陰陽の交、鬼神の會、五行の氣、物生、皆、然り。而して人、備はれりと爲す。(7)（『禮記集說』巻五十六所引）

ここでの「天地の性」は、『孝經』の文言そのままであつて、心性說に關する術語とは違ふと考へてよからう。なほ文中、『禮記』の記述に沿ひつつ鬼神を陰陽と關連づけ、「一體にして此の終始を兼ぬ」と述べるのは注目に値する。事物において常に一と兩との兩面を併論するといふ張載の思考法の特色がここにも現れてゐる。次いで、誠

明篇第三十條に云ふ。

> 和樂は道の端か。和すれば則ち大なるべく、樂しめば則ち久しかるべし。天地の性は久大なるのみ。

ここでの「天地の性」は、『論衡』での「天地の性質」といつた意味合ひと、人の本來の心性といふ意味合ひとの中間あたりにあらうか。臆測ではあるが、張載は「天地の性」の語を經傳から採り、「中庸」の「天命之謂性」を踏まへつつ、『論衡』が示したのと同樣の方向に解釋して、純粹至善の人の本性といふ意味を得た、といつた道筋が考へられる。

張載の著作中、「氣質之性」なる語は誠明篇第二十二條以外には見られない。しかし本章の終りで觸れるごとく、張載は「氣質を變化する」ことを學問の目的とする。生れ持つた氣質に拘束される本性、といふ意味での「氣質の性」なる術語が張載から發せられるのは、別段不思議なことではない。なほ『禮記』樂記、「人生れて靜かなるは天の性なり。物に感じて動くは性の欲なり。物、至り知、知りて然る後、好惡、形はる。好惡、內に節無く、知、外に誘ひて、躬に反る能はざれば天理、滅す」に注して、

> 天性、靜かなりと謂ふも則ち何ぞ常に靜かならん。之を動くと謂ふも則ち何ぞ常に動かん。天性は專ら靜を以て言ひ難し。物無きは天性に非ず、靜かなるもの之に感じて動くは、氣の性なり。何をか氣の性と謂ふ。人、氣を須ちて以て生ず。其の性、卽ち氣の性なり。感なる者は必ず物有るに待ちて則ち感ずる所有り。物無ければ則ち何の起る所あらん。喜怒好惡去取、物に因りて有るに非ざる莫し。知知とは猶ほ能知と言ふがごとし。能く其の知を知れば則ち好惡、形はる。（『禮記集說』卷九十二所引）

と云ふ。ここでの「氣の性」は「氣なるものの性質」とも讀み得るが、下文で直ちに、人が氣によつて生じ、それゆゑ氣の性が性となる、と述べるのだから、その含意は『正蒙』の「氣質の性」と同樣のものと解釋できるであらう。ちなみに『禮記集說』卷百三十二、中庸「誠者天之道也。誠之者人之道也」條の集說に『正蒙』誠明篇第二十二條

の文章を引く。張載の「天地の性」「氣質の性」が『禮記』に基づいて構想されたといふことの傍證と言ひ得る。

なほ宋學における一般的な理解としては「氣」は陰陽、「質」は五行にあてられる。『朱子語類』巻一、第四十八條、「陰陽は是れ氣、五行は是れ質」（舒高の錄）のごとく。そのため氣と比べると質は雜然としたものとされる。張載の遺著には、氣と質との對比に關する言及は見出されない。ゆゑに張載の「氣質」は「氣の質」と解すべきものであるのかもしれない。反面、前章で既に引いた太和篇第十六條、「游氣は紛擾たり。合して質を成す者は、人物の萬殊を生ず」を見ると、氣が交雜したものを質と呼ぶといった觀念は張載にもあつたらしく思はれる。張載にあつては氣と質との關係を嚴密に問ふ意識は見られない或は必要とされない、といふことを指摘しておく。

ところで『道藏』洞眞部に『玉清金笥青華祕文金寶內練丹訣』上中下、略稱『青華祕文』なる文獻を収める。「紫陽眞人張平叔撰」すなはち張伯端の作であるといふ。張伯端は太宗の雍熙四年（九八七）に生れ、神宗の元豐五年（一〇八二）に沒したとされる。

『青華祕文』巻上、「神爲主論」に云ふ。

> 夫れ神なる者は、元神有り、慾神有り。元神なる者は、乃ち先天以來一點の靈光なり。慾神なる者は、氣稟の性なり。元神は乃ち先天の性なり。形ありて後、氣質の性有り。善く之に反れば則ち天地の性、存す。氣質の性の蔽ふ所よりの後、雲、月を掩ふが如く、氣質の性、定まると雖も、先天の性、則ち有る無し。（中略）且つ父母、形を構へて氣質、我に具はる。將に生れんとするの際、元性、始めて入る。父母、情を以て我が體を育む。故に氣質の性、毎に物に寓して情を生ず[8]。

『正蒙』の編纂は熙寧九年（一〇七六）に行なはれ、張載沒後しばらくの間は門弟が私かに授受したものと推定される。范育の序文は元祐四年（一〇八九）あるいは五年に書かれたから、書籍として流布するやうになつたのもそれ以降のことであらう。『青華祕文』が眞に張伯端の著作であるならば、『正蒙』よりも先に世に出た可能性は無いことはない。張伯端は長命を保ち、張載に先んじて生れ、張載に後れて沒した。ゆゑに張載の生前において張伯端との接觸が生じた可能性も、一應有る。

孔令宏『儒道關係視野中的朱熹哲學』(中華大道文化事業股份有限公司出版部、二〇〇〇年)は、右に引いた『青華祕文』の文章を張伯端の眞作と前提した上で、張伯端が熙寧二年以後、成都に赴き、その後、關中隴西方面に移つたことを踏まへて、『青華祕文』の記述が張載に影響を與へたと論ずる(上册五十六頁)。また張伯端が間接的に周敦頤との交流を有したことを根據に、張伯端の氣質の説が周敦頤に影響し、さらに周敦頤から二程を通じて張載に影響を與へたと述べる(上册六十六頁)。

筆者は道教について、また道書について、これといふ見識を有しない。從つて斷定する資格に乏しいのは承知の上で述べるが、まづ『青華祕文』が張伯端の眞作であるか否かといふ點に疑問の餘地が有りはしないかと考へる。右に引いた「神爲主論」の節錄にしても、論が元神、慾神から始まり、元神はこの長くもない文章の中で「先天以來一點の靈光」「先天の性」「天地の性」「元性」と次次言ひ換へられ、同樣に慾神は「氣稟の性」「氣質の性」と言ひ換へられる。印象として各種文獻に見られる用語の綴輯といふ感があり、筆者には脈絡が讀み取りがたい。明人王世貞が『青華祕文』を評して、

其の埋、頗る正しく、功用も亦た頗る近きも、而れども掇拾の跡無き能はず。蓋し後の道を學ぶ者、薛陳輩の、誤りて悟眞に注するを忿りて、紫陽に托して以て之を正すなり。(「書道書後」、『弇州四部稿』弇州續稿卷一百五十八)

と述べる通り、後世の假託と考へるのが妥當ではあるまいか(9)。

他方、右に論じた通り、「天地の性」は經傳に由來する語であり、張載が經傳に基づきつつこれを人の本來の善性といふ意味に改變した、といふ流れに、特に不都合は無い。また「氣質の性」が張載の語彙として發生したこと

にも、別段不審の點は無い。

朱熹が述べた通り、「天地の性」「氣質の性」といふ概念は張載によつて提起されたと考へるのが穩當であらう。反面、『正蒙』中の言辭がほぼそのままの形で道書に利用されたことは、張載の思考、言說が道教、ひいては道家思想との間に親和性を有することを示唆する。張載の思想、さらには宋代理學思想と佛教道教との關連性については、一方から他方への單純な影響關係ばかりでなく、雙方向の影響といふことも考慮の對象とする必要があらう。(10)

四「性」と「情」と

心性論に關する張載の言辭で、思想史上もう一つ重要な意義を持つものに、
心は性情を統ぶる者なり。
といふのがある。朱熹は程頤の「性卽理」と張載のこの言辭とを竝稱して「顚撲破らず」(『朱子語類』卷五、第七十條、劉砥の錄)と述べた。
「心は性情を統ぶる者なり」は『近思錄』卷一に「橫渠語錄」を典據として引く。しかし現存の『張子語錄』にこの言辭は見えない。のみならず現存の張載遺著の中に見えない。ゆゑに若干、取り扱ひに注意を要する。
張載が性と情とを竝稱する例としては、右の他に『語錄』卷中、第五十條に、
孟子の、性情を言ふ、皆、一なり。亦た其の文勢の如何を觀よ。情、未だ必ずしも惡と爲さず。哀樂喜怒、發して節に中る、之を和と謂ふ。節に中らざれば則ち惡と爲す。
とある。ここで張載は、孟子の性情はひとからげだといふことを前提に、「中庸」の未發の中、已發の和を念頭に

置きつつ、情が、哀樂喜怒が發して節に中る和の狀態であるなら惡とは言へないと說く。文義から推すに、未發の中を性と措定したと解して良からう。なほ朱熹『孟子精義』告子上に同文を引くが、そこでは冒頭の「孟子之言性情皆一也」を「孟子之言性情才皆一也」に作る。假にこれが張載本來の立言だとした場合、性情の竝列といふ意味は薄れることとなる。

他方、張載が「性情」と竝稱する時には、『周易』乾卦の文言傳に「利貞なる者は、性情なり」とあるのを念頭に置いてゐるやうに思はれる。當該箇所の「易說」に云ふ。

> 利貞なる者は、性情なりとは、利を以て性を解し、貞を以て情を解するなり。利は流通の義なり。貞なる者は實なり。利は快利なり。[11] 貞は實なり。利は性なり。貞は情なり。情は儘（みな）、氣の外に在るも、其の發見は性の自然に非ざる莫し。快利盡性、所以に神なり。情は則ち是れ實事、喜怒哀樂の謂ひなり。喜ばんと欲する者、此の如くに之を喜び、怒らんと欲する者、此の如くに之を怒り、哀樂せんと欲する者、此の如くに之を哀しみ之を樂しむは、性中より實事を發出するに非ざる莫し。

この「性情」を王弼注では「情を性にす」と解釋するが、[12] 張載は素直に性と情との意で解する。性を神、情を實とした上で、前引『語錄』の言辭と同じやうに情を喜怒哀樂の然るべき發露と見做す。內奧の性が發露したものを情と呼ぶ、と言ひ換へても良からう。そして本書で前に引用した太和篇第十一條の言辭、「虛と氣とを合して性の名有り。性と知覺とを合して心の名有り」を見れば、性が心を構成する要素であることは間違ひない。

しかしながら張載の遺著中、心・性・情の三者を關連づける表現は、結局「心は性情を統ぶる者なり」以外に見當らない。この三者の關係を巡る思索は、張載の沒後、程頤と呂大臨との論爭において一段深化し、それを承けた朱熹の已發未發說で明瞭な形を與へられる。このことについては本書第三部第二章で再度觸れたい。

心性情、已發未發を巡る思索が發展するのは張載よりも後のことである。張載に「心は未發の性と已發の情との統合あるいは統裁である」との觀念が無かつたとは言ひ得ないが、それはまだ心性論の中心に置かれるほどの重みを有する觀念ではなかつたのだと考へられよう(13)。

五　「氣質」と「才」と

前に引いた通り、朱熹は「氣質の性といふ考へ方は、張子と程子とによつて提起された」と述べた。實は『河南程氏遺書』に「氣質之性」なる語が頻出するわけではなく、卷十八、第一百三條に、

「性、相近し、習、相遠し」性は一なるに、何を以て相近しと言ふや。曰く、此れ只、是れ氣質の性を言ふ。俗に性急性緩と言ふの類の如し。性、安んぞ緩急有らん。此に性を言ふ者は、「生を之れ性と謂ふ」なり。

とあるのが唯一の例である。そしてここに言ふ「氣質の性」は、性格、性質といつた意味の語であり、心性論上の、性善性惡といつた重みは與へられてゐない。しかも「別本には性質之性に作る」との注記もある。「氣質之性」を程子思想の重要概念だとは言ひ難い。

程子にあつて惡の起源となるものは、同じく『遺書』卷十八、第九十二條、

問ふ、人の性、本、明なるに、何に因りて蔽有りや。曰く、此れ須く理會を索むべきなり。孟子言ふ、人の性は善なりと、是なり。荀楊と雖も亦た性を知らず。孟子の獨り諸儒に出づる所以の者は、能く性を明かにするを以てなり。性は不善無し。而して不善有るは、才なり。性は卽ち是れ理。理は則ち堯舜より途人に至るまで一なり。才は氣に稟く。氣に清濁有り。其の清を稟くる者は賢と爲し、其の濁を稟くる者は愚と爲す。又問ふ、愚、變ずべきや否や。曰く、可なり。孔子謂ふ、上智と下愚とは移らず、と。然れども亦た移るべ

きの理有り。惟、自暴自棄なる者は則ち移らざるなり。

といふ程頤の言辭に徴するに、「才」である。才は氣に稟け、氣の清濁に應じて善惡の差異を生ずる。程子の、少なくとも程頤の學にあつて性は卽ち理であるから、性が氣の影響を受けて善惡の搖れを生ずるといふ考へ方は馴染まない。ゆゑに生來の惡の原因は性以外の何處かに求めざるを得ず、才といふ概念が氣の清濁の影響を引受けることとなる。

張載にも「氣質」を「才」と結びつける考へは見られる。『經學理窟』學大原上、第二十二條に云ふ。

氣質は猶ほ人の、性氣と言ふがごとし。氣に剛柔緩速淸濁の氣有るなり。質は才なり。氣質は是れ一物。草木の生の若きも亦た氣質と言ふべし。惟、其れ能く己に克てば則ち能く變ずと爲す。習俗の氣性を化卻し、習俗の氣を制し得。浩然の氣を養ふ所以は是れ集義の生ずる所の者なり。集義は猶ほ積善と言ふがごときなり。

とはいへここでの「才」の說き方は極くあつさりしたものであつて、張載の意識はすぐに氣へと向かふ。張載にあつては人物ははつきりと氣によつて形成されるのであるから、生來の心性も氣に左右されざるを得ない。張載にとつては氣質が直截に性に影響するといふのが自然な理路であつた(14)。

『宋元學案』卷十七、橫渠學案上に、誠明篇第二十二條を引いた上で、黃百家の詳細な駁論を載せる。黃百家は黃宗羲、劉宗周などの遺訓に依據しつつ、たとへば次のやうに述べる。

夫れ所謂氣質は卽ち性なる者は、氣質に因りて天命の性有り、氣質を離れて所謂性無きを謂ふなり。性、既に此の氣質に在り、性に二性無し。又、安れの所にか分ちて義理の性、氣質の性と爲さんや。然れども氣質に實に淸濁厚薄の同じからざる有り。而して君子、以て性と爲さざる者は、性は是れ、氣質中の其の一定を指して條有りて紊れず、乃ち天下古今の同然無異なる所の者に就きて言ふを以て、故に別に一性の名を立つ。然らずんば只、氣質と云へば足る。又、何ぞ必ず添造して別に一性の名を設けんや。子劉子曰く、氣質は還た他の是れ氣質、如何にか扯きて性を著はさん。性は是れ氣質中に指して義理を點ずる者にして、氣質を卽ち性と爲すに非ざるなり。淸濁厚薄同じからざるは、是れ氣質一定の分にして、習の從りて出だす所の者と爲す。氣質は習上に就きて看、性上に就きて看ず。氣質を以て性を言ふは、是れ習を以て性を言ふなり。（點校本『宋元學案』第一册、六九六頁〜六九七頁）

明代の氣の哲學を經過した儒者にとつて氣は理と相卽のものであり、氣に善惡の契機があるのではなく、また性に惡の性は認められない。(15) 惡の由來となるのは氣そのものではなく、氣の習である。かうした觀點からは、張載の氣質の性の說は、氣の本質も性の本質も摑み得ない說だといふことになる。

他方、王夫之『張子正蒙注』卷三、誠明篇第二十二條「形ありて後、氣質の性有り」の注に云ふ。

舊說、氣質の性を以て昏明強柔不齊の品と爲し、程子の說と合す。今按ずるに、張子は昏明強柔、氣の偏に得る者を以て、之を才に繫けて之を性に繫けず。故に下章に詳らかに之を言ふ。而して此に氣質の性と言ふは、蓋し孟子の所謂、耳目口鼻の聲色臭味に於ける者のみ。蓋し性なる者は、生の理なり。均しく是れ人なれば、則ち此れ生と俱に有るの理、未だ嘗て異なること或らず。故に仁義禮知の理は下愚の滅する能はざる所にして、聲色臭味の欲は上智の廢する能はざる所なり。俱に之を謂ひて性と爲すべし。而るに或は形而上に受け、或は形而下に受く。天に在りては其の至仁を以て人の生を滋し、人の善を成し、初めより二理無し。但、形而上なる者は形の自りて生ずる所と爲せば、則ち動くに淸を以てして、事、天に近し。形ありて後有る者は形に資りて用を起せば、則ち靜かなるに濁を以てして、事、地に近し。形而上なる者は、生死に亙り、晝夜を通じて常に伸び、事、神に近し。形ありて後有る者は、形に困じて固にして將に竭きんとし、事、鬼に近し。則ち一屈一伸の際、理と欲とは皆自然にして、人爲に由るに非ず。故に告子、食色を性と爲すと謂ふも、亦た謂ひて性に非ずと爲すべからず、而して特だ天命の良能有るを知らざるのみ。若し夫れ才の齊しからざれば、則ち均しく是れ人にして差等萬殊、兩を合して天下の大總する所の性と爲すに非ず。性は則ち人を統べて異なる無きの謂なり。（排印本『船山全書』第十二册、一二七頁〜一二八頁）

「舊說」とは張子程子を竝稱する朱熹の說を指すのであらう。王夫之はここで「氣質の性」は惡の由來ではないこと、惡の由來は張載にあつては「才」であること、張載の言ふ性に惡の要素は無いことを力說する。「之を才に繫けて之を性に繫けず」は、前に引いた誠明篇第二十三條、「人の剛柔・緩急・才と不才と有るは、氣の偏なり」を論據とする。王夫之は張載の「氣質の性」を、『孟子』盡心下の「口之於味也、目之於色也、耳之於聲也、鼻之於臭也、四肢之於安佚也、性也。有命焉、君子不謂性也」と同樣の、本能的肉體的な本性、または生存に伴ふ知覺運動の如きものと解釋し、これを惡の起源となり得る「才」とは別物と見做す。その前提から、張載の「氣質の性」と程頤の「才」とを同列に置く朱熹の見解に反對したのだと考へられる(16)。

しかしながら「才」に對する張載の扱ひは、前述の通り極く輕いものであり、王夫之が論據として引く誠明篇第二十三條の語句にしても、人に多樣な持ち前があるといふ例として「才と不才と」と述べるに過ぎない。張載の眞意は、性に、氣質の影響を受けた、惡の要因が有り得る、といふことにある。張載を擁護するといふ意圖で書かれた王夫之の注も、結局、明末の人の知見に張載の言辭を沿はせようとしたものである。

前の第一章で引用した楠本博士の指摘に言ふ、「ことの兩面をつくし、しかもこれを一に於て把へる」といふ傾向が、性說においては性の、天地氣質兩面を有する一箇の性といふ思考に現れたと見るのが最も妥當であると考へられる。思ふにこの傾向は、第一章で旣に引いた參兩篇第二條、「一物にして體を兩つにするは、氣なり。一なるが故に神。兩なるが故に化す。此れ天の參なる所以なり」において張載自身が述べる、氣の、陰陽といふ兩態でありながら一氣でもある、といふ性質を、萬物の樣體に推し及ぼしたことによつて生じたものであらう(17)。人の本性は氣質と天地と、兩樣のあり方を渾一的に有する、もしくは兩樣のあり方を循環する、といふのが張載の本意である

と思はれる。(18)

六　爲學修養の目的

君子が性だとは見做さない面もある氣質の性から、天地の性に反るためには、善く反ること、すなはち修養といふことが必要になる。張載にとつて爲學修養の目的は、氣質の偏を正し、純粋な天地の性に反るための營みといふことになる。『經學理窟』義理、第二十九條に云ふ。

學を爲すの大益は、自ら能く氣質を變化するに在り。爾らずんば卒に發明する所無く、聖人の奥を見るを得ず。故に學ぶ者は先づ須く氣質を變化すべし。氣質を變化するは、虛心と相表裏す。

學問の目的は氣質を變化することにあり、それは虛心といふことと強く結びつけられる。前章で論じた通り、張載は天地を大いなる虛と捉へる。『張子語録』卷中には、「虛なるものは仁の源なり」(第五十七條)「天地は虛を以て德と爲す。至善なる者は虛なり」(第六十九條)と述べる。

前章で『正蒙』太和篇第五條の一部を引いたが、同條には虛と人と、また虛と性との關係を述べた言辭が見られるのであらためてやや長く引く。

虛空は卽ち氣なることを知れば、則ち有無隱顯、神化性命、一に通じて二無し。聚散、出入、形不形に顧みて能く從りて來る所を推本するは、則ち易に深き者なり。若し虛は能く氣を生ずと謂へば、則ち虛は窮り無くして氣は限り有り、體と用と殊絶して、老氏の、有は無より生ずるの、自然の論に入り、所謂有無混一の常を識らず。若し萬象を太虛中に見ゆる所の物と爲すと謂へば、則ち物と虛と相資せず、形は自ら形、性は自ら性、形性天人、相待たずして有り、浮屠の、山河大地を以て見病と爲すの說に陷る。

虛と氣とが相卽であるといふのは道家思想への反駁、そして虛と有形の物とが相卽であるといふのは佛家思想への反駁であることがわかる。文中、「見病」なる語を用ひるが、これは『大佛頂如來密因修證了義諸菩薩萬行首楞嚴經』通稱『首楞嚴經』に見える語。(19)「行狀」に青年期の張載が佛老の書を涉獵したと傳へるのが空言ではないことが伺はれる。

張載は天地の虛が同時に心性の虛でもあると述べる。虛が無ではなく無形であるといふ主張が、心性論にあつては虛心になつて天地と一體化するといふ主張になるのである。前章で見た、存在論における虛と形との循環論が、心性論においても基底にあるといふことが讀み取られよう。

爲學修養の目的が虛との一體化であるとの論點については、章を改めて詳述する。

本章の結び

張載は「天地」「氣質」の心性論を述べた。朱熹に影響したといふ點で、思想史上重要な提言であつたが、朱熹への影響といふことを度外視しても、太虛卽氣の存在論と同樣、天地と氣質と、といふ性の兩面を構想し、それを一元のものとして捉へる點に、張載の思考の特質がよく表現される。かうした心性論が、實踐思想において如何に發揮されるかといふ點に著目しながら、次章以降、張載思想の細部に渡る檢討に移りたい。

〔注〕

（1）原文：道夫問、氣質之說、始於何人。曰、此起於張程。某以爲極有功於聖門、有補於後學、讀之使人深有感於張程。前此未曾有人說到此。（中略）使張程之說早出、則這許多說話自不用紛爭。故張程之說立、則諸子之說泯矣。因擧橫渠、形而後有氣質之性、善反之則天地之性存焉、故氣質之性、君子有弗性者焉。又擧明道云、論性不論氣不備、論氣不論性不明、二之則不是。

（2）この言葉をここでは程顥の語と記すが、これが程顥程頤いづれの言葉であるかといふことについて、朱熹は折折に違ふ判定をしてゐる。『宋元學案』では伊川學案に収める。程頤の言とするのが妥當であらう。陳榮捷『朱學論集』（臺灣學生書局、一九八二年）一五六頁、龐萬里『二程哲學體系』（北京航空航天大學出版社、一九九二年）所収「《二程遺書》〝二先生語〞考辨」（該書三四一頁以降）、楠本正繼『宋明時代儒學思想の研究』一三八頁を參照。

（3）筆者が氣づいたのは次の二篇のみである。三浦國雄「氣質變化考」（『日本中國學會報』第四十五集、一九九三年）は張載の性説を氣質の性のあり方といふ切り口から詳細に分析し、道教の煉化説との比較において捉へ直す。本章を草するに當つて特に恩惠を蒙つた。佐藤富美子「張橫渠の性の概念について」（『フィロソフィア』第七十一號、早稲田大學哲學會、一九八三年）は、張載の氣學を自然學的なものとし、性は元來氣の性であつて、倫理的な概念ではなかつたとした上で、「氣には、この生成の氣から萬物の氣までが包含されるが、特に生成の氣に限定して示す概念が、性（太虛の氣との同一性）なのである。氣と性との關係を考えれば、兩者を竝べ擧げるときは、したがって性は太虛の側へ引き寄せられ、一方、氣は『物たり』として、生成の觀念が剝奪されて、萬物・物質を指すことになる。この時、氣の性という位置關係は逆轉して、性は氣から獨立して、氣よりも上位の觀念を帶び、ここに倫理思想が成立するのである」とされる。

（4）『張子語錄』卷中、第六十四條に、「理不在人、皆在物。人但物中之一物耳」とある。

（5）張載の排佛論に關する詳細については、常盤大定『支那に於ける佛教と儒教道教』（東洋文庫刊、一九三〇年）、および藤澤誠「宋初に於ける儒家の排佛論の一傾向」（『信州大學文理學部紀要』第五號、一九五五年）を參照。

（6）底本『張載集』の脚注に「神と性とは乃ち氣の固有する所なり」は文義からして「神と虛とは乃ち氣の固有する所なり」の方が良いといふ意見を記す（該書六十三頁）が、採らない。

（7）『禮記集說』は康熙十二年刊『通志堂經解』所収本（哈佛燕京圖書館デジタルコレクション）を底本とし、文淵閣四庫全書本のほか、增訂本『張子全書』所収「禮記說」、『藍田呂氏遺著輯校』所収「禮記解」を參看した。

（8）道藏は『重編影印正統道藏』（中文出版社、一九八六年）を底本とした。

（9）任繼愈主編『道藏提要』（中國社會科學出版社、一九九一年）では『青華祕文』について「北宋張伯端撰、門人王邦叔輯錄。然有人疑爲明代道士李樸野所著、而託名張紫陽者」と記す（該書百七十一頁）。また吾妻重二「『悟眞篇』の內丹思想」（坂出祥伸編『中國古代養生思想の總合的研究』平河出版社、一九八八年）では『青華祕文』の出現を巡る各種狀況を檢討して、この書が後代おそらく明代の成立だと論斷する（該書六〇八頁）。

（10）たとへば通例、太極圖は道書から採られたと説明されるが、吾妻重二「太極圖の形成——儒佛道三教をめぐる再檢討」（『日本中國學會報』第四十六集、一九九四年）は文獻學的考察によつて、むしろ周敦頤の太極圖が道教に影響して各種圖像を生じたと考へる方が合理的であるといふことを明かにした。

（11）「快利」とはあまり見慣れない語であるが、『漢語大詞典』に「鋒利、鋭利」「流暢、快捷便利」と説明する通り、すばやくするどい、といつた意味であらうか。反面、中醫において血行あるいは便通が良いことを「快利」と表現する。『傷寒論』の「大陷胸湯方……温服一升、得快利、止後服」（辨太陽脈證幷治下）など。ここでの快利と關係はないであらうか。張載は醫學の知識があつたといふ（『邵氏聞見錄』卷十五）。

（12）「乾元者始而亨者也、利貞者性情也」の王注に「不爲乾元、何能通物之始。不性其情、何能久行其正。是故始而亨者、必乾元也。利而正者、必性情也」とある。

（13）林樂昌教授は、「心統性情」は張載早年の立言であり、後年成熟後の思想とは合致しないと指摘する。「張載〝心統性情〟説的基本意涵和歷史定位——在張載工夫論演變背景下的考察」（林樂昌主編『張載理學論集　思想・著作・影響』中國社會科學出版社、二〇一九年、四十三頁～五十四頁）を參照。

（14）土田健次郎「程顥と程頤における氣の概念」（『氣の思想』東京大學出版會、一九七八年）に「程頤には氣が聚結して肉體を形成するという考えはないようであり、同じく氣稟という語を用いながらも、程頤と朱熹とでは、その示す內容をまったく同一視することはできぬように思われるのである」といふ指摘がある（該書四三一頁）。人物を生成する氣といふ觀念に關しては、朱熹は張載の影響を強く受けたと考へられる。このことについては本書第三部第一章で檢討する。

（15）山井湧「明清時代における氣の哲學」（『哲學雜誌』第六十六卷第七百十一號、一九五一年）を參照。

（16）山根三芳『正蒙』（明德出版社、一九七〇年）では、王夫之のこの説を紹介した後「この指摘は尤もである」と述べて、張載の氣質の性と程子の才とを別物と見做す王夫之の見解に贊意を表する（該書一九七頁）。

（17）市川安司「張橫渠の一物兩體説」（『二松學舍大學創立百十周年記念論文集』一九八七年）では、どんな場合でも對を考へるのが中國的思考法の常道であるといふことを前提に、張載の「一物にして兩體」といふ氣論に關する分析を行なひ、「橫渠の哲學では、常に兩の形から出發すると言っても過言でない。兩を太極なり一なりから發生する形に取るにしても、それは兩を統合する一者と考えなければならないからであって、事實は一から出發するのではなく、兩のところから出發する思考法が運らされているのである」と結論する。また木下鐵矢「『正蒙』太和篇の一條について——「氣」の認識形態——」（『中國思想研究』第九號、朋友書店、一九八七年）では、張載の「一―兩」といふ世界把握の定式が萬物の無限の差異の連續として世界を把握する、いはば微分的世界把握に基づくと指摘する。「易說」に見られる一物兩體の思考については朱伯崑『易學哲學史』（華夏出版社、一九九五年。伊東倫厚監譯、近藤浩之主編、朋友書店、二〇〇九年）第二卷、二百九十九頁〜三百十五頁を參照。

(18) 賴永海『佛學與儒學』（浙江人民出版社、一九九二年）に「在張載的人性學說中、〝天地之性〟與〝氣質之性〟幷不是兩個獨立幷存的實體、二者亦不處于同一個邏輯層次、而是一種本體與現象・抽象與具體・一般與個別的關係。而人性則是作爲本體的抽象的〝天地之性〟與作爲現象的具體的〝氣質之性〟的統一」と指摘する（該書一三八頁〜一三九頁）。

(19)『首楞嚴經』卷第二に「例汝今日以目觀見山河國土及諸衆生、皆是無始見病所成、見與見緣似現前境」とある。なほ張載に影響を與へたであらう佛說の認識觀については關正朗「張載の認識觀についての一考察」（『宇野哲人先生白壽祝賀記念東洋學論叢』、一九七四年）に詳しい。

第三章　孔子に關する見解——死生觀、聖人觀

本書第一部で旣述の通り、宋元の書目を見ると張載に經書の注解と見られる著作が幾つかあつたことがわかる。うち『近思錄』引據書目に「論語說」の名が見える。

朱熹『論語精義』には、『論語』に關する張載の言說が「橫渠曰」といふ形で、『論語』四百八十二章（鄉黨篇を全一章と數へる）のうち九十一章にわたつて、全部で百二十一條（三條の重複があるので實數は百十八條）引かれてゐる。[1] ここではこれを假に「橫渠論語說」と呼ぶ。

本章では主として『論語精義』所引の張載の言說を手掛りとして、張載の『論語』解釋の特徵、さらにそこから伺はれる張載の發想の特色を明かにしたい。『論語精義』の中から、特に張載の個性が顯著に表現された言說を摘出し、それを敷衍解釋するといふ形で論を進める。

一　「七十而從心所欲不踰矩」——死生觀

『論語』爲政篇の第四章、すなはち「吾十有五而志于學」と語り出され、「七十而從心所欲不踰矩」と結ばれる章は、孔子の自敍傳として、さらには人の理想的成長の過程を語つたものとして、古來學者の注目を集め續けた章である。

『論語精義』においても、四帖を費して諸家の説十五條（程子四條、張載四條、范祖禹一條、呂大臨一條、謝良佐一條、楊時三條、尹焞一條）を列擧するのであるが、その中から程子の次のやうな言辭が『論語集注』に採られてゐる。

孔子は生れて之を知るに、亦た學に由りて至ると言ふは、後人を勉進する所以なり。立つとは、能く斯道に自立するなり。惑はざれば、則ち疑ふ所無し。天命を知るとは、理を窮め性を盡すなり。耳順ふとは、聞く所、皆、通ずるなり。心の欲する所に從ひて矩を踰えざれば、則ち勉めずして中る。(2)

この言辭は『集注』に採用されたといふ點において、この章に對する穩當な解釋であると考へられよう。この章に對する『論語精義』所収の張載の解釋は次の通りである。

三十にして禮に器なるは强立の謂ひに非ざるなり。四十にして義を精しくして用を致し、時に措きて疑はず。五十にして理を窮め性を盡し、天の命に至る。然れども自ら之を至ると謂ふべからず。故に知ると曰ふ。六十にして人物の性を盡し聲、心に入りて通ず。七十にして天と德を同じくし、思はず勉めず、從容として道に中る。(3)
常人の學は日に益して自ら知る莫きなり。仲尼の行著習察は它人に異なる。故に十五より七十に至るまで化して裁を知る。其れ進德の盛なる者か。(4)
理を窮め性を盡して然る後、命に至る。人物の性を盡して然る後、耳順ふ。天地と參はり、意必固我無くして然る後、天地の化を範圍し、心を縱にするも矩を踰えず。老いて死に安んじ然る後、周公を夢みず。(5)
心を縱にするは夢に如くは莫し。夢に周公を見るは志せばなり。夢みざるは欲して矩を踰えざればなり。外に願はざるなり。順の至りなり。老いて安んじて死す。故に曰く、吾が衰ふるや久し、と。(6)

右四條の言說中、第一條および第二條は、孔子の勉勵大成した過程を述べたに過ぎず、その意味ではさほどの特色もない、この章に對する穩當な解釋であると言へよう。

それに對して第三條および第四條には、爲政篇のこの章を解するのに、他の章の言葉を援用するといふ特色がある。周公云云といふのは述而篇第五章「子曰く、甚だしいかな、吾が衰ふるや久し。吾、復た夢に周公を見ず」(7)に基づく言葉。そして意必固我とは子罕篇第四章の「子、四を絶つ。意毋く、必毋く、固毋く、我毋し」に由來する言葉である。『論語』の或る章を釋するのに他の章の言辭を援用するのは、必ずしも珍しいことではないであらうが、この「吾十有五」章を解釋するのに「甚矣吾衰也」章および「子絕四」章に言及するのは、少なくとも『論語精義』に引く諸家には見られない、張載獨特の解釋法である。

このことは內容上の問題とも結びつく。第三條で「七十而縱心所欲不踰矩」を解釋するのに「意必固我」が無いこと、すなはち我を張ることやこだはることがなく圓滿な人格であることを說く言葉を援用するのは、どちらも聖人の到達した境地を表現する言說であるから、他にさういつた例が無いとはいへ納得しやすいことである。しかしさらに「吾不復夢見周公」の語を援用するのは、「從心所欲不踰矩」といふことと「吾不復夢見周公」といふこととを連續した、一體のこととして說明することになる。

第四條を解釋すれば、おほむね次のやうになるであらう。

心を自由にするのに夢以上のものはない。夢に周公を見るのは（自ら周公の後繼者とならうといふ）志があるからである。夢に周公を見なくなつたのは、自分の欲求が法度を越えなくなつたからである。自力外の僥倖を願ふことがなく、順のきはみである。年取つて安んじて死を迎へる境地である。だから「自分が老衰してずいぶん長い時が經つた」と言ふのだ。

このやうに「矩を踰えない」からこそ「夢に周公を見なくなつたのだ」と說くのは、他に例を見ない、きはめて獨特な『論語』解釋の一例である。

以上の如く『精義』所載の張載の言說のうち、特にその第三條第四條は、形式內容の兩面からして、程子を始めとする諸家の言とはまつたく違ふ、個性的な解釋を提示するものである。

一般的な解釋からすれば「從心所欲不踰矩」とは、朱熹『論語集注』の該條に「其の心の欲する所に從ひて、而も自ら法度を過ぎず、安んじて之を行ひ、勉めずして中るなり」とあるやうに、孔子の到達した自在の境地を表現する言葉だと言へよう。他方「吾不復夢見周公」とは、これまた『論語集注』に「此に因りて自ら其の衰ふるの甚だしきを歎ずるなり」とあるやうに、孔子が自らの老衰を悟つて慨歎した言葉ととるのが妥當かと思はれる。言はば前者は老いを肯定する方向の、後者は老いを否認する方向の言葉であり、その意味では正反對の含意を有する言葉であると考へて差支へあるまい。

だとすれば、この兩者を結びつけて解釋する例が張載以外にないのも、理窟の上からして當然であり、朱熹が『論語或問』巻二において「其の周公を夢みずと論ずるは、迂回にして通じ難く、殊に曉るべからず」と批判するのもまた妥當なことであると思はれる。一般的な觀點からすれば、張載のそれの如き、奇妙な解釋は、出てくるはずがないのである。

しかし張載のかうした解釋は、張載の思想の特色を念頭に置くならば、特段奇妙なものではなくなる。

本書第二部第一章で述べた通り、張載は『正蒙』の中で、氣の聚散によつて萬物の生滅を説明する、特色ある存在論を述べる。天地間に充滿する氣は聚散を繰り返し、氣が聚まると目に見える物となり、散ずると目に見えない太虚と呼ばれる狀態となる。氣は太虚から物へ、また物から太虚へと不斷の流動を繰り返し、萬物の生滅はその過程において行なはれる。すなはち張載の考へによれば、物の生滅とは、文字通り發生し消滅することではなく、氣の狀態の變化に過ぎない。物が消滅するのは、目に見えない太虚の狀態へと變化することである。目には見えないが氣は天地間に充滿してゐるのであり、從つて「無」なるものは存在しない。

右のやうな考へを人の生死に當てはめるなら、生れるのも死ぬのも、自分の肉體を構成する氣の位相の變化に過ぎないといふことになる。『正蒙』太和篇第四條には「聚も亦た吾が體なり。散も亦た吾が體なり。死の亡ならざるを知る者は、與に性を言ふべし」とあつて、明かに「死は滅亡ではない」と述べる。張載によれば、人間の死は「人間」といふ狀態から「太虛」といふ狀態への、存在の仕方の變化に過ぎないのである。

そしてこれも本書第二部第一章で述べた通り、張載の言ふ「太虛」はただ單に「氣の散じた狀態」ではなく、本體であり、「淸」であるもの、すなはち望ましいもの、かくあるべきもの、といつた意味が籠められた概念である。

さて前述の如く、張載は人の死を、太虛への變化として捉へた。その太虛が、現象よりも高い價値を有する本體であるとするならば、死は、より高い次元の存在への回歸であるといふことになる。一般に死は、恐るべきもの、厭ふべきものとされるが、張載の考へによれば、厭ふべきものどころか、むしろ望ましいものであるとすら言ひ得るやうに思はれる。望ましいとまで言はずとも、氣は太虛から物へ、そして物から太虛へと不斷に流動するのであるから、自己が散じて太虛の狀態になつたとしても、將來その太虛の氣は再び聚まつて、なんらかの物を形成するのであり、その意味で天地間全ての物は存在の永續性を有することになる。してみると、張載にとつて死は、少なくとも恐るべきものではなかつたと考へることが可能である。

張載はその著述の中で、しばしば「安んじて死す」といふことの重要性を說く。「西銘」では冒頭「乾を父と稱し坤を母と稱す。予、玆に藐焉として、乃ち混然として中處す。故に天地の塞は吾が其の體、天地の帥は吾が其の性」と述べて、人は天地から生れ、天地と分ちがたく結びつくものであると說き、結びには「存するときは吾、順にして事へ、沒するときは吾、寧きなり」とあつて、死んで再び天地と一體となることの安寧を表明する。そして「論語說」では、本節の始めに引いた通り、孔子晩年の境地を「安死」と表現する。

一般論として年老いることは、すなはち死に近づくことであらう。張載が、孔子といふ聖人の生涯を考へるに當つて、年老いた孔子は死を恐れなかつたと考へるのは、張載なりに理由のあることであつたと思はれる。張載の考へる死とは、とりもなほさず安寧への回歸なのであり、聖人にそのことが理解できないはずはないからである。齢七十に達し、自らが死の安寧に近づいたことを悟つた孔子は、もはや少壯の時のやうに人間といふ形態での理想を追ひ求める必要がなくなつた。それゆゑ夢に周公を見ることもなくなつたのだ——「七十而從心所欲不踰矩」に對する張載の解釋は、このやうなものであつたと考へられよう。

朱熹の批判する通り、これは些か牽強とも言ひ得る解釋ではあらう。しかしながら老死を恐れず、むしろそれを安寧と捉へるならば、これはこれなりに一貫性を有する考へ方であるとも言へる。そしてこのやうな牽强を敢てしたところにむしろ張載の思惟の獨自性がよく伺はれるやうに思はれる。

二　「子絕四。毋意、毋必、毋固、毋我」——聖人觀

「從心所欲不踰矩」に對する張載の解釋は獨特に過ぎて、朱熹から「理解し難い」といふ批判を受けた。しかし張載の論語說全てがそのやうなものだといふわけではなく、朱熹から賞讚された言說も多數見られる。今度はそのやうな言辭において、張載の特徵がどのやうに現れるかといふことを檢討したい。

前述の通り、張載は「七十而從心所欲不踰矩」を解釋するのに「吾不復夢見周公」と竝んで子罕篇第四章、「子絕四。毋意、毋必、毋固、毋我」に言及する。『論語集注』の該章によれば、「意」とは私意、「必」とは「期必」すなはち必ずかうしたいと決め込むこと、「固」とは執滯、「我」とは私己のことであるといふ。從つてこの四者を絕つといふことは、我を張つたりこだはつたりすることのない、圓滿な人格を實現することになるであらう。

『論語精義』卷五上、子罕篇の該當箇所を見るに、この章に對する張載の言辭は六條の多きに上る。

絶四の外に心の存すべき處は、蓋し必ず事とする有り。而も聖にして知るべからざるなり。[8]
已むを得ずして當に爲すべくして之を爲すは、人を殺すと雖も皆、義なり。心有りて之を爲すは、善と雖も皆、意なり。己を正しくして物正しきは大人なり。己を正しくして物を正すは、猶ほ意有るの累を免れざるなり。意有りて善を爲すは、之を利にするなり、之を假にするなり。意無くして善を爲すは、之を性にするなり、之に由るなり。意、善に在る有るも、且つ未だ盡さずと爲す。況や意、未善に有るをや。仲尼、四を絶つは、始學より成德に至るまで、兩端を竭すの教へなり。[9]
意は私有るなり。必は待つこと有るなり。固は化せざるなり。我は方あるなり。四者、一も有れば天地と相似ず。[10]
天理一貫すれば、則ち意必固我の鑿無し。[11]
意必固我、一物も存すれば、誠に非ざるなり。四者、盡く去れば、則ち直もて養ひて害無し。[12]
天地と德を合し、日月と明を合して然る後、能く方體無し。方體無くして然る後、能く我無し。[13]

これらの言辭を朱熹は『論語或問』卷九において「張子の前四條皆善し。而して『四者、一も有れば天地と相似ず』と謂ひ、『天理一貫すれば、則ち意必固我の鑿無し』と謂ふ所は、其の旨、尤も精なり」と評する。すなはち朱熹は『論語精義』に見られる張載の言説のうち、第三條第四條の言葉を取り上げて、その論旨を「尤も精なり」と賞讃する。そして『論語集注』子罕篇の該條では、いはゆる圏外の注に「張子曰、四者有一焉、則與天地不相似」とあつて、『精義』の第三條を引用する。これらから見て朱熹はこの章に關する張載の言説を、我が意を得たものとして受容したと考へ得よう。

「從心所欲不踰矩」「子絶四」それぞれに對する張載の解釋が、片や朱熹から酷評され、もう片方は賞讃されるわけであるが、『論語』解釋に當つて張載の思考が章ごとに別方向を志向するわけではあるまい。「子絶四」章の解釋に張載の思考の特色は如何に表現されてゐるか、それが「從心所欲不踰矩」を解釋するときの思考と如何に重なり合ふか、といつたことを検討したい。

右に述べた通り『論語集注』には、張載の「四者、一も有れば天地と相似ず」といふ言葉を引く。『朱子語類』卷三十六（論語十八、子罕篇上）に收められた問答を通覽すると、朱熹と門弟との間では、專ら張載の言葉の前半部「四者有一焉」が問題とされ、後半部「則與天地不相似」は特に問題とされてゐないやうに見える。[14]「與天地相似」とは言ふまでもなく『周易』繫辭上傳の「天地と相似る、故に違はず」を踏まへる言葉であるが、「子絕四」に對する解釋の特色を知るためには、張載にとつて「天地と似る」とはどのやうな意味合ひのことであつたのかといふことを知る必要があらう。

『張子語錄』卷上、第四條に次のやうな言辭が見られる。

固毋き者は後に變ぜず。必毋き者は前に變ぜず。四者毋き者は、則ち心、虛なり。虛なる者は止善の本なり。若し實なれば、則ち善を納るるに由無し。

ここでは意必固我の四者の無いことが「虛」であることと結びつけて說かれる。これによれば張載のいはゆる「天地と似る」ことは、すなはち「虛」に近づくことになるであらう。『語錄』にはさらに、

天地の道は、至虛を以て實と爲すに非ざる無し。人、須く虛中より實を出だすを求むべし。聖人は虛の至りなり。故に善を擇びて自ら精なり。（卷中、第六十五條）

天地は虛を以て德と爲す。至善なる者は虛なり。虛なる者は天地の祖なり。天地は虛中より來る。（卷中、第六十九條）

といつた言辭が見られる。「天地」と「虛」とが結びつけて說かれ、さらに聖人、すなはち意必固我四者の無い者は「虛の至り」であるとされる。

既述の通り、張載は氣の散じた狀態を「太虚」と呼び、これを物よりも高い價値を持つもの、言はば現象の背後にある本體の如きものと見做した。そしてここでは「虚」が「至善」「聖人」といつた言葉と關連づけられる。「太虚」といひ「虚」といひ、張載は一貫して「虚」なる語に、高い價値を持つものといつた意味を籠めたのだと考へ得る。

ところで右に引いた『精義』所載「子絕四」に關する張載の言說のうち第二條に「仲尼、四を絕つは、始學より成德に至るまで、兩端を竭すの敎へなり」といふ言辭が見られる。これは言ふまでもなく『論語』子罕篇第八章、「子曰く、吾、知る有らんや、知る無きなり。鄙夫有り、我に問ふ、空空如たり、我、其の兩端を叩きて竭すのみ」に基づく言葉である。この「吾有知乎哉」章に關して、『論語精義』には張載の言說が四條採られてゐる。ここに、そのうちの二條を引いてみよう。

知らざる有れば、則ち知る有り。知らざる無ければ、則ち知る無し。是を以て鄙夫、問ふ有れば、仲尼、兩端を叩きて空空たり。易は無思無爲、命を受けては、乃ち響くが如し。[15]（第一條）

洪鐘、未だ嘗て聲有らず。叩くに自りて乃ち聲有り。聖人、未だ嘗て知る有らず。問ふに由りて乃ち知る有り。[16]（第三條）

これによれば張載は「空空」を孔子のことと解釋したのだと讀み取られる。これに對して朱熹は『論語或問』において、張載の說を次のやうに批判する。

張子の過は、則ち程子之を言へり。（中略）空空とは、蓋し鄙夫を指して言ふ。張子、以て無知の意と爲すは、文意に隔絕し、恐るらくは然らざるなり。

「空空」を孔子のこととするのは張載以前には見られなかつた說であり、[17]つまり張載の獨創である。[18]そしてこの創見は朱熹の採るところとならなかつた。ここでもまた朱熹は張載の說を牽強の說と見做し、これを嫌つたものと見える。

しかし張載の思想全體から見れば、「空空」を孔子のこととするのは、根據があつてのことだとも言へる。前述の通り張載は「虛」であることに高い價値を認め、聖人を「虛の至り」と見做した。そして、その語感からして、ここで張載が「空空」を「虛」に類似したものと考へたと解釋するのは、別段無理なことではあるまい。張載は「子絕四」章を解釋するに當つて「兩端を叩きて竭す」といふことを意識するのであるが、『張子語錄』巻中、第六十四條には、

天と原を同じくする、之を虛と謂ふ。事實に須つ、故に之を實と謂ふ。此れ其の兩端を叩きて竭し、更に去く處無きなり。

とあつて、「兩端」を「虛實」のことと解する。だとすれば「空空」が、「虛の至り」である聖人すなはち孔子に結びつくのは、張載にとつては極めて自然なことであつたと考へるのが適當である。

張載は「子絕四」章を解釋するに當つて、意必固我の四者を絕つのは天地と似る所以であると說いた。また「吾有知乎哉」章の解釋においては、「空空」を孔子のこととした。前者の、修養の目的は天地と似ることにあるとふ考へは朱熹に賞讚され、後者の、「空空」を聖人のこととする解釋は朱熹に排斥された。しかしながら張載にとつて、天地と似るとは虛を體することであり、至虛の聖人は當然「空空」でなくてはならない。兩章の解釋において張載の考へ方は一貫する。張載の思想の特色は、どちらにもよく表明されてゐると考へられよう。

本章の結び

「橫渠論語說」に基づいて孔子に關する張載の見解を探つた。孔子を聖人と見做した上で、聖人を「虛」といふ

點から捉へるところに張載の思考法の特色がよく現れる。

朱熹は「矩を踰えないからこそ夢に周公を見なくなつた」といふ解釋は排斥したが、「安んじて死す」といふ張載の考へ方は受容した。このことについては後に詳述する。また朱熹は、絶四が「天地と相似る」所以であるといふ張載の説を受容しつつ、聖人を「虛」と結びつける見解には反對した。序論で述べた通り張載の學に對する朱熹の態度は批判的攝取と呼ぶのがふさはしく、「論語説」に對する朱熹の接し方は、その好個の事例だと言へよう。

まづは朱熹が張載の「虛」の言説を排除したことを指摘しておきたい。次章では「空」と「虛」との關係について、『論語』の別の章を素材としつつ詳論する。「虛」を排除することの意味合ひについても、あらためて檢討することになるであらう。

〔注〕

（1）『論語精義』は禦兒呂氏寶誥堂刋『朱子遺書』（中文出版社影印）を底本とした。

（2）『論語精義』には「伊川解曰、吾十有五而志於學、聖人言己亦由學、而至所以勉進後人也。立、能自立於斯道也。不惑、則無所疑矣。知天命、窮理盡性也。耳順、所聞皆通也。從心、則不勉而中矣。又語錄曰、孔子生而知之者也（以下略）」とある。すなはち『集注』の文言は程頤の言二條を揉合したものである。

（3）『正蒙』三十篇第一條と同文。

（4）原文「常人之學、日益而莫自知也。仲尼行著習祭異於它人。故自十五至七十、化而知裁。其進德之盛者歟」。『正蒙』三十篇第二條と同文。ただし『正蒙』では「莫自知也」を「不自知也」に、「行著習祭」を「學行習察」に作る。『正蒙』に從つて「習祭」を「習察」に改める。

（5）『正蒙』三十篇第三條と同文。なほ『正蒙』では「心を縱にする」を「從心」に作る。「七十而從心所欲不踰矩」の句において「從」を字の如くに「したがふ」の意とするか、または「縱」の字と同義に見て「ほしいままにする」の意とするかは、古來解釋の別れるところである。本章では『精義』に從つて、張載は「縱」の意に解釋したものと考へる。この問題に關しては松川健二「從心と縱心」（『印度哲學佛教學』第六號、一九九一年）を參照。

（6）『正蒙』三十篇第四條と同文。ただし『正蒙』では「從心」に作る。
（7）原文「子曰、甚矣吾衰久矣。吾不復夢見周公」。『論語集注』はじめ一般には「甚矣吾衰、久矣吾不復夢見周公」と句讀するが、本章では張載の讀み方に從ふ。
（8）『正蒙』中正篇第十五條と同文。
（9）『正蒙』中正篇第十六條と同文。
（10）原文「意有私也。必有待也。固不化也。我有方也。四者有一焉、與天地不相似」。『正蒙』中正篇第十八條と同文。ただし『正蒙』では「意有私也」を「意有思也」に、「與天地不相似」を「則與天地爲不相似」に作る。
（11）『正蒙』中正篇第十九條の前半部と同文。
（12）『正蒙』中正篇第十九條の後半部と同文。
（13）『正蒙』至當篇第七條の後半部と同文。
（14）『朱子語類』卷三十六、第三十一條、「問、橫渠謂四者有一焉則與天地不相似、略有可疑。曰、人之爲事、亦有其初未必出於私意、而後來不化去者、若曰絕私意則四者皆無、則曰子絕一便得、何用更言絕四、以此知四者又各是一病也」（潘時擧の錄）など。
（15）『正蒙』中正篇第四十六條の前半部と同文。ただし『正蒙』では「叩」を「竭」に作る。
（16）『正蒙』中正篇第四十九條の前半部と同文。
（17）『論語集解』の該條には、「孔安國曰、有鄙夫來問於我、其意空空」とある。
（18）松川健二「『論語』吾有知章について」（「漢文教室」第百六十四號、一九八九年）を參照。

第四章　「空」に關する見解――「虛中」の說

『論語』中には孔子の、弟子や時人に對する評語が散見するが、中でも先進篇には六人の弟子を列擧して、それぞれの短所長所を評した有名な言辭が見られる。今『論語集注』の章立てに從へば、まづ先進篇第十七章に、

　柴や愚。參や魯。師や僻。由や喭。

とあつて、順に子羔、曾參、子張、子路の缺點を列擧した後、續く第十八章には、

　子曰く、回や其れ庶（ちか）きか、屢〻（しばしば）空（むな）し。賜は命を受けずして貨殖す。億すれば則ち屢〻中（あた）る。

とあつて、回と賜、すなはち顏回と子貢とに對する評價を述べる。

この第十八章で、孔子はまづ「回や其れ庶きか」と述べて、顏回が、理想なり道なり、とにかく或る標準に近いと評する。つまりこれは顏回を賞讚する言葉なのだと考へて差支へなからう。ところがすぐその後に續けて「屢空」とある。顏回が「庶い」ことと「空」であることとの閒には、如何なる關係があるのか、そもそも「空」とは如何なる意味であるのかといふことが、この章を解釋する上で問題となる。

この章に關して何晏『論語集解』では、顏回の「空」を、「空匱」すなはち窮乏の意ととるのと、「虛中」すなはち虛心の意ととるのと、二つの解釋を併記する。現存の『論語』注釋書を見ると、一方にはこの何晏の兩論併記を繼承する流れがあり、他方唐代から北宋にかけて、「虛中」の說に贊同する動きが目立つてくる。ところが朱熹『論語集注』では「空匱」の說のみをとり、「虛中」の說には言及しない。

朱熹が、自分にとつて、より近い先輩である北宋諸儒とは正反對に、「空櫃」の説だけをとつて正論と定めるに當つては、無論、獨自の判斷基準が存したのだと思はれる。その判斷基準がなぜ、どのやうに生じたのかといふことを知るのは、ただ朱熹の『論語』解釋の傾向を探る點において有意義であるのみならず、朱熹の思想形成の過程に觸れる手がかりとなる可能性がある。本書の主題に卽して言へば、朱熹が張載の何を受容し、何を斥けたかといふことについての示唆を得られる可能性がある。

本章では、朱熹以前の、「空」に對する解釋の諸相に關して一覽し、その上で朱熹が、顔回の「空」に關する自己の説を定めた思想的背景に論及したいと思ふ。

一　北宋までの「屢空」説

まづ古注における「屢空」の解釋を一瞥した上で、朱熹『論語精義』を主な資料としつつ、朱熹に大きな影響を與へたはずの北宋諸家が「空」をどのやうに解したかといふことを見てゆきたい。

1　古注における「空櫃」説と「虛中」説との併記

『史記』巻六十一、伯夷列傳第一に、「七十子の徒、仲尼、獨り顔淵を薦めて學を好むと爲す。然るに回や屢〻空し、糟糠にも厭かず」とある。「屢〻空し」のすぐ後に、「糟糠にも厭かず」と續けてゐることからして、司馬遷は、顔回の「空」を、窮乏の意味に解釋したものと思はれる。まづは古く漢代において、このやうな解釋があつたことを知つた上で、何晏『論語集解』以下、いはゆる古注系統の解釋史の概略を見てゆくこととする。

『集解』の、この章に對する注釋には、注釋者の名が明示されてゐない。このやうな場合、一般的に何晏その人の注釋であると考へられるので、ここでも何晏の言葉なのだとしておく。比較的長文に屬するので、まづその前半を擧げると、

　言ふこころは、回は聖道に庶幾く、數〻空匱なりと雖も、而も樂しみ其の中に在り、賜は教命を受けずして、唯、財貨のみ是れ殖し、是非を億度す、となり。蓋し回を美して賜を勵する所以なり。(1)

とある。ここで何晏は顏回の「空」を「空匱」、すなはち窮乏の意に解する。顏回は聖人の道の理想に近い人間であって、窮乏のうちにも樂しみを見出す境地にある、といつた解釋であらう。これは明かに雍也篇第十章、「子曰、賢哉回也、一簞食、一瓢飲、在陋巷、人不堪其憂、回也不改其樂、賢哉回也」を踏まへたものと思はれる。

續いて何晏の說の後半は、

　一に曰く、屢は猶ほ毎のごときなり。空は猶ほ虛中のごときなり。聖人の善道を以て、數子の庶幾を教ふるも、猶ほ道を知るに至らざるは、各〻內に此の害有ればなり。其の庶幾に於て毎に能く虛中なる者は、唯だ回のみ道を懷ふこと深遠なればなり。虛心ならざれば道を知る能はず。子貢は數子の病無しと雖も、然も亦た道を知る者にあらざるは、理を窮めずと雖も而も幸にして中り、天命に非ずと雖も而も偶〻富み、亦た虛心ならざる所以なり。(2)

とあって、前半とはがらりと違つた解釋となる。ここでは何晏は、顏回の「空」を「虛中」の意と捉へる。『禮記』祭義第二十四に「孝子、將に祭らんとするに、事を慮る以て豫せざるべからず。時に比して物を具し、以て備へざるべからず、虛中、以て之を治む」あり、鄭注では「比時とは、猶ほ先時のごときなり。虛中とは、兼ねて餘事を念ぜざるを言ふ」と解する。これを正義では「虛中、以て之を治むなる者は、兼ねて餘事を念ずべからず、心中、

實に虛、唯、此の祭を思ふのみなるを言ふ。故に虛中、以て之を治むと云ふ」と疏釋する。すなはち「虛中」とは心中、餘事を思はず祭祀に集中すること、といつた意味の語であり、餘事を思はずといふところから引伸して「心を虛しくすること」をも意味すると考へてよからう。『集解』の後文には「虛心」の語があるので、何晏は虛中を虛心の意に用ひたと推測できる。顏回は他の弟子とは違って常に虛中であるから道に達してゐる、といふのが何晏の解釋かと思はれる。

このやうに何晏は「空」に對して「空匱」と「虛中」と、全く異なる二つの解釋を提示する。かつ、どちらが是とも非とも述べない。玄學に傾いて行く時代精神の中に置いてみれば、何晏の志向は後者に傾きさうなものであるが、にもかかはらず兩論を併記するのは、前引の雍也篇第十章や『史記』伯夷列傳および仲尼弟子列傳の記述などから、顏回が窮乏の中にあつたことがいはば常識的に知られてをり、「空匱」の說にも相應の說得力があつて、どちらとも決するを得なかつたものと考へることができよう。

皇侃『論語義疏』は『集解』を疏釋する。疏の常道として注を踏み越えようとはしないが、記述の仕方が興味深い。經文への疏を見ると、最初に、

記す者、上に四子の病、重きを先に列し、此より以下、孔子、更に顏子の精能なるを後に擧ぐるを曰ふを引く。

此の義を解する者、凡そ二通有り。

と前置きした上で、「空匱」について次のやうに述べる。

一に云ふ、庶は庶幾なり。屢は每なり。空は窮匱なり。顏子、幾を庶慕す。故に財利を匱忽にし、所以に家、每に空貧にして、簞瓢陋巷なり。故に王弼云ふ、「幾を庶ひ聖を慕ひ、忽として財業を忘れて、數〻空匱なり」と。

續いて「虛中」說の疏釋。

又一通に云ふ、空は猶ほ虛のごときなり。言ふこころは、聖人は寂を體して心、恆に虛にして累無し、故に幾、

動けば卽ち見る、而して賢人は無を體する能はず、故に幾を見ず、但、幾を庶ひ聖を慕ひて、心、或は時にして虛、故に屢ゝ空しと曰ふ、其の虛なること一に非ず、故に屢の名、生ず、となり。故に顔特進云ふ、「空は回の體する所に非ず、故に庶ひて數ゝ得」と。故に顧歡云ふ、「夫れ無欲に欲無き者は聖人の常なり。無欲に欲有る者は賢人の分なり。二欲同に無し、故に全く空にして以て聖と目す。一有一無、故に毎に虛にして以て賢と稱す。賢人は有より之を觀れば、則ち有欲に欲無きも、無より之を觀れば、則ち無欲に欲有り。虛にして未だ盡さず、屢に非ずして如何」と。太史叔明、之を申べて云ふ、「顔子は上賢、體、具はりて敬は則ち精なり。故に進退の事無く、義上に就きて以て屢の名を立つ。按ずるに其れ仁義を遺れ、禮樂を忘れ、支體を隳り、聰明を黜し、坐忘大通、此れ忘有の義なり。忘有、頓に盡く、空に非ずして如何。若し聖人を以て之を驗すれば、聖人は忘忘、大賢は忘忘たる能はず。忘忘たる能はざれば、心、復た未だ盡さずと爲す。一たび未だ空に一ならず、故に屢の名、生ずるなり」と。

一見して明かな通り、「空匱」「虛中」兩說の是非については明言しないが、費やす文字數といひ、諸說の引用の數といひ、皇侃の意は「虛中」說に在るとみて閒違ひあるまい。(3) なほ本節の論旨とは直接關係しないことであるが、右の疏釋を讀むと兩說を通じて皇侃は何晏の注文に見られる「庶幾」なる語を、「庶幾し」ではなく「幾を庶ふ」と解釋したやうに見える。「幾」とは易の概念であらう。皇侃が『論語』解釋に易學思想を持ち込んだか否かといふことは興味深い論點となり得るが、ここでは追究しない。(4)

皇侃と同じく『集解』を疏釋する邢昺『論語注疏』では、「虛中」說に對する疏の方がやや丁寧であるとも見えるが、全體としては邢昺疏の常で、穩當な言辭が竝ぶ。やはり「空匱」「虛中」どちらが是でありどちらが非であるといつたことは述べない。煩瑣になるため引用は避ける。

要するに古注においては、換言すればいはゆる宋代新儒學到來以前の時代においては、顔回の「空」を、「空櫃」

と「虚心」と、兩様に解釋して是非を決しない、といふのが一般的な態度だつたのだと考へることができる。

2 「虚中」説の繼承

注疏とは別の立場からの、この章に關する注目すべき發言として、『論語筆解』を擧げることができる。周知の通り、中唐古文運動の大家たる韓愈と、その弟子であり同志でもあった李翺との、對話のやうな形で、兩人の論語説を述べたものである。

先進篇の該条を見ると、

> 韓曰く、一説の、屢は猶ほ毎のごときなり、空は猶ほ虚中のごときなり、此れ之に近し。富みて心を虚にせずと謂ふは、此の説非なり。吾れ謂へらく、回は則ち坐忘遺照、是れ其れ空なり。

とあって、ここで韓愈は明確に、顏回の空を「虚中」の意と解する。

實のところ『論語筆解』には僞作の疑ひもあり、この章においても、異端の排斥を己が任としてゐた韓愈が、玄學風の虚中の説をとる點など、いささか腑に落ちぬ面もある。[5] しかし他面から見ると、韓愈は、中唐古文運動の大家であるのみならず、思想史上、宋代新儒學の先驅者としても位置づけられる人である。[6] その韓愈が「虚中」説に與することは、北宋におけるこの章の解釋との關係上、きはめて注目すべきことであると言へよう。

そこで朱熹『論語精義』巻六上を見てみると、この章に關する北宋六子の説が、あはせて十五條収錄されてゐる。その第一に挙げられる程顥の説には、

> 顏子、屢ゝ空しとは、心を空しくして道を受くるなり。子貢、天命を受けずして貨殖し、億すれば則ち屢ゝ中るとは、聰明を役し、億度して知るなり。此れ子貢の始めの時の事なり。性と天道とを言ふは得て聞くべ

からずに至りては、乃ち後來の事なり。其の言、此の如ければ、則ち必ず命を受けずして貨殖するに至らず。とあつて、顏回の「屢空」を「空心」の意に取つてゐるのであるから、これは何晏の「虛中」說の流れを汲むものと言へよう。

續く北宋諸子の說を見ると、程頤は「屢〻空しとは、兩意を兼ぬ。唯だ其れ能く虛中なり、所以に能く屢〻空し」と述べる。「兩意」とは、おそらくは何晏の兩說を承けて言ふのであり、その兩說有るを踏まへた上で、「虛中」說の方にやや重きを置いてゐるように見える。また、呂大臨の說、この說については後で詳述するが、呂大臨は顏回の空を「空空無知」と言ひ換へてをり、「虛中」の說を繼承したやうに見える。さらに楊時も、「空なる者は、一物を以て其の胸中に置かざるなり」と述べてをり、やはり「虛中」說に贊同する。

そして『精義』の該条末尾の尹焞の說は、「顏子は、簞食瓢飮、以て其の心を累せず、心を空しくして其の道を受くるなり」と述べる。「簞食瓢飮」を意識しつつ、「空心」とも解するわけで、いはば何晏の兩說の折衷のやうに思はれる。

3　北宋の「空櫃」說

他方、「空櫃」の說であるが、實は『精義』所収の說の中で、はつきり「空櫃」說を採るのは、次に掲げる范祖禹の說のみである。

「屢〻空し」なる者は、簞食瓢飮、屢〻絕えて而も其の樂しみを改めざるなり。天下の物、豈に其の中を動かすべき者有らんや。貧富天に在り。而して子貢は貨殖を以て心と爲せば、則ち命に安んずる能はず。是れ天の命を受けざるなり。其の言ひて中る者は、億せるのみ。理を窮め天を樂しむ者に非ざるなり。夫子嘗て曰く、賜や不幸にして言ひて中る、是れ賜をして多言ならしむるなり、と。聖人の、言を貴ばざるや是の如し。

ここで范祖禹は、「屢ゝ空し」を顔回が飲食にも事缺いたことなのだとしてゐる。つまり明かに何晏の「空匱」說を取つてゐることになるわけで、ここまで見てきた諸家の中にあつても、きはめて特徵有る解釋だと言へるであらう。

なお、以上の他に、『精義』には謝良佐の說も一條引くが、その論述は『論語』該章の後半部を解するのみであり、「屢空」に關する明瞭な言及はないため、ここでは觸れない。

右を要するに、何晏以來、「屢空」に關しては、「空櫃」と「虛中」と、兩說を擧げていづれとも決しないのが一般的な態度であつたものが、北宋道學諸儒に至ると、少數の例外をのぞいて、皆、「虛中」の說を排除しない、のみならず積極的にこれに左袒するやうになつたのだと見ることができる。宋代新儒學の特徵が、道佛の說を取り入れつつ儒學の革新を目指した點にあるとするならば、「心を虛しくする」といつた、道家的、または佛教的な解釋が支持されるのも、あながち不思議なことではあるまい。いはば『精義』に見られる諸家の說は、異端を排除しつつその影響を受けるといふ、北宋儒學の傾向の、一つの縮圖のやうにも思はれる。

二　張載の「空空」說と呂大臨の「聞見」說

ところで北宋の諸大家の中にあつて、張載の說は、『精義』のこの箇所には引かれてゐない。張載の著作中、直截的に『論語』のこの章に言及したものが見當らないのである。しかし、「空」といふ語に關して、張載にはきはめて特色有る言説が見られるので、ここでそれに論及しておきたい。すなはち本書の前章で既に取り上げた、『論語』子罕篇第七章、「子曰く、吾れ知る有らんや、知る無きなり。鄙夫有り、我に問ふ、空空如たり。我れ其の兩端を叩きて竭すのみ」といふ孔子の語に對する解釋である。

既述の通り、「空空」は、一般的な解釋によれば、鄙夫のことを指して言つたとされる。ところが『正蒙』中正篇、第四十五條に、「知らざる有れば則ち知る有り。知らざる無ければ則ち知る無し。是を以て鄙夫問ふ有れば、仲尼、兩端を竭して空空たり。易は無思無爲、命を受けては乃ち響くが如し」とあり、また同じく中正篇第四十九條には、「洪鐘、未だ嘗て聲有らず、叩くに由りて乃ち聲有り。聖人、未だ嘗て知有らず、問ふに由りて乃ち知有り」とあつて、張載は空空を孔子のこととする。その太虛卽氣論から推すに、人閒の理想像を體現した聖人孔子が空空であると見做すのは、張載にとつては不自然ではなかつたのだと考へられる。

さて、既述の通り、呂大臨は、「屢空」を「空空無知」に置き換へる、特徴的な解釋を提示する。ここで改めてその全文を引いてみよう。

貨殖の學は、聞見する所を聚む。而るに聞見數有り。故に億に從ふ。億度は以て屢〻中るべきも、而も悉くは中る能はず。空空無知なれば、則ち達せざる所無し。自得自生、豈に見聞の比ならんや。「命を受けず」なる者は、貨殖の學、聞見を聚めて以て物を度し、己が知を以て中らんことを求めて、命を天に受けず。空空無知なれば、則ち未だ始めより己れ有らず、所以に物に應ずること響くが如く、一に天に受くるのみ。吾れ何ぞ與からんや。然れども屢〻空しくして未だ常に空しき能はず、所以に聖に幾くして未だ至らず。

ここで呂大臨は、まづ「貨殖」を「聞見」に置き換へ、子貢の學は聞見の學であるが故に天命に達しないのだと說く。そして「聞見」に對置するに「空空無知」と述べるので、文脈からして、顏回の空を「空空無知」と見做してゐることになるであらう。貨殖を貨財生殖ではなく、聞見の學、いはば形而下の、感覺で捉へ得る對象のみを追求する學問であるのだと見做すことによつて、これを顔回の空空、いはばより道に近い學と對比させ、全文の流れを把握しようとしたのだと見える。

呂大臨は一般に程門の四先生の一人として知られるが、元來張載の門下であり、張載の死後、程頤に師事した人である。『河南程氏遺書』巻十九（伊川先生語）、第九十八條に、

先生云ふ、呂與叔、横渠の學を守ること甚だ固し。毎に横渠の說く無き處は、皆、相從ふ。纔に說く有らば、更に回するを肯んぜず。

とある。張載の遺說が無いことに關しては程頤の說に推服したが、張載が一言でも遺してゐる事柄については絶對にそれを曲げず、程頤に反駁したといふことである。ここから推すに、呂大臨の「空空無知」の說は、前に引いた張載の「空空」の說を繼承したものと見て、まず間違ひあるまい。

さらに、呂大臨は「貨殖」を「聞見」に置き換へる、これまた特徴的な解釋をしてゐるが、『正蒙』大心篇第一章には、

其の心を大にすれば、則ち能く天下の物を體す。物にして未だ體せざる有るは、則ち心、外有るなり。世人の心は、聞見の狹に止まる。聖人、性を盡し、見聞を以て其の心を梏せず

とある。ここで張載が、聖人の心は聞見に縛られない、と述べるのを見れば、呂大臨が、聖人の貴ばない貨殖とは聞見の意であると解釋したのも、さう不思議なことではなささうである。

かれこれ考へあはせるなら、直接『精義』のこの箇所に列せられてゐないとはいへ、張載の言說は、呂大臨を通じて色濃く發現してゐるのだと考へることができる。

また、既に本章第一節に引いた程顥の言葉の中に、『論語』公冶長篇第十二章、「子貢曰く、夫子の文章は、得て聞くべきなり、夫子の、性と天道とを言ふは、得て聞くべからざるなり」を踏まへた表現が見られた。「夫子の、性と天道とを言ふは、得て聞くべからざるなり」といふ部分は、「孔子が性と天道とに言及するのを聞くことはで

きなかった」ととるのが素直な解釋かと思はれるが、程顥の口調からすると、この部分を「孔子が性と天道とを語る言葉は、めつたに聞けないほどすばらしい言葉であつた」と解釋したらしい。宋代の儒者として、性や天道やといつたことを思惟の對象とする以上、孔子がそれらについて言及しなかったとは考へづらいわけである。(7)

この件に關して、『張子語錄』巻上、第六條に、

子貢、夫子の言ふ所の性と天道とは得て聞くべからず、と謂ふ。既に「夫子の言」と云へば、則ち是れ居常、之を語る。聖門の學ぶ者、仁を以て己が任と爲す。苟知を以て得たりと爲さず、必ず了悟を以て聞けりと爲す。因りて是の説有り。明賢之を思へ。

といふ言辭が見られる。程顥と同じやうに、張載も、孔子は性と天道とを言つたと考へるのである。彼此どちらが影響を與へたのかといふことについては分析困難であるが、張程兩子の閒に共通する思考の基盤があつたことは疑ひ得ないであらう。

要するに、北宋諸家の「屢空」を巡る言説について考へる場合、張載の學説の影響を無視することはできないやうに思はれる。

三　朱熹の「空乏」説

朱熹は北宋諸家の論語説を集めて『論語精義』を編み、それらから取捨選擇して『論語集注』を著し、且つ『論語或問』においてその取捨選擇の由來を説明した。

はじめに『或問』によつて諸家に對する批評を窺つてみよう。まづその前半部分。

> 或るひと屢空の說を問ふ。曰く、空を匱乏と爲すは、其の說、舊し。何晏、始めて以て虛中受道と爲す。蓋し老莊に出づるの說にして、聖言の本意に非ざるなり。諸先生も亦た或は之に從ひて誤てり。惟、范氏のみ從はず。而して胡氏も亦た之を論じて曰く、「屢空を以て虛中受道と爲すは、聖人の言、未だ嘗て是の如きの僻にして晦なることあらざるなり。屢にして間有るは、是れ頻復のみ。其の空ならざるの時に方りては、庸人と亦た奚ぞ遠きや」と。此れ之を得たり。且つ下文の、子貢貨殖を以て之に方ぶれば、尤も舊說の易ふべからざるを見るなり。然れども程子の說を考ふるに、則ち但だ夫の利欲の私を去ると爲すのみ。文義に非ずと雖も、然れども理は則ち差はず。呂楊に至りては、則ち又、過ちて止まる所を知らず。

ここで朱熹は「虛中」の說を老莊から出たもの、つまり道家者流の說であり、孔子の本意を捉へないものであるとし、且つ、下文の子貢の貨殖と竝べてみたとき、文義が通じなくなると考へて、全面的に排斥する。『精義』所収の諸家の說の中では、范祖禹の說だけを我が意を得たものとし、その他は程子をはじめとして全て何晏に引きずられて誤つたものであり、特に呂大臨・楊時の說は全く取る所のないもの、程子の說は、この章に對する注釋としては誤つてゐるが、學者に貨殖の弊害を敎へるものとしては取る所がある、としてゐる。

『朱子語類』卷三十九、第五十條（徐寓の錄）では、「先人が皆、空無の說を取るのに、先生は空乏と解するのはなぜですか」といふ趣旨の質問に對して、朱熹は、

> 經文の意味がさうだからだ。さうでなければ、下文の子貢のことと話が分裂してしまふ。空無の說は、思ふに何晏から始まつた。何晏は老子の清淨の學を奉ずる。だからこのやうな說を爲し、その後の諸氏もその斬新なのを見て、それを發展させた。顏子ほどの人なら、もちろん意必固我の弊害が屢〻無い、といつたこともあらうが、しかしこの經文の本意は違ふ。顏子は、貧乏を理由にその樂しみを改めて富を求めることをしなかつた。そう考へてこそ、下文で子貢と優劣があるとわかる。[8]

と答へる。『虚中』の説が道家的な説であること、及び顔回の空と子貢の貨殖とを比較するとき、論理的に空を窮乏と取らざるを得ないこと、この二點からして「虚中」の説を排斥する。これが朱熹の一貫した姿勢であるのだと思はれる。

續いて『或問』の後半部分。

曰く、「若し呂氏の説を以て之を言へば、則ち貨殖して屢〻中る者は、正に虚中受道の反と爲さんや」と。曰く、「呂氏の説は、程子、之を非とす、當れり。復た引きて以て説を爲すを得ざるなり」（以下略）

これは呂大臨の、「貨殖」を「聞見之學」に置き換へて前後の整合性を得ようとする説への反駁である。程子が呂大臨の説を非とした、といふのは、『精義』所収の程頤の説、「傳記中、子貢の貨殖を言ふ處、亦た多し」に基づく。史書に記載がある以上、子貢が貨殖したことは否定し得ない。ゆゑに呂大臨の説は根據の無いものになる、といふのである。

かく「虚中」の説を退けた結果、『論語集注』の該條は、次のやうな文言になった。まづ經文の「子曰、回也其庶乎、屢空」に對しては、

庶は近なり。道に近きを言ふなり。屢空は、數〻空匱に至るなり。貧窶を以て心を動かして富を求めず、故に屢〻空匱に至るなり。其の、道に近く、又、能く貧に安んずるを言ふなり。

と述べる。顔回は、貧乏の中にあつても志學の心を失はない點で道に近い。前述の事柄からして、この注釋の裏には、空虚だから道に近いといふ説への反駁が隱れてゐるものと思はれる。續く「賜不受命而貨殖焉、億則屢中」に對しては、

命は天命を謂ふ。貨殖は、貨財生殖なり。億は意度なり。言ふこころは、子貢は顏子の安貧樂道に如かず、然れども其の才識の明は、亦た能く事を料りて多く中る、となり。

と述べて、命を天命と解し、子貢は貧富に命があることを知らずに貨殖する點で顏回に劣るが、才知といふ點では非常に優れる、といった注釋をしてゐる。さらにこの後、「程子曰く、子貢の貨殖は、後人の豐財の若きに非ず、但だ此の心、未だ忘れざるのみ。然れども此れ亦た子貢の少き時の事、性と天道とを聞くに至りては、則ち此を爲さず」とあつて、『精義』所載の二程の言葉を折衷して載せる。そして最後に、いはゆる圏外の注として范祖禹の說を少しく改變して引くことで、全體を結ぶ。

右を要するに、朱熹は、顏回の「屢空」を窮乏の意味だと考へ、これを「虛中」とする說を全面的に否定する。また子貢の貨殖は、天命の然るところを知らぬ行爲であるが、いはば若氣の至りであつて、後年この弊はなくなり、つひには孔子から性と天道との奧義を聞くに至つた、と述べる。これを歷代の注釋の中に置いて考へてみるならば、范祖禹の說を本とし、程子の說を折衷して、以て一家言を立てたものと見ることができよう。

四 「虛」と「空空」と

朱熹が「虛中」の說を退ける理由は、上述の如く二つある。一つには文義の論理性からして必然的に「空乏」の意でなくてはならないと考へたため。今一つは「虛中」の說が道家的な發想に基づくものであり、『論語』本文の文義と合致しないと考へたためである。第一の理由については、何晏以來、兩說を併記して是非を決しなかつたことからも知れる通り、これ以上檢證することは困難であらう。しかし第二の理由については、宋學に對する道家思想の影響といふ觀點から、さらに檢討する餘地があるやうに思はれる。

そもそも「顏回は時折空虛になった。そのことを孔子に賞讚されたのだ」と解釋するからには、その前提として、空虛であることを良しとする考へが存在するのだと思はれる。その考へをさらに推し進めれば、聖人たる孔子は、常に空虛な存在であるといふことになるはずである。これを逆から言ふならば、「虛中」の說を否定することは、孔子が空虛な存在であることを否定するに近いと言へるのではあるまいか。

さうした觀點から『論語』中の「空」字の用例を見てみると、すでに本書で引いた、子罕篇第七章、「子曰く、吾れ知る有らんや、知る無きなり。鄙夫有り、我に問ふ、空空如たり。我れ其の兩端を叩きて竭すのみ」が注目に値する。前述の如く、この章に見られる「空空」は、一般的には鄙夫のことを指して言つたとされる。ところが、これまた前述の如く、張載に至つて初めて、これを孔子のことを指すとする說があらはれた。『論語精義』を見ると、空空を孔子のこととする者として、張載のほかには呂大臨がある。

　空空無知、感有れば必ず應ず。鄙夫と雖も問ふ有れば盡さざる無し。

ここでも「空空無知」である。これは、前に觸れた通りの、張載と呂大臨との關係を考へれば、當然の解釋とも言へよう。また楊時も孔子のことを空空無知と捉へたやうである。

　善く問ひに待する者は鐘を撞くが如し。鐘、聲有るに非ざるなり。之を叩けば則ち鳴る。聖人の無知、問ひに因りて知る有ること亦た是の若きのみ。「鄙夫有り、我に問ふ、空空如たり。我れ其の兩端を叩きて竭すのみ」は亦た「吾隱す無きのみ」の意なり。然れども空空如なるが故に之に告ぐ。若し夫れ挾む有りて問へば、則ち告げざる所に在り。

前半と後半とで若干、齟齬がある。前半は明かに「聖人の無知」と述べるが、後半は「問ふ者が空空如であるから答へが得られる」と說くものと解することも可能に見える。とはいへ全體としては旣に引いた『正蒙』中正篇第四十九條、「洪鐘、未だ嘗て聲有らず、叩くに由りて乃ち聲有り。聖人、未だ嘗て知有らず、問ふに由りて乃ち知有り」の影響を思はせる說である。程門の高弟中にあつて、楊時は、謝良佐や游酢と竝んで道佛の影響を受けた人といはれるから、(9)この章の解釋に當つて、虛無の香りを漂はせた張載の解釋に接近したのだと考へて、必ずしも不穩當ではないであらう。程頤はこの說には反對し、他の程門諸儒も皆、空空は鄙夫のことを指すとしてゐる。

朱熹は『論語或問』上卷九の該條で、

空空は、蓋し鄙夫を指して言ふ。張子、以て無知の意と爲すは、文意に隔絕し、恐るらくは然らざるなり。范尹は蓋し程子に從ふ。謝の意も亦た然り。楊氏、獨り張子の無知の說に從ひ、空空を以て之を鄙夫に屬す。蓋し其の有挾の說を附せんとするのみ。亦た是に非ざるに似たり。

と述べて、張載ならびに楊時の說を手嚴しく批判する。

無論、歷代の注釋の中で、張載の考へは突出した、特異なものではあるのだが、その思想的背景から考へるなら、道家思想の影響を受け、一貫して「虛」「太虛」なる語に高い價値を見出してきた張載が、空空を孔子のことであるとするのは、それなりに必然性のあることだとも言へる。してみると、朱熹が張載の說を非難するのは、ただ單にそれが『論語』の文義にあはない珍妙な說であるから、といふことばかりでなく、張載の說の背後に見えかくれする虛の思想、いはば道家的な發想法を排除しようとしたのだとも考へられよう。

前述の通り、張載は二程と親しい關係にあり、講論や、書簡を通じての意見のやりとりを行なつてゐる。そして二程は、張載に敬意を表しながらも、その思想を「淸虛一大」の說と呼び、異端に接近するものとして警戒した。(10)

二程が、顏回の「空」を「空虛」の意と取つたのは、何晏以來の積み重ねがあつてのこと。「空空如」の解釋において、二程が張載の說に反對したのは、必ずしも矛盾ではない。そして朱熹が、先行する諸說を取捨選擇して、一つの體系を構築しようとするとき、異端の辨別に嚴しくなるのは、當然のことであるやうに思はれる。少しく大膽に言ふならば、朱熹が顏回の「空」を空虛ではないと考へるとき、同時に張載的な虛の思想を排除しようとしてゐるのではあるまいか。

本章の結び

朱子學成立の過程を、極くかいつまんで言ふならば、朱熹は、人性論においては、程頤の「性卽理」の説と張載の「氣質の性」の説とを統合して自己の性説を樹て、存在論にあつては、周敦頤の「太極」の説と張載の太虛卽氣の聚散説、わけても張載の説から大きな影響を受けつつ、張載の太虛の代りに程子的な理の概念を以て本體とした、と考へることができよう。つまり、朱熹は、張載の影響を受けつつ、その世界觀の中心に据ゑるべきものとして、張載の虛ではなく、程子の理を置いたのだと思はれる。換言すれば、朱熹が、張程の説を繼承するとき、張載の思想に見られる、いはば道家的な、虛の思想の排除に留意してゐるやうに思はれる。

朱熹に影響を與へた張載の氣の思想は、虛の思想と直結する。朱熹によつて斥けられた要素が、實は朱熹の取り入れた要素と表裏一體の關係にあり、しかも斥けられた要素こそが張載の思想の眞の面目であると言ひ得る。「屢中」「空空」を巡る張載の言説と、それに對する朱熹の取捨選擇の樣相から、張載の思想の持つ「兩面をつくし、一において捉へる」晦澁とも言ひ得る性格がよく明かになると述べて良からう。

〔注〕

（1）以降『論語集解』は四部叢刊三編所収元盱眙覆宋廖氏本を、『論語義疏』は『武內義雄全集』第一卷（角川書店、一九七八年）所収、大正十三年懷德堂刊『論語義疏（校本）』を底本とした。なほ懷德堂刊本『論語義疏』を取り扱ふ上での注意點については高橋均「論語義疏の二種の校本をめぐって」（『中國文化：教育と研究』第四十七號、一九八九年）を參考にした。

（2）この注文は正平版『論語集解』では「一曰、屢猶毎也、空猶虛中也。以聖人之善教、數子之庶幾、猶不至於知道者、各內有此害也」

云云に作る。これに從へば「聖人の善教、數子の庶幾を以て、猶ほ道を知るに至らざるは、各〻内に此の害有ればなり」と解することにならう。

(3)『論語義疏』における『論語』解釋の特色については室谷邦行「皇侃『論語集解義疏』――六朝疏學の展開――」(松川健二編『論語の思想史』汲古書院、一九九四年、第一部第五章)を參照。また注釋としての筆法の特徵については高橋均「論語注釋史考(一)：王朗、衞瓘、繆播、繆協」(「東京外國語大學論集」第五十一號、一九九五年)、同「論語注釋史考(四)：欒肇、殷仲堪、梁冀、琳公、顧歡、沈居士」(「東京外國語大學論集」第五十五號、一九九七年)、同「論語注釋史考(五)：李充、太史叔明、褚仲都、沈峭、熊埋」(「東京外國語大學論集」第五十六號、一九九八年)を參照。

(4)陳金木『皇侃之經學』(臺灣國立編譯館、一九九五年)では皇侃の『論語』解釋に影響したものとして道家思想、陰陽家思想、佛家思想を擧げる(該書二九一頁)。『論語義疏』における易の引用は二條にとどまる(該書二四三頁)。反面から言へば、文言の引用ではなく、思想内容としての影響といふ觀點から、『論語義疏』に對する易學の影響について探索する餘地があると考へ得る。

(5)『論語筆解』の特質については末岡實「韓愈・李翺『論語筆解』――唐代古文運動の精神――」(『論語の思想史』第一部第六章)を參照。

(6)島田虔次『朱子學と陽明學』十七頁以降など。

(7)『論語集注』の該條には、「子貢至是始得聞之、而歎其美也○程子曰、此子貢聞夫子之至論而歎美之言也」とある。なほ『論語義疏』に引く太史叔明の論語解に、「書かれたものならば後後まで讀んで知り得るが、口頭述べられた言葉ゆゑにもはや聞くを得ない」といつた趣旨の解釋が見える。孔子が述べなかつたのではなく、述べたとしても聞き得ないと解する點で、宋代道學諸家の發想に先驅ける說である。高橋均「論語注釋史考(五)：李充、太史叔明、褚仲都、沈峭、熊埋」を參照。ただし皇侃自身はこの說を採らない。

(8)原文「問、……及先生所解、却作屢空乏而自樂、何也。曰、經意當如此、不然則連下文子貢作二段事、空無之說、蓋自何晏有此解、晏老氏清淨之學也、因其有此說、後來諸公見其說得新好、遂發明之、若顏子固是意必固我之屢無、只此經意不然、顏子不以貧乏改其樂而求其富、如此說、下文見得與子貢有優劣」

(9)『朱子語類』卷一百一、第九條(廖德明の錄)に、「游楊謝三君子、初皆學禪、後來餘習猶在、故學之者多流於禪」とある。

(10)『河南程氏遺書』卷二上、第百三十八條に、「橫渠教人、本只是謂世學膠固、故說一箇清虛一大、只圖得人稍損得沒去就道理來、然而人又更別處走、今日且只道敬」とあり、また同第六十一條に、「立清虛一大爲萬物之源、恐未安、須兼清濁虛實、乃可言神、道體物不遺、不應有方所」とある。なほ張載にまつはる言說にしばしば「清虛一大」の語が見えるが、現存する張載自身の言說に「清虛一大」の語は見えない。

第五章　「格物」に關する見解

北宋道學における「大學」重視は二程の洛學に始まる。[1]張載は「中庸」を重視し、『正蒙』誠明篇、中正篇などにとりわけ「中庸」の影響が顯著であるが、「大學」を特別に重視する言説は指摘できない。

しかし「大學」が元來『禮記』中の一篇である以上、儒者がこれを全く意識しないといふことはあり得ない。わけても「大學」が記す學の階梯において基本あるいは核心となる「格物」なる言葉について、張載は注目すべき解釋を示した。その解釋および後世への影響に關して、先學にはこれといふ言及は無い。

本章では張載の「格物」解釋の特色を示し、その思想史的意義について檢討したい。ただし紙幅の問題もあり、「格物」解釋が必然的に伴ふ實踐學問論についてはあまり觸れず、「格」字が如何に解釋されたかといふ點を中心に論を進める。

一　唐代までの「格物」解釋

ここから第三節までは李曉春『張載哲學與中國古代思惟方式研究』（中華書局、二〇一二年）の第四章、「格物致知與中國古代思想的語言基礎」（一七八頁～一九五頁）を參照しつつ、古代以降、北宋までの「格物」解釋の特色を見てみたい。

1　『尙書』の「格」字

李氏は語言學的觀點に立つて『尙書』の「格」字の用例から分析を始める。それによると、

・「來」「至」の意

　堯典「格于上下」

・「感通」の意

　君奭「格于皇天」

・「糾正」の意

　高宗肜日「惟先格王、正厥事」

が見られるといふ。「糾正」は蘇軾の『書傳』に「王心の非を格す」とあり、これは『孟子』離婁下、「惟、大人のみ能く君心の非を格すと爲す」を踏まへる。

まづは古く『尙書』の「格」に「來」「至」「糾正」といつた意味が認められるといふことを押へた上で、これ以降の注釋を見てゆく。

2　注疏

「格物」に係る『禮記』大學第四十二の經文は次の通りである。敢て訓讀は示さない。

古之欲明明徳於天下者先治其國。欲治其國者先齊其家。欲齊其家者先脩其身。欲脩其身者先正其心。欲正其心者先誠其意。欲誠其意者先致其知。致知在格物。

これについての鄭注は、まづ「先致其知」に「知とは善惡吉兇の終始する所を知るを謂ふなり」とあり、續いて「致知在格物」の箇所に、

格は來なり。物は猶ほ事のごときなり。其の知、善に於て深ければ則ち善物を來し、其の知、惡に於て深ければ則ち惡物を來す。事、人の好む所に緣りて來るを言ふなり。此の致、或は至に爲る。

と述べる。「格は來なり」といふ訓詁が、「格物」解釋の出發點だといふことになる。該當經文に係る正義は、

「致知在格物」なる者は、若し能く學習すれば知る所を招致するを言ふ。格は來なり。己れ知る所有れば、則ち能く來物に在り。若し善を知ること深ければ則ち善物を來し、惡を知ること深ければ則ち惡物を來す。善事は人の行ひ善なるに隨ひて來り之に應じ、惡事は人の行ひ惡なるに隨ひて亦た來り之に應ずるを言ふ。善惡の來るは人の好む所に緣るを言ふなり。

であつて、順當に注の意圖を疏釋する。周知の通り「格物」の解釋で問題となるのは「格」字を如何なる意味に解するかといふことであるが、同時に注疏が、人の知が行に表出すると述べること、また行の善惡が結果として事の善惡を招來すると述べることに注目しておきたい。この後、宋代以降の「格物」解釋を眺める際、「格物」を善惡に關連づけるかどうかといふことが一つの問題點となるであらう。

3　李翺『復性書』

唐の李翺については、本書でも既に『論語筆解』の共著者として觸れた。思想史上における李翺の代表作は善性

への復歸といふことを述べた『復性書』であるが、その『復性書』中篇に云ふ。

曰く、「覩ず聞かずは、是れ人に非ざるなり。視聽、昭昭として、而も見聞に起らざる者は、斯れ可なり。知らざる無きなり、爲さざる無きなり。其の心、寂然として、天地を光照す、是れ誠の明なり。大學に曰く、致知在格物、と。易に曰く、易は思ふ無きなり、爲す無きなり、寂然不動、感じて遂に天下の故に通ず、天下の至神に非ざれば、其れ孰か能く此に與らん、と」。曰く、「敢て問ふ、致知在格物とは何の謂ぞや」。曰く、「物は萬物なり。格は來なり、至なり。物、至るの時、其の心、昭昭然として明辨して、而も物に應ぜざる者は、是れ致知なり、是れ知の至りなり」(2)

李翺は注疏に從つて格は來であると述べるが、同時に至でもあるとする。李氏の論考に指摘する『尙書』中の格字の用例を踏まへつつ、朱熹「大學章句」の「格至也」へと一歩が踏み出された觀がある。ただし李翺の言ふところは「來なり、至なり」であるから、「格物」は「物を至らしむ」といふことになるわけで、その意味ではまだ注疏を踏み越えるところには出てゐない。また單に表現上のことであるかもしれぬが、知なり事なりの善惡といふことが、ここには現れない。李翺の關心は、認識對象の影響を受けない認識能力のあり方とでも言ふべき方面を向いてゐる。これまた「大學章句」に先驅けるものであるやうに思はれる。

二　張載の「格去」說

張載には特徵的な「格物」說が有る。李氏の著作は張載の哲學に關する論考であるにも關はらず何故かこの點には明瞭に觸れない。既述の通り、張載の經說は多く亡びたが、宋代の經解から或る程度の復元が可能である。衞湜『禮記集説』には「禮記説」からの引用を「横渠張氏曰」の形で大量に収める。「大學」の序盤、「古之欲明明德於天下者」以下、いはゆる八條目を述べる箇所に次の三條が見られる。

横渠張氏曰く、一國一家一身、皆、其の身を處するに在り。能く一身を處すれば則ち能く一家を處し、能く一家を處すれば則ち能く一國を處し、能く一國を處すれば則ち能く天下を處す。心を身の本と爲し、家を國の本と爲し、國を天下の本と爲す。心、能く身を運らす。心の欲せざる所、身、能く行はんや。（『禮記集説』巻百四十九所引）

實のところ右の一條は張載の言であるかどうか不確かである。『觀物外篇』にほぼ同文を収める。[3]文面から受ける印象は、張載の特色に乏しい。邵雍の言、または洛學の學者のうち誰かの言が混入したと考へるのが妥當かもしれぬ。第二條は次の通り。

又曰く、虛心なれば則ち能く物を格る。物を格れば則ち能く知を致す。其の善を擇ぶや必ず精微を盡し、毫髪の差無く、是に似るの疑ひ無し。始めを原ね終りを要め、易ふべからざるを知り、然る後、至ると爲すなり。（同右）

虛心を説くところに張載の特徴が現れる。また格物の意味として、心が「善を擇ぶ」といふことを擧げる。この點では格物を善惡に關聯づける注疏の考へ方に立ち戻つた感がある。「格」を「さる（去）」と訓ずるのは見慣れぬ讀み方であるが、續く第三條に次のやうにある。

又曰く、「致知在格物」とは、格は去なり。物を格去すれば則ち心、始めて虛明、物を見て盡すべし。然る後、天下の慮を極めて能く善を思ふなり。致知なる者は、乃ち爲學の大本なり。[4]夫れ學の始めは、亦た必ず其の一貫の道を知るを先とす。其の造るは則ち固より序有るなり。物を格るは物を外にするなり。其の物を外にすれば則ち心、蔽無し。蔽無ければ則ち虛靜なり。虛靜なるが故に思慮、精明にして知、至るなり。（同右）

　ここで張載ははつきりと「格は去なり」と訓ずる。去とは外からの物を「ふせぐ」意味か、心の物を「のぞく」の意味かであらう。『禮記』學記第十八の「大學の法、未だ發せざるに禁ずるを之れ豫と謂ふ。……發して然る後、禁ずれば、則ち扞格して勝へず」が發想の根源になつた可能性があるから「ふせぐ」のニュアンスが生ずるのも否定できないが、「物を外にする」と述べるのであるから、心中の物を「とりのぞく」意味ととるのが妥當かと思はれる。

　心中の物を除いて虛靜の狀態を得ることで「致知」を實現する。ここで注意すべきこととして、張載は存在論において「太虛卽氣」「虛空卽氣」と述べた。虛なる空間には何も無いのではなく、無形の氣が充滿すると考へたのである。そこから類推するならば、心の「虛」も、心中に何も無いのではなく、とらはれるところ、わだかまるところの無い、しかも充實したあり方、といつた意味で解せられよう。

「虛」の字を用ひつつ、それが「何も無い、むなしい狀態」ではなく、「目には見えない、凝滯は無い、しかし充實した狀態」を意味するといふことが、張載の思想について考へるとき、核心的に重要な事柄である。これは禪に云ふ「無」、有の眞實相としての無を、虛と言ひ換へたものであらうか。思ふに、禪が問題とするのは世界を如何に觀ずるかといふことであらうが、(5) 張載は萬物が客觀的實在であることを前提として、眞有としての（「無なるもの無し」）虛といふことを唱へた。禪の影響を否定することは難しいが、禪と同一視できるものではない。かうした張載の虛の思想と禮との關係については、後文でさらに考察することとしたい。

三　司馬光の「扞禦」說

二程の文集には兩者それぞれの改正「大學」を収める（『河南程氏經說』巻五、「明道先生改正大學」「伊川先生改正大學」)。もつて「大學」に對する二程の重視が知られよう。「格物」に關しては、「格は至なり。理を窮めて物に至れば則ち物の理、盡く」(『河南程氏遺書』巻二上、第六十三條。程顥の語か)、「格は至なり。祖考來格の格の如し」(『河南程氏遺書』巻十八、第二十七條。程頤の語)といつた言葉が傳はるところから見て、注疏とはやや異なりつつも李翺といふ先達が示した方向で、つまりは『尙書』に根據のある方向で解釋する。先人を踏み越えるやうな斬新な訓詁を行なふ意圖は無かつたものと思はれる。ただし意味の上から考へると「物に至る」のは李翺の「物を至らしむ」とは運動の方向が反對となる解釋であつて、二程の獨自性を示す。「格物」解釋における二程の本領は、「物に格る」ことを「物の理を窮める」と解釋することで、格物と『周易』説卦傳「窮理盡性、以て命に至る」とを結合し、「格物窮理」といふ學の方法を示した點にある。

さて、これは前節で述べた張載の格物解とは違つて李氏『張載哲學與中國古代思惟方式硏究』にも引くところであるが、張載、二程と時代を同じくする洛陽の大儒、司馬光に、「致知在格物論」といふ一文がある。やや長くなるが全文を紹介する。

人の情、善を好みて惡を惡み、是を慕ひて非を羞づるにあらざる莫し。然るに善にして且つ是なる者、蓋し寡く、惡にして且つ非なる者、實に多きは何ぞや。皆、物、之を誘ふなり。物、之に迫るなり。桀紂も亦た禹湯の聖たるを知るなり。而るに爲す所、之と反するは、其の欲心に勝つ能はざるが故なり。盜跖も亦た顏閔の賢たるを知るなり。而るに爲す所、之と反するは、其の利心に勝つ能はざるが故なり。不軌の民も穿窬探囊の羞づべきを知らざるに非ざるなり。而るに之を冒行するは、饑寒に驅らるるが故なり。失節の臣も亦た反君事讎の愧づべきを知らざるに非ざるなり。而るに忍んで之に處るは、刑禍に逼らるるが故なり。況んや學ぶ者、豈に仁義の美、廉恥の尙を知らずや。斗升の秩、錙銖の利、前に誘へば則ち之に趨ること流水の如し。豈に能く展禽の黜に安んじ、顏子の貧を樂しまんや。動色の怒、毫末の害、後に迫れば則ち之を畏るること烈火の如し。豈に能く伯夷の餓を守り、比干の死に徇はやんや。此の如くんば則ち何ぞ仁義の思、廉恥の顧に暇あらんや。惟、思はざると顧みざるとのみにあらざるなり。抑ゝ亦た之を知る莫きなり。譬へば獸を逐ふ者の泰山を見ず、雀を彈く者の、露の衣を霑ほすを覺えざるが如きなり。然る所以の者は物、之を蔽へばなり。故に水、誠に淸きも泥沙、之に汨めば則ち俛して其の影を見ず。燭、誠に明きも、掌を擧げて之に翳せば則ち咫尺にして人の眉目を辨ぜず。況んや富貴の其の智に汨み、貧賤の其の心を翳すをや。惟、好學の君子のみ然らずと爲す。己の道、誠に善なり是なれば、之に茹はすに藜藿を以てすと雖も粱肉の如く、之に臨むに鼎鑊を以てするも茵席の如し。誠に惡なり非なれば、之を位するに公相を以てすと雖も塗泥の如く、之を賂ふに萬金を以てするも糞壤の如し。此の如くんば則ち天下の事を視るに、善惡是非、一二を數ふるが如く、黑白を辨ずるが如く、日の出でて照さざる所無きが如く、風の入りて通ぜざる所無きが如く、洞然四達、安んぞ知らざる者有らんや。然る所以の者は、物、之を蔽ふ莫きが故なり。是に於て仁に依るを以て宅と爲し、義に遵ふを以て路と爲し、誠意以て之を行なひ、正心以て之に處し、修身以て之を帥ゐれば、則ち天下國家、何爲れぞ治らざらんや。大學に曰く、致知は格物に在りと。格は猶ほ扞のごときなり、禦なり。能く外物を扞禦して然る後、能く至道を知る。鄭氏、格を以て來と爲すは、或は猶ほ未だ古人の意を盡さざるか。（『司馬太師溫國文正公傳家集』卷六十五）

文中、司馬光は、本來は善であるはずの人が惡を爲すのは外物に誘はれ、逼られて、內面の欲心、利心が動いてしまつた結果の、やむを得ざる次第であるのだといふことを述べる。「疑孟」を書いた司馬光が、人の情は本來、善を志向するものだと述べるのは興味深い。そして本來は善であるのだから、外物を扞禦すなはちふせぎとめれば心が惡に動くことなく、道に至る。致知は格物に在りとはさういふ意味なのだと論ずる。

「格物」を心の善惡と關聯づけるのは注疏の解釋を踏襲したものと見られるが、「外物の影響を排除すること」の意に解するといふ點では、張載と似た方向での解釋であると言へよう。ただし司馬光の論述だと、惡は外物によつてもたらされるのか、それとも外物によつて內心の惡が發動してしまふといふことなのか、必ずしも判然としない。司馬光は「格は猶ほ扞のごときなり、禦なり」と述べる。張載の格物說について述べた箇所で既に引いたところであるが、『禮記』學記第十八に「發して然る後、禁ずれば、則ち扞格して勝へず」とある。この箇所の鄭注には「扞格は堅くして入るべからざるの貌」と解する。『春秋左氏傳』襄公二十六年に「扞禦北狄」とあるのを見れば、外に在るものを「ふせぎとどめる」の意に解するのが妥當であらう。その點では張載が、惡の要因を外に向けて排除すると說くのとは一致しない部分もある。

この文章は元豐六年作と注する。すなはち張載沒後の作である。司馬光は張載と面識があり、また張載の死後、程顥から論に關する相談を受け、それへの返答の中で「昨日は怱卒に返答したが、よく考へてみると妥當ではなかつた」と前置きした後、

竊に惟へらく、子厚、平生の用心は、今世の人を率ゐて、三代の禮に復らしめんと欲する者なり。漢魏以下は蓋し法とするに足らず。（「答程泊淳書」、『司馬太師溫國文正公傳家集』卷六十三）

と述べる。張載の生前、禮について意見を交換したことが伺はれよう。確たる根據を示し得ないため斷定は避けねばなるまいが、司馬光が「格物」を「外物を扞禦する」と解する時、張載からの影響があつたと考へることも可能かと思はれる。

なほ『河南程氏遺書』卷十八、第六十條に、

問ふ、外物を惡むは如何、と。曰く、是れ道を知らざる者なり。物、安んぞ惡むべけん。釋氏の學、便ち此の如し。（後略）

とある。話頭は佛教批判を向き、直接「格物」に言及する問答ではないが、含意を考へると司馬光の「扞禦」說へ

の批判として讀むことが可能であらう。

四　南宋理學の「格物」解

「格物」を解する言葉ではないが、張九成『孟子傳』巻一に、「孟子、直に其の利心を指して之を格去して曰く、王、何ぞ必ず利を曰ふ、と」とある。南宋における、過ち或は惡心を「ただし」「さる」といふ意味での「格去」の用例として注目に値する。

朱熹の「格物」解釋については、あらためて喋喋するまでもあるまい。ただ確認のため「大學章句」の該當箇所を抜き出しておく。

格は至なり。物は猶ほ事のごときなり。事物の理に至るを窮め、其の極むる處、到らざる無からんと欲するなり。

程子を繼承して、格を至と訓じ、「格物」を「事事物物の理に至る」ことの意に解釋したものである。『大學或問』では格物に關する程子の言、九條を引いて自説の基礎を示し、また司馬光以下先儒七名の説を引いてこれを批判する。これについても先學の詳細な研究があるのでここでは贅言しない(6)。ただ批判される七名のうちに張載の名が無いことは如何に解釋すべきであらうか。

『朱子語類』で格物に關する問答のうちに數箇所「格去」といふ言ひ回しは現れる(7)。しかしいづれも「ゆく」の意の「去」として、すなはち現代漢語の語法で言ふ「方向補語」の「去」として讀むのが自然であつて、張載の言ふ「格は去なり」の訓が話題になつたのではない。『近思錄』の引據書目に張載の「禮樂説」があるのだから、朱熹が張載の「禮記説」を見た可能性は有るのだが、俄に見たあるいは見なかつたと斷定するのは困難である。また見た上で俎上に載せないといふ判斷をした可能性も有らうが、いづれにせよ今となつては探究は難しい。

張栻は朱熹の講友として記憶されるが、その立場は胡宏（字は仁仲。五峯先生）の湖南學に由來し、朱熹の學とは些か異なる。その張栻の書簡「答呂季克」に云ふ。

又、格物の説は、格の言たる至なり。理、物に循はず。其の理を極むるに至るは、其の知を致す所以なり。今乃ち物格れば則ち純乎として我と云ふ。是れ夫の物を格去して已、獨り立たんと欲す。此れ異端の見に非ずして何ぞ。且つ物、果して格るべけんや。（『南軒集』卷二十六）

呂季克すなはち呂勝己の請問の書は確認できないので推測を交へることになるが、呂勝己が「格」を「格去」と解し、外物を去れば純粋な自己が實現するといふ説は如何かと問うたのであらう。これに對する張栻の答へは「格」は「至」であること、物を去るのは異端の見解であり、そもそも物を去るといふこと自體ができることではない、といふものであつた。

張栻の謂ふ異端とは佛家のことを指す。衞湜『禮記集說』に沈淸臣を引いて云ふ。

先儒、格物を以て物理を窮極すと爲し、又、以て外物を格去すと爲す。竊かに以爲へらく、物理を窮極して然る後、能く外物を格去す、物理を窮極する能はざれば、則ち亦た外物を格去する能はざるなり、と。然れども是の二者、皆、未だ力を用ふるを免れず。若し能く一切、照破すれば、則ち物、自ら格せざる無し。格は「大人は能く君心の非を格す」の格の若し。大人の、君非を格する、豈に力を用ひんや。其れ「充實して光輝有るを之れ大と謂ふ」、自然にして其の非心を照破すれば、則ち格するを期せずして自ら格す。誠に能く一切、物に照破すれば、則ち眞知、自然にして至る。（『禮記集說』卷百五十所引）

『宋元學案』卷四十、橫浦學案に「橫浦門人」として沈淸臣の傳を立てる。すなはち張九成の門人である。張九成は「似て非なる」ところを朱熹に激しく非難された。右の引文からも、格去と窮理とを一體のものと見做すところから心の「眞知」へと論が流れる、すなはち理學の論議かと見えて佛教的な解悟へと論が流れる特徴を看取できる。張栻が「外物を格去するとは異端の見解だ」と述べる、その異端が佛家であることが明瞭となる。

「答呂季克」から張栻の格物説が朱熹と同じ方向性のものであることがわかる。同時にこの書翰によつて、南宋において、「格物」の格を「格去」と解する説があつたことが判明するのは興味深い。朱熹より少し遲れる魏了翁（一一七八～一二三七）に「横渠禮記説序」なる一文がある（『鶴山集』巻五十二）。「今、禮記説一編、全解に非ずと雖も而も四十九篇の目、大略固より具はる」と述べるのを見ると、南宋の時點で「禮記説」が不完全な形ながら存續してゐたことが判明する。そもそも衞湜が「横渠禮記説」を引きつつ『禮記集説』を編纂し、理宗に上つたのが寳慶二年（一二二六）のことである（『宋元學案補遺』巻七十九所引「姑蘇志」）。張載の「格は去なり」の説が生き延びてゐた可能性があることが示唆されよう。ただし沈清臣の言辭から推すと、格去説は張載の意圖した「心中の凝滯を去る」の意ではなく、司馬光の扞禦説と混同されて「外物をふせぐ」の意で受容されたやうにも見える。いづれにせよ假に朱熹が張載の格去説を批評したなら、明確にこれを否定したであらうことが推測される。

五　南宋心學の「格物」說

朱熹と立場を異にする陸九淵は、「格物」に關しても朱熹とは違ふ見解を有したであらうと思はれるのだが、その遺書語錄の中には、これといふ特徴的な語釋は發見できない。語錄下、第六十四條、

伯敏云ふ、「如何樣にか物に格る」。先生云ふ、「物の理を研究す」。

といふ問答を見ると、程朱學の立場とあまり變らない格物説を有したもののやうに見える。ただし陸九淵の理は心

の理、工夫は心の工夫であるから、同じく「物に至る」格物説であつても、一物一物に至るのではなく自らの心中に至ることになるはずであり、その意味で程朱學とはむしろ正反對の方向を向く説であると言つてよい(8)。

陸九淵の思想的立場を受けついだ楊簡に、格物に關する、師よりも明瞭に特徴的な解釋が見出される。『論語』里仁篇の孔子の言葉を出發點として、云ふ。

> 子曰く、士、道に志して惡衣惡食を恥づるは、未だ與に議するに足らざるなり、と。此の心、道に在れば則ち物に在らず、物に在れば則ち道に在らず。惡衣惡食を恥づるは、是れ事物の中に墮し、事物の爲に移換す。未だ能く物を格らずして之を致さんと欲するも、是れ理無きなり。格物は窮理を以て言ふべからず。文に格と曰ふのみ。至の義有りと雖も何爲れぞ轉じて窮と爲さん。文に物と曰ふのみ。初めより理字の義無きに、何爲れぞ轉じて理と爲さん。經に據りて直に説けば、格に去の義有り、其の物を格去するのみ。程子、窮理の説を倡ふ。其の意、蓋し物、必ずしも去らず、物を去れば則ち反つて僞を成すと謂ふ。既に物を去るを以て可ならずと爲す、故に委曲遷就して窮理の説を爲さざるを得ず。書は言を盡さず、言は意を盡さざるを知らず。古人、知を致さんと欲するは格物に在りと謂ふは、深く、學ぶ者の物に溺して此の心、明ならざるを病み、故に已むを得ず是の説を爲す。豈に盡く事物を取り、屛して之を去ると曰はんや。豈に物を去りて無物に就くと曰はんや。去る有り採る有るも、猶ほ未だ物を離れざるなり。格物の論は、吾が心中の事を論ずるのみ。吾が心、本、物無し。忽として物有れば、之を格去して可なり。物、格れば則ち吾が心自ら瑩なり。塵、去れば則ち鑑、自ら明なり。滓、去れば則ち水、自ら清なり。（『慈湖先生遺書』巻十、讀論語上）

楊簡は格物とは物を格去することであるといふ前提から、程朱學の格物窮理説を回りくどいものとして批判する。楊簡の考へでは、物とは外物を指す言葉ではなく、物を去るとは、物から隔絶した「空」の狀態に自らを置くことではない。本來、清明な心の中に妨げとなる物が生じたとき、これを排除するといふことである。このあたり、前引の張栻の見解に對する批判的回答とも見える。「格物の論は、吾が心中の事を論ずるのみ」といふところに心學の面目がよく現れる。

格を直截に去と解するところ、さらに「外物を去る」といふよりは「心中の障礙を排除する」と解するところ、いづれも張載の格物説の繼承であらう。楊簡が「横渠禮記説」に觸れたか否かといふことに關して、文獻的な實證はできないのであるが、思考の內容として、張載の説が基礎にあると考へて差支へないものと思ふ。

六　王學の「格物格去」説

一般に王學の「格物」は「物を格正する」すなはち「心中の不正を正す」ことだと解説される。[9]王守仁自身が、

格物を問ふ。先生曰く、格なる者は正なり、其の正しからざるを正して以て正しきに歸するなり、と。（『傳習錄』巻上、第八十六條）

と述べるのだから當然であらう。羅欽順の論難すなはち『古本大學』刊行への非難に對する返書にも、

夫れ正心誠意致知格物は皆、身を脩むる所以にして、格物なる者は其の力を用ふるの所、日に見るべきの地なり。故に格物なる者は、其の心の物を格すなり。其の意の物を格すなり。其の知の物を格すなり。正心なる者は、其の物の心を正すなり。誠意なる者は、其の物の意を誠にするなり。致知なる者は、其の物の知を致すなり。此れ豈に內外彼此の分有らんや。（『傳習錄』巻中、答羅整庵少宰書）

と述べて、格正が「大學」の本旨であると主張する。

また一般に、王學の格物説は朱子學のそれへの反措定であると説明される。[10]同じく羅欽順への返書に、

凡そ某の所謂格物は、其の朱子九條の說に於て皆、其の中に包羅統括す。但、之を爲すに要有り、作用同じからず。正に所謂、毫釐の差のみ。然れども毫釐の差にして千里の繆、實に此に起る。辨ぜざるべからず。(同上)

とある。自分の格物說は程頤の言を、といふことはそれを基礎とする朱熹の說を、包括しつつ發展させたものだと述べるわけで、朱熹に背馳するか否かといふことはさておき、自說が程朱學を意識しつつ樹てられたことを認めた言辭だと言へよう。

だが『傳習錄』卷上、第七條に云ふ。

先生又曰く、格物は孟子「大人は君心を格す」の格なり。是れ其の心の不正を去りて、以て其の本體の正を全くするなり。但、意念の在る所、卽ち其の不正を去りて以て其の正を全くするを要す。

格が「ただす」であることの意味を、不正を「去る」ことと說明する。「大學問」では、

故に致知は必ず格物に在り。物なる者は事なり。凡そ意の發する所、必ず其の事あり。意、在る所の事、之を物と謂ふ。格なる者は正なり。其の不正を正して以て正に歸するを之れ謂ふなり。其の不正を正すなる者は、惡を去るを之れ謂ふなり。正に歸するなる者は善を爲すを之れ謂ふなり。夫れ是を之れ格と謂ふ。(『王文成公全書』卷二十六)

と記す。不正を「正す」といふことを、惡を「去る」と說明するのだから、つまりは「格」を「去」と解したことになる。

これらに徵するに、王守仁が「格正」と言ふとき、その裏面には惡を「去る」といふことが不離の關係性を以て意識されるのだと言へよう。言葉の面から言ふなら、王守仁の格物說は、程朱學の反措定であるかどうかといふことは別として、張載の格去說に近づいた、ひよつとしたらそれを繼承した說であるといふことになる。明代の儒者官僚ならたれも見たであらう『大學章句大全』には張載の說を引かず、また王守仁が「橫渠禮記說」或は『禮記集

説』を讀んだといふ確たる證據は無いので、ここでもまた文獻上の論證はできないのだが、少なくとも用語の上で、そしておそらくは思考法といふ點でも、張載と王守仁とのあひだの關聯性を指摘するのは必ずしも不當ではなからう。(11)

「格」の解釋に關しては、王承裕の、

格物の說、昔人、外物を扞去するを以て言を爲す。外物を扞去すれば則ち此の心存す。心存すれば、則ち知を致す所以の者、皆、是れ己と爲す。

といふ言辭への返答として、

此の如くに說けば、却て是れ外物を扞去するを一事と爲し、致知を又、一事と爲す。外物を扞去するの說、亦た未だ甚だしく害ありとは爲さざるも、然れども其の外に捍禦するに止まれば、則ち亦た未だ病根を拔去するの意有らず、所謂、己に克ちて仁を求むるの功に非ざるなり。(『王文成公全書』卷四、答天宇書二)

と述べる。「扞去外物」は司馬光の「扞禦」說を指すのだと考へてよからう。王守仁は司馬光の說を頭から否定するわけではないが、外に押し止めるばかりではなく內面の工夫が必要だと說く。すなはち內面の惡因を「去る」ことを必要とするわけで、考へ方はやはり張載に近い。『傳習錄』卷下、第一條、陳九川が近頃の知見を語って、「又、思ひ來るに吾が心の靈、何ぞ意の善惡を知らざる有らん。只、是れ物欲、蔽ひ了りぬ。須く物欲を格去すべし。始めて能く顏子の未だ嘗て知らずんばあらざるが如きのみ」と述べ、さらに「物は外に在り、如何ぞ心身意知と是れ一件なるや」と疑問を呈するのに對して、

心無ければ則ち身無し。身無ければ則ち心無し。但、其の充塞する處を指して之を言へば之を身と謂ひ、其の主宰の處を指して言へば之を心と謂ひ、心の發動するの處を指して之を意と謂ひ、意の靈明なる處、之を知と謂ひ、意の涉著する處、之を物と謂ふ。只、是れ一件の意にして、未だ懸空なる有らず、必ず事物に著く。

故に意を誠にせんと欲すれば、則ち意の在る所の某事に隨ひて之を格し、其の人欲を去りて天理に歸すれば、則ち良知の此の事に在る者、蔽無くして致すを得たり。

と說く。格物の「物」は外にではなく、または外にばかりではなく、內にあることが判然する。

三輪執齋『標注傳習錄』ではこの箇所に、

司馬溫公の格物致知の說に曰く、格は猶ほ扞のごときなり、禦なり、能く外物を扞禦して、而る後、至道を知る、云云と。朱文公の大學或問に之を辨ず。

と注した上で前引「答天宇書二」に言及し、さらに、

後世、林兆恩も亦た物欲を扞去するの說を爲す。然れども其の學、三教一致の宗なり。

と述べる。司馬光の「扞禦」說は『大學或問』に引くところであるだけに、格去說の由來として意識されやすかったのであらうが、王守仁の「格去」の意味內容を考へれば、司馬光の說はむしろ批判の對象であり、發想の由來という點では張載の格去說のほうがより近い。江戸の儒者が『禮記集說』を見るのは不可能ではなかったはずだが、三輪執齋はあるいは「橫渠禮記說」に探索が及ばなかつたのであらうか。

王守仁の「格物」は、「物を正す」であるのと同時に「物を去る」の意でもあると解釋すべきものである。「物」は外物ではなく內面の惡因、おそらくは私欲のことを指すであらう。從つて「去る」は司馬光の「ふせぎとめる」ではなく張載の「のぞきさる」の方向に解するのがふさはしい。これを直ちに張載の學の影響であると斷じたのでは臆說に過ぎないことにならうが、思考の方法が兩者一致することは間違ひない。影響關係と稱するのは早計であるかもしれぬが、曖昧な言ひ方ながら、思想における共鳴とでもいふべきものが讀み取られる。いはゆる四句教の結び、「善を爲し惡を去るは是れ格物」も、格物の工夫が去惡であるといふよりは、去惡がすなはち格物なのだ、といつた解釋を許容するのではないかと思はれる。張載の思想と王學との關係については、本書第三部において再

度論ずることとする。

七　陽明以後

王門の諸弟子はそれぞれ特色ある格物説を主張するが[12]、格物が「物を格去する」の意であることをことさらに強調する言辭は、さほど頻繁には見られない。王門の浩瀚な遺書を渉獵し盡すのは困難であるから、筆者が氣づいたものだけ、少しばかり摘記する。

王畿は云ふ。

即ち顏子の禮に非ざれば視る勿れ聽く勿れの如きは、視聽は物なり。非禮の視聽にして方めて之を欲と謂ふ。視る勿れ聽く勿れは正に是れ克己無欲の功夫にして、亦た視聽を幷せて欲と爲して之を格去せんと欲するに非ざるなり。克は是れ修治の義、克己は猶ほ修己と云ふがごとし。未だ即ち己を以て欲と爲さず。克己の己は即ち是れ「己に由る」の己なり。本、二義に非ず。（『龍溪王先生全集』卷六、「格物問答原旨」）

格物が「格去」であることは特に議論する必要のないもののごとくあつさりと觸れられるにとどまり、主たる問題意識は格されるべき「欲」とは物のどの位相のものであるのかといふ點に向かふ。

羅洪先の言は『明儒學案』卷十八から引く。

若し事、內外無く、心、內外無く、理、內外無きを知れば、即ち格式見套、又皆、中に在り。全て舊物を格去して乃ち精微と爲すに非ざるなり。（答劉汝周）

物は知の感なり、知は意の靈なり。知、物に感じて而る後、意有り。意は心の動なり。心は身の主なり。身は天下國家の本なり。感じて正しきを格と曰ひ、靈にして虛なるを致と曰ひ、動くに天を以てするを誠と曰ひ、其の所に居るを正と曰ひ、中、主有るを修と曰ふ。（大學解）

また『明儒學案』巻三十二に王艮の問答を引いて云ふ。

格字の義を問ふ。曰く、格は格式の格の如し、卽ち絜矩の謂なり。吾が身は是れ個の矩、天下國家は是れ個の方。絜矩あれば則ち方の不正を知る。

いづれも物を「ただしさる」主體のあり方が主たる問題となる。師說の「格去」の意味合ひを他の格物說と比較しつつ確定するといつた問題意識は、王學右派左派通じて、少なくとも重大事としては存しないやうに見える。

ところが一世代降つて唐鶴徵となると、

格物を論ずるの相左は、晦菴陽明二先生に如くは無し。（中略）則ち格物は、明明德の首務、亦た明明德の實功なり。陽明、心意知を以て物と爲して之を格すは、則ち心意知、物と謂ふべからざるなり。晦菴、事事物物にして之に格ると謂ふは、則ち是れ其の德性の眞知に昧くして、之を聞見の知に求むるなり。涑水、物欲を格去するの說有るは、物の欲に非ざるを知らざるなり。近世、泰州、物は物に本末有りの物と謂ふは、則ち但、身を本と爲し天下國家を末と爲すの說を知るのみ。皆、之を格物と謂ふべきも、皆、之を明明德と謂ふべけんや。

（『明儒學案』巻二十六所引「桃溪箚記」）

となつて、格物說が竝列、相對化される。王守仁の格物と司馬光の扞禦とが同じ俎上に載るのである。

この樣相は王學を離れれば當然ながらより顯著になる。馮從吾「讀大學」に云ふ。

格物を問ふ。曰く、致知を言ひて格物を言はざれば則ち空に落つ。物字に三解有り。萬物皆、我に備はるの物字は我に對して言ふ。物欲を格去する、物字は私欲を指して言ふ。此の物字、物我を兼ねて言ふ。王心齋、格物は是れ物に本末有りの物を格し、致知は是れ先後する所を知るの知を致すと謂ふは、最も見有りと爲す。

格物は是れ其の知を格す。(『馮少虚集』巻二)

王學の格物が物欲を格去する意であること、物は内外を兼ねて云ふものであることが、議論の對象ではなく前提となる。劉宗周「學言」に、

程子云ふ、凡そ心を言ふ者は皆、已發を指して言ふ、と。是れ念を以て心と爲すなり。朱子云ふ、意なる者は心の發する所、と。是れ念を以て意と爲すなり。又、獨知を以て之を動に偏屬す。是れ念を以て知と爲すなり。陽明子、物欲を格去するを以て格物と爲す。是れ念を以て物と爲すなり。(『劉子遺書』巻三)

とあるのも、王守仁の格物説を「格去」に丸めてしまつた上で、物とは何かといふことに關する諸説の中で比較の對象としたものだと言へよう[13]。

さらに明末清初、朱子學を恪守し王學に反對する立場の人となるといよいよこの傾向は明瞭になる。陸世儀は、

溫公の外物扞禦の說は固より非なるも、文公、之を駁するも亦た過ぎたり。溫公の意は物欲を扞禦すと謂ふに過ぎず。物欲、既に去れば則ち知見、自ら能く通明なるのみ。此の言、學ぶ者に於て亦た大いに益有り。(『思辨錄輯要』巻三)

と述べて司馬光の扞禦說に一定の理解を示した上で、王學を非難して云ふ。

學を講ずるに安んぞ心を論ぜざるを得ん。吾の、心宗に足らずとする所の者は、正に心を論ずるを以て反つて其の心を失へばなり。(中略)然らば則ち學ぶ者の、本心を識らんと欲するは、斷斷として學問に非ず、可ならず。而るに心宗は、動もすれば忽然として省する有りと曰ひ、動もすれば言下に省する有りと曰ひ、格物に至りては則ち以て物欲を格去すると爲し、學問の二字、竟に置きて講ぜず、其の究、至らず、知覺を認めて性と爲す。眞に毫釐千里に止らず。早に辨ぜざるべからざるなり。(『思辨錄輯要』巻三十一)

また陸隴其は「大學答問」において次のやうに述べる。

文成の、格を以て格正の格と爲すが若きは則ち說文「格は正なり」に本づく。書に曰く、「其の非心を格す」是れなり。文成に又、物欲を格去するの說有るは則ち之を司馬溫公の外物を扞禦するの解に本づく。（『三魚堂文集』巻二）

王學の格物が「格正」にして「格去」であることを前提として、格物とはさういふ意味の言葉ではないと述べる。議論の對象ではないといふことは、裏面から、王學の格物は司馬光の扞禦を下敷きとする「格去」の説であるといふ認識が定著してゐたことを示すであらう。

『四庫全書總目提要』では、どういふものか存目の提要に、王學の格物を「格去」で説明する文言が頻出する。幾つか摘記する。

巻三十七、經部三十七、四書類存目中の『四書會解』の提要。

明、毛尙忠の撰。……其の格物を解する、既に朱子事物の説に從はず、而して亦た王守仁の云ふ所の、此の心の物を格去するを取らず。

巻九十八、子部八、儒家類存目四『集程朱格物法・集朱子讀書法』の提要。

國朝王澍の撰。陸王の學は靜悟を主とす。故に讀書を以て粗迹と爲し、而して所謂格物なる者も、亦た以て物欲を格去し、虛明の本體に還ると爲す。

巻百二十五、子部三十四、雜家類存目二『格物問答』の提要。

國朝毛先舒の撰。……大旨は王守仁の說を主とし、格物を以て物欲を格去すると爲し、力めて朱子の窮理の非を斥く。

端的に「王守仁の格物は物欲を格去するの意だ」と表現するのは、字數の少ないことを要求される存目提要の特質によるものであらうか。それとも存目の執筆を擔當した館臣の志向によるものであらうか。いづれにせよ清朝における王學理解の類型として、格去の說が定著してゐたらしいことが推測される。

本章の結び

王學の「格正」はよく知られるが、それが「格去」、もし訓讀するなら「ただしさる」とでもいふべき意味合ひのものであることは、必ずしも周知のことではないやうに思はれる。かつ、そのことに觸れる際、「格去」の先驅として指摘されるのは司馬光の「扞禦」である。「扞禦」が『大學或問』に取り上げられ批判されてゐることからして當然のことではある。しかし司馬光に先だつて張載の「格去」說が存在し、しかも思考の內容としては張載の說の方がより直接的に王學に繫がる。王守仁自身が言及しないことであり、文獻的實證も難しいことではあるが、思考方法における、王學に對する張載の影響といふことについて、再考する必要があるのではないかと思はれる。

〔注〕

（1）蘇軾の手になる「司馬溫公行狀」（『蘇東坡集』卷九十）によれば司馬光に「大學中庸義」一卷があつたことがわかる。或は二程に先立つ著作であつたかもしれぬが散逸した。衞湜『禮記集說』卷百四十九以降、「大學」の部分に「涑水司馬氏曰」と標して引くのが「大學義」の残闕であるのかもしれぬ。張興『宋代《大學》思想演變研究』（中國社會科學出版社、二〇二一年）を參照。

（2）『復性書』の釋讀に當つては功刀正『李翺の研究　資料編』（白帝社、一九八七年）を參照した。

（3）『觀物外篇』下之下に「今有人登兩臺、兩臺皆等、則不見其高。一臺高、然後知其卑下者也。一國一家一身皆同。能處一身則能處一家、能處一家則能處一國、能處一國則能處天下。心爲身本、家爲國本、國爲天下本。心能運身、苟心所不欲、身能行乎」とある。

（4）『禮記集說』の底本（通志堂經解本）二字闕。四庫全書に依據して「乃爲」の二字を補ふ。

（5）唐宋における禪思想の動向については任繼愈『漢唐佛敎思想論集』（人民出版社、一九七三年）、阿部肇一『中國禪宗史の研究』（誠信書房、一九六三年）を參照。
（6）友枝龍太郎『朱子の思想形成（改訂版）』（春秋社、一九七九年）三百二十二頁～三百七十二頁。
（7）列擧すると、
・門弟の發問ではあるが、子淵說、格物、先從身上格去。如仁義禮智、發而爲惻隱、羞惡、辭遜、是非、須從身上體察、常常守得在這裏、始得。（下略）（卷十五、第二十一條。葉賀孫の錄）
・傳問、而今格物、不知可以就吾心之發見理會得否。曰、公依舊是要安排、而今只且就事物上格去。（下略）（卷十五、第二十四條。林夔孫の錄）
・（前略）未見端倪發見之時、且得恭敬涵養。有箇端倪發見、直是窮格去。亦不是鑿空尋事物去格也。又曰、涵養於未發見之先、窮格於已發見之後。（卷十八、第五十三條。廖德明の錄）
・伊川只云、漸漸格去、積累多自有貫通處。說得常寛。五峰之說雖多、然似乎責效太速、所以傳言其急迫。（卷十八、第百十六條。滕璘の錄）
（8）陸九淵の格物說については楠本正繼『宋明時代儒學思想の研究』三百六十八頁、山下龍二『陽明學の研究　成立編』（現代情報社、一九七一年）百五十六頁を參照。
（9）一例として山下龍二『陽明學の研究　成立編』百八十八頁では、龍場の大悟に關する說明として「陽明は『格物』とは心內の不正を正すことであり、『致知』とは良知（良心）を發揮することだと解釋し、自己の心情の眞實のみが聖人の道の根底であると確信した」と述べる。
（10）一例として陳來『宋明理學』（遼寧教育出版社、一九九一年）二百六十七頁～二百七十頁では、格竹の故事、龍場の大悟から王守仁の格物を解說し、「在王守仁對格物的解釋下、朱子學中格物的認識功能與意義被完全取消、代之以簡易直接的方法把格物變爲糾正克服非道德意識、否定了經典研究和自然事物的考察、完全轉向了一種內向性的立場」と結論する。
（11）大場一央「王陽明の思想形成における龍場大悟の位置」（「早稻田大學大學院文學研究科紀要」第一分册五十二、二〇〇六年）に「陽明が讀書に於いて個々の文章の意味を全體の繫がりから讀み解こうとはせず、自己の中で打ち立てた基準に照らして意味づけを行っていた例が多いことは、『全書』中の彼の引用文例の解釋から見てもすぐに分ることである」といふ指摘がある。『王文成公全書』全體を見ても張載への言及は多くないのだが、もしこの指摘を援用するなら、たまたま寓目した張載の格去說を我が意を得たりと取りこむといふことがあつたとして不思議ではないと言へよう。

（12）王門の格物説については荒木龍太郎「良知現成論者の考察――渾一と一貫の視點から――」（『日本中國學會報』第五十八集、二〇〇六年）を參照。

（13）明末、王學、特に左派王學に批判的であつた思想家の動向については佐藤鍊太郎「明清時代における陽明學批判――『無善無惡』説をめぐる論爭――」（『日本儒教學會報』第二號、二〇一八年）を參照。

第六章　禮に關する見解

前章では「格物」といふ語彙に著目して、「格物」に關する張載の思考、その後世への影響を追つた。しかし格物は「大學」中の語彙であり、いふまでもなく「大學」は『禮記』中の一篇である。既述の通り「大學」はさほど重視しなかつたとはいへ、禮學において令名高かつたといふ張載の、『禮記』ひいては禮といふものに關する意見については檢討を省くわけには行かないであらう。張載の禮思想に關する研究については既に先學の業績が蓄積されてゐるところであるが[1]、それらの業績では衞湜『禮記集說』に引く「横渠禮記說」が利用されてゐない。おそらくは『禮記集說』の利用が困難であつたのだと推察されるが、今日では增訂版『張子全書』によつて容易に「横渠禮記說」を參照できる。

本章では「横渠禮記說」をも利用しつつ、張載の禮思想について幾つかの觀點から考察し、先學の業績に少しく補充を試みたいと思ふ。

一　經典としての禮

『禮記集說』では各篇への注解に先立つて卷頭に、「統說」と名づける、『禮記』全般に關する諸家の意見を集めた部分がある。張載の言辭は四條錄する。『禮記集說』では各條冒頭に「橫渠張氏曰」「又曰」といつた文言を入れて典據を示すが、ここでは省略する。

禮記は諸儒に雜出すと雖も、亦た義を害するの處無し。中庸大學の如きは、聖門より出づること疑ふべき無き者なり。[2]

禮記は大抵、聖門二三子の傳より出で、講解、各〻異あり。故に辭命は害無き能はざるも、禮文の如きに至りては、信ぜざるべからず。己の禮を言ふ、未だ必ずしも諸儒の如きに勝かず。如し前後、出づる所、同じからざる有らば、且く之を闕く。記に疑義有らば、亦た且く之を闕き、有道に就きて正す。[3]

儀禮を看得れば、則ち周禮と禮記とを曉り得。[4]

某、舊、儒行に疑ひ多きも、今、之を觀れば、亦た善處多し。書は一なり。己、見ると見ざるとのみ。故に禮記の疑ふべき者有らば、姑く之を置け。

まづは第三條に注意したい。張載は『儀禮』を理解することが禮全體の理解になると考へる。つまり、社會制度および統治理論としての禮すなはち『周禮』よりも、また禮の理念解說および禮法の解釋集すなはち『禮記』よりも、具體的な所作の規定を身につけ實踐することが先決だと考へたことになる。禮においては身體性をまづ重視するのだと言つても良からう。

『禮記』については各篇の素性がまちまちであることから、禮を說く經典として尊重するものの疑念は保留しておくといふ評價を記す。『周禮』に關する評價はここに言及が無いが、本書で既に引いた（第一部第一章三）通り、『經學理窟』周禮、第一條に「周禮は是れ的當の書なり。然れども其の閒、必ず末世の添入する者有り」と述べる。『周禮』を尊重しつつ後人の手になる部分も混在すると述べるわけで、これもまた經典だからとて墨守するのではない、是是非非の態度を表明したものと見られる。[5]

二　日用の禮

禮の身體性といふことについて考へる場合、『禮記』ならまづ「曲禮」上下篇に注目することにならう。「横渠禮記說」でも「曲禮」への言及の中に、日用の禮儀に關聯する記述は豊富に見られる。さうした言辭のうち『正蒙』『經學理窟』と重複しないものを少しばかり摘記する。まづは全體の總說として、「曲禮上」冒頭「曲禮曰、毋不敬、儼若思、安定辭、安民哉」の箇所に云ふ。

事、敬を主とすれば、則ち過擧無きなり。容貌を動かし、顔色を正し、辭氣を出だせば、則ち民、望んで知るべきなり。學ぶ者、必ず此より推類せよ。（『禮記集說』巻一所引）

「曲禮」の記述自體がさうであるのだが、張載はまづ、禮を士大夫の立場から捉へ、民から仰がれる者としての進退動作を意識せよと說く。『論語』泰伯篇、孟敬子に語つた曾參の言葉「動容貌、正顔色、出辭氣」を引用するところからも、禮を士大夫の心がけと捉へたことが明瞭である。

「曲禮上」には會食の禮儀に關する記述があるが、「侍食於長者、主人親饋、則拜而食、主人不親饋、則不拜而食」の部分について次のやうに述べる。

長者に從ひて人の食に就くに、若し主人、親ら饋りて己に及べば、則ち拜して食す。若し親ら饋らざれば、則ち禮、我が爲に非ざれば、拜せずして食ひ、敢て其の禮に當らざるなり。「貳と雖も辭せず」と同義なり。（『禮記集說』巻六所引）

本文の意味を疏釋しつつ同じ「曲禮上」でこの少し後に現れる經文「御同於長者、雖貳不辭」との關聯を示す。

續く「共食不飽、共飯不澤手」以下、食事の作法を述べる箇所については、

飯を共にすれば手を澤せずとは、必ず物有りて以て之を取り、其の手を濡れしめず。飯を共にするは食、一器を共にすと雖も、必ず各ゝ器有りて以て之を取る。固く獲る毋れとは、飲食、俎豆に在るに、越品爭力、取りて之を食ふは、其の貪を嫌ふを謂ふなり。（同上）

と注する。所作の意味合ひについて具體的に説明するところに、身體性といふ視點を讀み取り得よう。

そしてかうした禮儀は單なる文獻上の知識ではない。呂大臨「行狀」に張載が雲巖縣令の職にあつた時の事を次のやうに記す。

其の雲巖に在りては、政事は大抵、本を敦くし俗を善くするを以て先と爲す。毎に月吉を以て酒食を具して鄕人の高年を召し、縣庭に會して親しく爲に勸酬し、人をして養老事長の義を知らしむ。因りて民の疾苦を問ひ、子弟を訓戒する所以の意を告ぐるに及ぶ。

縣下の高年と會食し、具體的に高年を尊ぶ姿を示すことで風俗の向上を圖つたのだといふ。さうした場で、民から仰がれる士大夫として、意識して禮に適つた所作をしたに違ひなく、禮の身體性を自ら實踐したことになる。とはいへ「禮儀三百、威儀三千」（「中庸」）といふ日常の一一の所作が全て經典に遺されてゐるわけではない。また先述の通り張載は、禮の經典には依りがたい箇所があると考へた。かうした場合、所作を創作するといつたことも行なはれる。『朱子語類』卷八十四、第十七條（黃義剛の錄）に、

横渠が制作した禮は、『儀禮』に依據しないところが多く、杜撰の箇所が多い。溫公の禮は、その點『儀禮』を本としてをり、なかなか古今の宜しきに適ふものだ。(6)

とあり、續く第十八條（同じく黃義剛の錄）には、

胡叔器が四先生の禮について質問した。先生が言ふ「二程と横渠とは古禮が多い。溫公は大體において儀禮

を本にして、當世にも行ひ得るものを交へる。要するに溫公の禮は穩當で、古禮からさう外れない部分は七八割ほどといふところだ。伊川の禮などは、祭祀には實行できるが、婚禮には溫公の禮が良い。大體、古禮は完全には實行できないものだ。古服、古器など、現在は用意できない[7]」（下略）

とある。司馬光の家禮『書儀』は書籍として傳はり、朱熹に大きな影響を與へた。程頤の禮說は『河南程氏文集』巻十に収める。朱熹に『文公家禮』があることは言ふまでもない[8]。張載の禮が完本で傳はらないのは朱熹が尊重しなかつたためばかりでなく、南宋の時點で既に完本が失はれたためでもある。前章の四で觸れた「禮記說」の傳存狀況がその證左とならう。

「橫渠禮記說」および『正蒙』『經學理窟』に載せる禮說の殘闕を見るに、禮の注解といふばかりでなく、具體的な禮の所作に言及する。總じて禮は、まづ第一に日常の進退動作に關する規定であつた。

三　理念としての禮

しかしながら禮に關しては、對人關係、特に上下關係を規定する理念、社會を構築する理論としての面も無視することはできない。「樂記」の「樂なる者は情の變ずべからざる者なり。禮なる者は理の易ふべからざる者なり」の箇所について張載は次のやうに述べる。

禮なる者は理なり。禮を知らんと欲すれば、必ず先づ學んで理を窮む。禮は其の義を行ふ所以、理を知れば乃ち能く禮を制す。然らば則ち禮は理の後に出づ。今、夫の本を立つる者、未だ能く窮めざれば、則ち後に在る者、烏んぞ能く盡さんや。禮文に殘闕あり。惟、是れ先に禮の意を求めて、然る後、以て理を觀るべし[9]。

（『禮記集説』巻九十七所引）

「禮は理なり」といふ古來の訓詁を前提としつつ、根本の理があつて、その實現としての禮が生ずるのだと説く。前にも觸れた如く、禮に關する經傳には全面的に依據できないから、禮から推して根本の理を見ることが必要だと考へる。

禮が理だといふことは、禮は人によつて決定されるのではなく、人はただそれを體認運用するのみであるといふことを意味しよう。『正蒙』動物篇、第五條に、

生に先後有るは、天序を爲す所以なり。小大高下、相竝びて相形はる、是を天秩と謂ふ。天の物を生ずるや序有り、物の既に形はるるや秩有り。序を知りて然る後、經、正し。秩を知りて然る後、禮、行はる。

とある。天の秩序が先にあり、それを知つて禮が行なはれる、といつた主張である。さらにそれを強調するときは、禮の發生に人は不要であるといふ表現となる。「禮運」の「是の故に夫の禮は必ず大一に本づき、分れて天地と爲り」云云の箇所に關して云ふ。

大虚は卽ち禮の大一なり。大とは之を大にするなり、一は極の謂なり。禮は人に出づるに非ず。人無しと雖も禮、固より自然にして有り、何ぞ人に假らん。今、天の、萬物を生ずる、其の尊卑小大、自ら禮の象有り、人、之に順ふのみ。此れ禮を爲す所以なり。或者、專ら禮は人に出づと以ひて、禮は天の自然に本づくを知らず。告子の如きは專ら義を以て外と爲して、義を行ふ所以は內に由るを知らざるなり。當に內外を合するの道なるべし。禮の、自然に本づき、人、順ひて之を行ふを知れば、則ち是れ禮を知るなり。（『禮記集説』巻五十八所引）

ここでの「大虚」は「太虚」に讀み替へて差支へあるまい。禮思想といふこと以前に、まづ張載思想の最重要語彙である太虚が、禮から發想された可能性を示唆する、非常に興味深い發言である。反面、「禮運」の內容、特に

大同小康を説く筆致が老荘思想の影響を受けるとも言はれるところから考へると、[10] やはり「虚」の思想において道家的發想といふ側面は排除できないのだとも言ひ得る。[11]

太虚説についてはさておき、右の引文中、禮思想に關するところに著目すると、たとひ人が無くとも禮は存在すると述べる。人が禮を行なふのは、天がさうさせてゐるのである。同趣旨のことは、『經學理窟』禮樂、第二十條にも、

> 時措の宜は、便ち是れ禮なり。禮は卽ち時措時中の、之を事業に見(あら)はす者なり。非禮の禮、非義の義、但、時中に非ざる者、皆、是れなり。（中略）禮も亦た須く變ずべからざる者有り、天敍天秩の如き、如何にか變ずべき。禮は必ずしも皆、人に出でず、如し人無きに至りても、天地の禮、自然にして有り、何ぞ人に假らん。天の、物を生ずる、便ち尊卑大小の象有り、人、之に順ふのみ。此れ禮を爲す所以なり。（下略）

と見える。同趣旨といふより同文のやうでもあるが、文章全體として一致するわけではない。本書第一部第二章で觸れた通り、『經學理窟』には時として『河南程氏遺書』の文言が混在する。また前章で觸れた通り、『禮記集說』所引「横渠禮記說」にも時として二程、邵雍の言葉が混入する。それとは反對に、『河南程氏遺書』中に張載の言葉が混入したかと疑はれる箇所もある。[12] そしてここでは張載の著述の範圍內ながら『經學理窟』と「禮記說」との異同が問題となる。張載の、さらには北宋儒學思想の言說を取り扱ふ時に際會する、文獻批判の困難がよく現れた箇所だと言へよう。

いづれにせよ張載は、禮が天地に由來すると述べる。天地の自ずからなる秩序に禮が現れるのであつて、人の手を借らずとも禮は存在するのだから、人はそれに順ふのみであると云ふ。この點に著目して言へば、程頤が、

> 禮の本は民の情より出づ。聖人、因りて之を道(みちび)くのみ。禮の器は民の俗より出づ。聖人、因りて之を節文するのみ。聖人、復た出づるも、必ず今の衣服器用に因りて之が節文を爲さん。其の所謂「本を貴びて親しく用ふ」なる者は、亦た時の王の之を斟酌損益するに在るのみ。（『河南程氏遺書』巻二十五、第一百六條）

と述べるのよりもずつと嚴格主義的である。尤も張載とて、

夫れ祭なる者は、必ず是れ正統、相承けて然る後、祭禮正しく、統屬する所有り。今、既に宗法、立たずして、緣りて祭祀正しきを得る無し。故に且く須く古今を參酌し、人の情に順ひて之を爲すべし。[13]（『禮記集說』卷八十二所引）

と言ふのであつて、人の情、當世の事情を無視してでも天の定めに順ふべしなどと說くわけではない。

しかしまた既に引いた『禮記集說』卷五十八所引の言辭に見られる通り、告子の仁內義外說を批判することを通じて、禮を行なふ主體は人の側にあるのだとも述べる。「孔子閒居」の「孔子曰、無聲之樂、無體之禮、無服之喪、此之謂三無」の箇所には、

禮は止だ、外に著見するのみに非ず、亦た無體の禮有り。蓋し禮の原は心に在り。（『禮記集說』卷百二十所引）

とある。先に見た「禮は人に出づるに非ず」と、ここでの「禮の原は心に在り」と、一見矛盾するかのやうであるが、人もまた天の生ずるものであることを想起すれば矛盾は無い。右に引いた『禮記集說』卷百二十所引文の同文は『經學理窟』禮樂、第十八條に見られるが、『理窟』では右の文の後に、

禮なる者は聖人の成法なり。禮を除き了れば天下、更に道無し。民を養はんと欲すれば當に井田より始むべし。民を治むれば則ち教化刑罰、俱に禮の外に出でず。五常は凡人の常情より出で、五典は人、日日爲して但、知らざるのみ。

と續く。五常や五典やといつた人倫の基本も全て、人の自然から出たものであり、それはすなはち人も天の自然の中にあることに由來する。それゆゑ禮は人の元來のもちまへ、すなはち性と深い關係を有する。『經學理窟』禮樂、第十六條に、

禮の、性を持する所以は、蓋し本、性に出づ。性を持するは、本に反るなり。凡そ未だ性を成さざるは、須く禮、

以て之を持すべし。能く禮を守れば已に道に畔（そむ）かず。

とあり、また同第十七條には、

禮は卽ち天地の德なり。顔子の如き者にして、方（はじ）めて「禮に非ざれば言ふ勿れ、禮に非ざれば動く勿れ」に勉勉たり。勉勉たる者は、勉勉として以て性を成すなり。

と云ふ。禮は「天地の德」であり、禮を修めることは性の成就に繫がる。そして本書既述（第二部第二章）の通り、人の本來的な善性のことを、張載は「天地の性」と呼ぶ。禮の理念、禮の原理は天地に由來し、人がその理念を實踐し、その原理に従つて動くことで本來の性を成就するのであるから、禮は天地と人とを繫ぐものとなる。

古來「天人相關」「天人感應」といふ觀念があるが、張載は「天人合一」を唱へた。『正蒙』乾稱篇、第十一條では、「中庸」の「誠明」を前提とし、佛家は誠だけを追究して明を棄却すると批判した上で、

儒者は則ち明に因りて誠を致し、誠に因りて明を致す。故に天人合一して、學を致して以て聖と成るべく、天を得て未だ始めより人を遺さず。

と述べる。ここでの天人合一は、古代的な天人相關、すなはち天地の運行と人とりわけ爲政者の行爲とが相似形をなすといふ觀念とは異なる。張載の言ふ天人合一は、人は天の生ずるものであるとの前提から、本來的な人間性を恢復して天と一體化すること、換言すれば聖人となることを學の目的とする、といつた意味の觀念である。[14]

本書で既に觸れた通り（第二部第三章）張載は聖人を「天地と似る」者であると考へ、かつ虚なる存在であると述べた。このことと禮說に見られる天人合一の觀念とを突き合せてみるならば、私心を捨てて天地の理の發現たる禮に則ることは、それ自體が修養であり、聖人へと至る道だといふことになる。『經學理窟』の中で繰り返し述べる「氣質を變化する」といふ修養法は、具體的には禮の實踐であると考へて良からう。このことについては後で再度論ずる豫定である。とりあへずここでは、張載における禮の理念は天人合一にあるといふことを指摘しておく。

四　禮に關する復古思想

天人合一といふ理念を强調することは、實は中華帝國の傳統的統治思想との間に違背を生じ得る。この點に關して周贇『張載天人關係新說』（中華書局、二〇一五年）第四章および第五章に詳しい考察があるので、しばらく周氏の論を略記する。

「西銘」の冒頭部に、

乾を父と稱し坤を母と稱す。予、茲に藐焉として、乃ち混然として中處す。故に天地の塞は吾が其の體、天地の帥は吾が其の性、民は吾が同胞、物は吾が與なり。大君は吾が父母の宗子なり。其の大臣は宗子の家相なり。

とある。乾坤は天地の用であり、乾坤を父母と稱することは、すなはち天地を父母と見做すことになり得る。人は皆、天地の子であり、「大君は吾が父母の宗子なり」とは、統治者すなはち皇帝が宗子、いはば天の長子にして祭祀繼承者だと述べてゐることになる。

しかし中華帝國の傳統的統治思想にあつては、皇帝は天子であり、萬民は天子の子であつて、形式論理的に述べると人は皆、天地の孫だといふことになる。南宋の官僚、兵部侍郎林栗（字は黄中。生沒年未詳）はかうした點を捉へて「西銘」は經の敎へに合致しないと論難し、朱熹と面談、爭論して、しかも納得しなかつた（「記林黄中辨易西銘」、『朱文公文集』卷七十一）。林栗といふ普通の意味での儒學知識を有し、特に『易』に詳しい人物[15]が「西銘」を理解しなかつたのは、張載の禮思想が中華帝國成立以前、三代を志向してゐることに思ひ及ばなかつたからである。周の禮において相續は嫡長子相續であり、そこから引いて天子は天の宗子だと解釋できる。朱熹にしても「西銘」の天人合一觀を理一分殊と讀み替へて賞讚したが、張載の眞意は理解せず、ために林栗を説得できなかつた。

朱熹によれば「西銘」を論難するに當つて林栗が根據としたのは『尙書』泰誓上の「惟天地萬物父母、惟人萬物之靈。但聰明、作元后、元后作民父母」であつた。他方、周氏の考察によれば、張載の思考の基盤にあるのは『尙書』召誥の「皇天上帝、改厥元子茲大國殷之命」である。言はば、同じ「周書」內に矛盾した記述があることになるのだが、周氏の考證に依據して「召誥」の記述を前提とすれば、張載の禮思想（周氏はそれを「事天思想」と呼ぶ）が根據とするところは明瞭になる（ここまで『張載天人關係新說』一八八頁〜二六五頁を參照）。

「泰誓」はいはゆる僞古文尙書であるが、そのことについてここで問題とする必要は無いであらう。張載に「三代に復る」といふ主張があることは本書第一部第一章三で既に確認した。第二部第五章三に引いた司馬光の「答程泊淳書」にも、「子厚、平生の用心は、今世の人を率ゐて、三代の禮に復らしめんと欲する者なり」とある。朱熹の言ふ「橫渠の禮には古禮が多い」とは、張載の禮說が三代の禮を主要素とするものだと述べたことにならう。司馬光が「漢魏以下は蓋し法とするに足らず」（前引）と述べる通り、周代に根據があるならば張載がそれに依據するのは當然のことである。周氏の考察に從つて、張載の禮思想に復古主義的傾向が色濃く見られると判斷して問題無いと考へる。

五　復古思想と統治思想と

しかし統治思想と齟齬する主張を持つことは單なる考へ方の相違といふだけでは濟まない事態をも招き得る。林栗は朱熹との論争後まもなく、朱熹を彈劾した。葉適が朱熹を辯護し、胡晉臣が逆に林栗を彈劾して、林栗は中央から追はれた（『宋史』巻三百九十四、林栗傳）。儒學が統治原理を支へる思想である以上、儒學にまつはる學術思想の相違は單純に學術だけの問題では濟まないのである。[16]

張載が「宗子」といふことを强調するのは祭祀の繼承者をはつきりさせることで人人に宗族代代の繋がりを自覺させ、もつて朝廷への歸屬意識を確立するためである。[17]「西銘」において天子を宗子と見做すのは、かかる歸屬意識の表現だと考へ得よう。その限りでは、たとへば彈劾を受けるやうな危險思想だといふことはないはずなのだが、それでも張載自身あづかり知らぬ後世のことながら、右のやうな物議を釀した。

また本書第一部で既に觸れたが、張載は井田といふことを主張した。[18]先に引いた『經學理窟』禮樂、第十八條にも「民を養はんと欲すれば當に井田より始むべし」とあつた。公田一に民田八といふことをさほど强調しないところを見ると、その井田思想は『孟子』よりも『周禮』により重きを置いたものと思はれる。[19]そしてそれは純理論的主張ではなく、實踐に移す構想であつた。あらためて「行狀」の記述を引く。

嘗て曰く、「仁政は必ず經界より始む（『孟子』滕文公上）。貧富、均しからず、敎養、法無ければ、治を言はんと欲すと雖も皆、苟なるのみ。世の、行ひ難きを病む者、未だ始めより亟（しばしば）富人の田を奪ふを以て辭と爲さずんばあらず。然れども茲の法の行はれ、之を悅ぶ者、衆ければ、苟も之に處するに術有り、期するに數年を以てすれば、一人をも刑せずして復すべし。病む所の者は特（ただ）、上の未だ之を行はざるのみ」と。乃ち言ひて曰く、「縱ひ之を天下に行ふ能はざるも、猶ほ之を一鄕に驗すべし」と。方に學ぶ者と古の法を議し、共に田、一方を買ひ、畫して數井と爲し、上は公家の賦役を失はずして、退くに其の私正の經界を以てし、宅里を分ち、斂法を立て、儲蓄を廣くし、學校を興し、禮俗を成し、災を救ひ患を恤し、本を敦くし末を抑へ、以て先王の遺法を推し、當今の行ふべきを明かすに足らしめんとす。此れ皆、志有りて未だ就（な）らず。

清代の「乾隆重修鳳翔府志」「宣統郿縣志」などに張載が試みた井田の故地を錄するといふ。[20] 今日、陝西省横渠鎮の南郊、張氏墓へ向かふ尾根道の下に「横渠先生が井田を試驗した跡地」が殘る（張世敏先生の教示による）。「行狀」の記述だと實施には至らなかつたやうにも見えるが、ともかくも張載の井田思想が机上の議論にとどまるものでなかつたことは間違ひなからう。

井田への復歸といふ主張自體は漢代以降、普遍的に見られる。張載に近い時代に限定しても、張載より少し年長の李覯（一〇〇九〜一〇五九）は「周禮致太平論」の國用第四において、

井田の善を言ふ者、皆、均しければ則ち貧無く、各〻自ら足るを以てするなり。此れ其の一を知りて未だ其の二を知らず。必ずや人に遺力無く、地に遺利無く、一手一足も耕さざる無く、一歩一畮も稼せざる無く、穀、出づること多くして民用、富み、民用、富みて邦財、豊かなる者か。（『直講李先生文集』巻之六）

と述べる。井田が公平を保つのみならず、生産力を向上し、税収を豊かにするといふ主張である。

本書第一部で觸れた通り二程も井田を主張する。これについては後にも再度少し觸れる。張載が横渠鎮で講學中、同時期に新法を推進した王安石も、社會問題解決の方法として主張したのは『周禮』に見られる井田であつた。[21] 周知の通り北宋において官戸形勢戸による兼併が進み、貧富の差が擴大するとともに國家の税収にも深刻な影響を與へた。張載にせよ王安石にせよ、李覯と同じく、さうした社會經濟情勢を念頭に置きつつ、貧富を平準化し、徵税を平滑ならしめる方策として井田の實施を主張したのだと考へられる。王安石が新法において眞に意圖したのは貧富の平準化ではなく、自らも屬する士大夫すなはち中小地主階級の利權の確保および擴大であつたといふ見解もあるが、[22] 反面から言へばこのことは、意圖がどうであれ『周禮』に基づく井田への復歸が主張として普遍的であつたといふことの傍證ともなり得る。

張載は「井田は亦た他術無し。但、先に天下の地を以て棋布畫定し、人をして一方を受けしむれば、則ち自ら

是れ均し」（『經學理窟』周禮、第十條）と述べるが、當時の社會經濟情勢下で、天下の土地を一旦、國有化し、あらためて均等に配分する、などといふ政策が簡單に進むであらうか。姜國柱『張載的哲學思想』（遼寧人民出版社、一九八二年）が「この種のユートピア的空想は、もし假に實行されたとしても成功することはあり得ない」と主張する（該書百五十五頁）のに同意せざるを得まい。

張載の居住する陝西の地は、西夏と対峙する前線が近いといふ事情から糧草の調達に大きな利權が生じ、必然的に大規模な資本投下が行なはれた。いきほひ兼併も進んだと考へられる。(23) 張載にやや後れる畢仲衍（一〇四〇〜一〇八二）が記錄した典故の書、統計記錄の書である『中書備對』には基本的に元豐三年（一〇八〇）すなはち張載の沒後二年から三年程度の時期の統計を記すが、それによると陝西路の人口は主戸二百一萬五千四百三十六、客戶七十四萬六千三百六十八、計二百七十六萬一千八百四。これに對して耕作地は田四十四萬五千二百九十八頃三十八畝、官田一千八百五頃二十二畝と記錄される。(24) 戶籍上の人口に比して民田が多いのは歴代、關中に戰亂が多く、五代の後、宋朝が立つてから百年餘經過してもなほ民生が安定しなかつたためらしい。陝西では宋初から、官が低利で貸し付けを行なふ青苗錢の運用があり、王安石新法の青苗法に先だつて慶曆八年（一〇四八）からは繼續的に青苗錢が施行された。(25) 以て民の困窮が推察される。張載は生前、身近でかうした事態の進行を見たはずである。

兼併のもたらす不均衡を是正すべく王安石が新法で實施したのは井田ではなく方田均稅法であつた。隱田を無くし、稅の負擔を均等化することを目的とした法であつて、天下の土地を均等に配分するといふ話ではない。張載が橫渠鎭で講學生活を送つたまさに同時期、熙寧五年から施行され、秦鳳路すなはち關中ではおそらく熙寧七年に實施された。(26) これまた張載の身近で進行した事態である。

かうした事態を目前にしつつ、張載が主張したのは、言つてしまへば空想的な、「井田への復歸」といふ施策であつた。張載は橫渠に隱退しての講學中にこの施策を述べ、私的に實驗しようとした。もし假に任用中に井田の實施を主張し、また實行を試みたら、彈劾されたかどうかといふことはともかく、なんらかの形で阻止され、任を解かれるであらうことは容易に想像できる。換言すれば張載の井田思想は、任に無い者だから自由に展開できた思想だといふことになる。

『河南程氏遺書』巻十「洛陽議論」第五條に井田を巡る議論を錄する。その冒頭部に云ふ。

二程謂ふ、「地形、必ずしも寛平にして以て方を劃すべしと謂はず。只、算法を用ひて地畝を折計して以て民に授くべし」と。子厚謂ふ、「先に經界を正すを必す。經界、正しからざれば、則ち法、終に定まらず。地に坳垤の處有るも管せず、只、四標竿の中間の地を觀、平饒ならずと雖も、民に與へて害無し」

二程も井田說を奉ずるが、實施する場合には測地など地形に應じて柔軟に行なふことを主張する。これに對して張載は原則優先を主張する。この議論の後半に、

正叔言ふ、「議法、既に大いに備はる。却つて之を行ふ所以の道に在り」と。子厚言ふ、「豈に敢てせん。某、止、書を成さんと欲す。庶くは之を取る者の有らんことを」と。

といふやりとりがある。ここだけを見ると張載も強硬に井田の實行を唱へたのではないやうに思はれるが、「洛陽議論」は熙寧十年秋、禮院の職を辭して歸鄕する途中、洛陽に立ち寄つて二程と交した、張載逝去直前の議論である。右の語も死期を意識して「もはや自分で實施できないが、志を繼いで實施する人があつてほしい」といふ意味で述べたのだと讀むべきであらう。

張載の政治思想は『周禮』の理想を實現するといふ點において一貫したものであり、その根底には「横渠四句」に「生民の爲に道を立て」と表現された民本思想が存在するのであつて、井田思想も單に空論と呼ぶべきものではないといふ見解もある。(27) 意圖として尊重すべきものがあるといふことに異論は無いが、實現性といふ點からは、大方の先學と同じく、筆者も甚だ懷疑せざるを得ない。

六　道學と政術と

張載は古禮に基づいた日用の禮を制作した。「行狀」にその事情を記して云ふ。

近世、喪祭、法無し。喪は惟、隆を三年に致して、期より以下は未だ始めより衰麻の變有らず。先を祭るの禮、一に流俗を用ひ節序、燕褻にして嚴ならず。先生、繼いで期功の喪に遭ひ、始めて喪服を治め、輕重、禮の如くす。家祭、始めて四時の薦を行ひ、曲さに誠潔を盡す。聞く者、始め或は疑ひ笑ふも、終に乃ち信じて之に從ふ。一變して古に從ふ者、甚だ衆し。皆、先生、之を倡ふ。

張載は今の世の禮が禮の本質を失したものと考へ、是正して禮の本來に立ち返るといふ意圖のもとに、古禮に則つた禮を制作したのだと見て良いだらう。呂大臨の記すところに從へば、張載の古禮を閒近に見た人は、感銘を受けて自らも古禮を用ひることとなつたといふ。本章の始めに述べた、禮における身體性の重視が、それを直接的に感受可能な、身近にある人人には影響を與へたといふことになる。古禮の實踐には、一種、社會改良運動のごとき意味合ひもあつたのだと言ひ得る。このことについては本書第三部第二章で再度、論ずる。しかし前述の通り、朱熹によれば、張載の古禮は宋代の現狀には適合しないものであつた。

また政治思想としての禮といふ觀點からは井田を主張した。井田の前提となるのは封建である。前に引いた『經學理窟』周禮、第十條の後文に「井田は卒に封建に歸して乃ち定まる」、とあり、また『經學理窟』祭祀、第三十二條に云ふ。

井田にして封建ならざれば、猶ほ能く養ふも而も教ふる能はず。封建にして井田ならざれば、猶ほ能く教ふるも而も養ふ能はず。封建井田にして肉刑あらざれば、猶ほ能く教養するも而も使ふ能はず。然れども此れ未だ遽かに之を行ふべからず。

井田を實施するためには封建が前提となり、封建の下で井田が機能するためには肉刑の復活が必要だと考へる。しかし肉刑は基本的に遠く前漢に廢止され、それ以前に秦は封建を廢止して郡縣制による中華帝國を建てたわけで、井田を實施するためにはこれら以降一千年に及ぶ歴史を顚覆しなくてはならない。右に引いた『理窟』の言から見て、張載にも、それが直ちに實現できるものではないといふことは明かであつた。それゆゑにまづ個人として井田を實驗するといふ構想を生じたのであらう。

朱熹は張載の井田説を評價しない。『朱子語類』巻九十八、第百二十七條（楊方の錄）に云ふ。

横渠の述べるやうな井田は、結局わづらはしい。もし伊川が説を立てたなら、きつと簡易で通じやすい説となつたであらう。「古、必ずしも驗とせず」（『河南程氏遺書』巻二上、第一條。程頤の語）がもつともだとわかる。(28)

朱熹は地方行政に取り組み、王安石新法の青苗法に似た社倉法を設立し、乾道七年（一一七一）四十二歳の五月、故地である五夫里に社倉を立てた（『朱子年譜』巻一）。しかもそれが天下國家といつた廣範圍では實益の無い手法だといふことも心得て、實施する單位は地方の比較的狭い行政範圍とし、これを各地で實施することで成果を上げた。(29) 反面、紹煕元年（一一九〇）、知事として著任した漳州で經界法を行はうとしたが、地主階級の反撥を受けて蹉跌した（『朱子年譜』巻四）。さうした實務擔當經驗者の目で見たとき、張載の井田説が迂遠なものと映るのも當然であらう。『朱子語類』巻九十八、第百二十六條（陳淳の錄）に、

質問「横渠は「世の行ひ難きを病む者は、亟（しばしば）富人の田を奪ふを以て辭と爲す。然れども之に處するに術有り、期するに數年を以てすれば、一人をも刑せずして復すべきなり」（前引「行狀」）と謂ひましたが、井田の議論

が今日、行なはれないのは不思議です、これはどういうことでせうか」先生「講學の時はとりあへずかういふふうに講ずるのだが、もし實行しようとするならどうしても機會といふものが必要だ。大亂を經た後、天下に人が無いといふ狀態なら、田を殘らず政府所有とし、民に配分できる。唐の口分田世業田などは魏晉以來度重なる亂の極まつた結果だし、北魏及び北齊、後周なども機に乘じてはじめて均田を實施し得た。荀悅の漢紀の一段は正に此の意を說いて甚だ好い。もし泰平の世ならば本當に實行し難いだらう[30]」

とある。井田の理念を否定するのではないが、よほどの好機でもない限り實行には無理があるといふ見解だと讀み取り得る。『語類』卷九十七、第八十三條（陳淳の錄）には、

程先生は若い頃しきりと井田封建でなくてはならぬと說いたが、晩年になつてやはり實行は難しいと說いたことが、暢潛道の錄に見える。想ふにこれは先生が世故をいろいろ經歷し、事業が形勢として實行できないと覺つたのであらう[31]。

と述べる。暢潛道の錄とはすなはち『河南程氏遺書』卷二十五、伊川先生語であるから、程先生とはここでは程頤のことを指す。その『遺書』卷二十五、第九十四條に、

井田を必し、封建を必し、肉刑を必するは聖人の道に非ざるなり。善く治むる者は、井田を放ちて之を行ひて而も民、病まず、封建を放ちて之を使ひて而も民、勞せず、肉刑を放ちて之を用ひて而も民、怨みず。故に善く學ぶ者は聖人の意を得て其の迹を取らざるなり。迹なる者は、聖人、一時の利に因りて之を制するなり。

とある。『遺書』卷二十五は冒頭に「識る者、其の閒、先生の語に非ざる多きを疑ふ」と注する卷であるが、朱熹は一應、この條を程頤の語と認めたのであらう。內容としては前に引いた『經學理窟』祭祀、第三十二條への反駁、つまり井田、封建、肉刑に關する張載の見解が形式主義に過ぎることを批判した言辭と讀まれるものであるが、朱熹は、晩年の程頤が井田の實施を斷念した述懷としてこれに言及した。程頤のことを述べる口吻の中に、朱熹自身「世故」を經

て井田は非現實的だと覺つたらしいことが見て取られる。

反面、政治家として地方行政の實務に當る際、朱熹の心を最も強く牽引したのは「西銘」の「民は吾が同胞、物は吾が與なり」といふ言葉であつた[32]。『朱子語類』巻一百六、第七條（楊道夫の錄）には、南康にあつた時、士大夫の馬が庶民の子に重傷を負はせ、吏員が憚つて處罰を下さずにゐるのをとがめた故事を記す。その際、朱熹の脳裡にあつたのは「民胞物與」の句であつた。また同條、萬人傑の別錄には同じく「西銘」の「凡そ天下の疲癃殘疾惸獨鰥寡は皆、吾が兄弟の顚連して告ぐる無き者なり」を引いて劉清之をたしなめた經緯を記す[33]。張載の掲げた理念が朱熹を感奮させ、實務へと向かはせたのだといふことになる。

禮思想において、立脚點としての理念といふところでは、朱熹は張載から深い影響を受けた。しかし實用の禮、實際的な政治思想としての禮といふ點では、朱熹は張載の禮思想を非現實的なものとして斥けた。この様相は、張載の思想全體に敷衍し得るし、また朱熹以外の人における張載思想の受容についても引伸して考へ得る。思考の基礎となる概念の部分において、張載の提出した一氣の聚散による萬物の生滅、天地氣質の性といつた概念は、その後の宋明理學全般に渡つて長く影響した。反面、儒學として必要な、日用に密接した工夫の手法においては、張載の説は迂遠な説として遠ざけられた。この經過については續く第三部で檢討する。

張載は、

朝廷、道學政術を以て二事と爲す。此れ正に古よりの憂ふべき者なり。

と述べた（「答范巽之書」）。朝廷が實際といふことに拘泥し、學術的理念をないがしろにすることを憂へた言葉と讀まれる。反對に朝政の現場に携る者から見たなら、張載は理念ばかり先行し、實際を知らない學者と評價されたであらう。本書第一部で確認した通り、張載は中央に召されたが、短期間で去つた。道學と政術とは、張載自身の中でも容易に統合できるものではなかつたといふことになる。

本章の結び

張載は禮を天與の理念と捉へ、禮の實踐によつて天人合一を實現することを主張した。その禮は今禮ではなく古禮、儒學において一般的に理想とされる周代の禮でなくてはならない。失はれた古禮の細部については自ら制作までして實踐した。また古禮の理念に基づいて井田、封建といつた制度への復歸を主張した。それは宋代の現實とは相容れない主張であつた。

理念においては高邁で、同時代のみならず後代の人までも感奮させる。反面、實現性といふ點では大いに疑問がある。古禮を實施し、井田を實驗したのだから、實踐輕視とは言はれない。馮從吾が、關中には實踐躬行の士が多く、張載がその先を拓いたと稱する（『關學編』巻一）のも必ずしも不當ではないのだが、實踐に當つて宋代社會の現實に手法を適合させようといふ著意が見られない。張載の思想全體に見られる二面性が、禮という部面では理想と現實との乖離といふ形で發現したと評し得ようか。迂遠な實際家とも言はれようし、純粋な思索家とも言はれよう。

一般に道學先生は實務に疎いものとされるが、司馬光にせよ程頤にせよ、張載よりは長く政權に關與した。司馬光は山西の涑水司馬氏といふ累代同居の家と深い繫がりがある。[34] また『伊洛淵源錄』巻四の原注に引く尹焞の言によれば、程頤は親族八十餘口の面倒を見たといふ。[35] それに比して、本書第一部で指摘したことだが、張載は大規模な親族集團の中で生活した經驗を持たないやうに見える。さうした經驗の有無と、實務に携はる際の意識、限定的に言へば「人の生活に手を貸す際の實效性についての意識の持ちやう」といつたこととの間に、何か關聯が見られるといふことは有りしないかとも思ふが、生育歷、生活環境と思想との關係などといふことは畢竟、論證不可能なことではある。ただ思想史を見る上での背景考察の一部として意識しておくことは無意味ではないであらうと考へ、ここに記しておく。[36]

〔注〕

(1) 本書で既に觸れたものとしては菰口治「關學の特徴（Ⅱ）――「禮」を中心にして――」、山根三芳「張子禮說考」、三浦國雄「氣質變化考」、周贇『張載天人關係新說――論作爲宗教哲學的理學』などがある。本節ではさらに山根三芳「張橫渠の禮思想研究」（廣島大學文學部紀要二十四卷一號、一九六五年）、「張子禮說考（續）」（「哲學」第四十輯、一九八八年）を參照した。特に「關學の特徴（Ⅱ）」『張載天人關係新說』「張橫渠の禮思想研究」から大きな恩惠を受けた。

(2) 『經學理窟』義理、第五十六條に「學者信書、且須信論語孟子。詩書無舛雜。禮雖雜出諸儒、亦無害義處、如中庸大學、出於聖門無可疑者。禮記則是諸儒雜記、至如禮文不可不信。己之言禮未必勝如諸儒、如有前後所出不同、且闕之。記有疑議亦且闕之。就有道而正焉」とある。

(3) 前注に引く『經學理窟』義理、第五十六條の後半部とほぼ同文。

(4) 『宋元學案補遺』卷十八、橫渠學案補遺下に集める「橫渠語要」に同文を引く。『宋元學案補遺』は『儀禮經傳通解』または『欽定儀禮義疏』を典據としたものと推測される。

(5) 楊新勛『宋代疑經研究』（中華書局、二〇〇七年）百三十五頁～百三十八頁を參照。

(6) 原文：橫渠所制禮、多不本諸儀禮、有杜撰處。如溫公、却是本諸儀禮、最爲適古今之宜。

(7) 原文：叔器問四先生禮。曰、二程與橫渠多是古禮、溫公則大概本儀禮、而參以今之可行者。要之、溫公較穩、其中與古不甚遠、是七八分好。若伊川禮、則祭祀可用、婚禮、惟溫公者好。大抵古禮不可全用、如古服古器、今皆難用。

(8) 司馬光の禮說の特色については山根三芳「司馬光禮說考」（『森三樹三郎博士頌壽記念東洋學論集』朋友書店、一九七九年）を參照。『書儀』と朱熹の禮說、特に『文公家禮』との關係については上山春平「朱子の禮學――『儀禮經傳通解』研究序說――」（「人文學報」第四十一號、京都大學人文科學研究所、一九七六年）を參照。司馬光、程頤、朱熹の禮說の異同については緒方賢一「宋代の婚禮說について」（「立命館言語文化研究」第二十三卷第三號、二〇一二年）を參照。

(9) 『張子語錄』卷下、第五條に「禮文參校、是非去取、不待已自了當。蓋禮者理也、須是學窮理。禮則所以行其義、知理則能制禮。然則禮出於理之後。今在上者未能窮、則在後者烏能盡。今禮文殘缺、須是先求得禮之意、然後觀禮合此理者卽是聖人之制、不合者卽是諸儒添入、可以去取。今學者所以宜先觀禮者類聚一處、他日得理、以意參校」とある。

(10)陳澔『禮記集說』卷四に大同小康を評して「禮乃道德之衰、忠信之薄、大約出于老莊之見、非先聖格言也」と云ふ。

(11)『禮記集說』卷五十四、「禮運」の總說には「橫渠張氏曰、禮運本是一片段文字、混混然一大意、須是據大體而觀之、乃能見。若句句字字細碎求之、必不能得。嘗觀禮運、有時混混然、若身在太虛中、意思弘大、然不能得久。不惟禮運要作一大意觀之、如中庸儒行亦當如是。或謂間有害處、據大體觀之、自是大片段文字、以己心難包管盡他意。如天降甘露地出醴泉、若堯舜之世、實求此物、則安得也。但言其至和可致、不必須有此」とある。ここでの「太虛」は「廣漠たる空間」といった意味であって思想語彙とは異なるやうに思はれるが、ともかくも「禮運」に關する思考と「太虛」の語彙とは親和性が高いのだとは言へよう。

(12)たとへば「曲禮下」の「支子不祭、祭必告于宗子」に關して、『經學理窟』宗法、第二條に「宗子之法不立、則朝廷無世臣、且如公卿一日崛起於貧賤之中以至公相、宗法不立、既死遂族散其家不傳。宗法若立、則人人各知來處、朝廷大有所益」云云とある。『禮記集說』卷十四でも同文を「橫渠張氏曰」の下に引く。他方、『河南程氏遺書』卷十七（伊川先生語）の第四十七條に「宗子之法不立、則朝廷無世。宗法須是一二巨公之家立法。宗法立、則人人各知來處」とあり、續く第四十八條には「宗子者、謂宗主祭祀也」とある。程頤がまづ張載の言を引き、次いで補足を述べたのが連續する二條として記錄されたのかもしれぬが、豫備知識無しに接すれば、二條とも宗子の法に關する程頤の意見としか讀まれないであらう。なほ魏濤『關洛之辨——宋代關洛學派思想關係研究』（中國社會科學出版社、二〇二二年）ではこの言辭を程頤のものと解する（該書一七八頁）が、筆者は『禮記集說』に從つて張載の言辭と解する。

(13)『經學理窟』祭祀、第一條にほぼ同文がある。

(14)「天人合一」の觀念については山根三芳「張橫渠の天人合一思想」（『日本中國學會報』第十九集、一九六七年）を參照。また西順藏「張橫渠の思想——「天地」という世界——」（『西順藏中國思想論集』筑摩書房、一九六九年）、木下鐵矢「張載の思想について——「大」と「聖」——」（『中國思想史研究』第四號、一九八一年）を參照。

(15)林栗の著書に『周易經傳集解』がある。

(16)土田健次郎「宋代士大夫の營爲はいかに研究されるべきか——余英時『朱熹的歷史世界—宋代士大夫政治文化的研究—』をめぐって——」（『中國—社會と文化』第二十四號、二〇〇九年）を參照。

(17)前注（12）に引いた『經學理窟』宗法、第二條など。宗子の法に關する張載の見解については先學の業績のうち、特に菰口治「關學の特徵（Ⅱ）——「禮」を中心にして——」を參照。

(18)『經學理窟』周禮、第六條「井田至易行。但朝廷出一令、可以不笞一人而定」以降、詳細に井田のことを述べる。これについても菰口治「關學の特徵（Ⅱ）」を參照。

(19) 井田思想の歷史上における諸相については渡邉義浩「井田の系譜――占田・課田制の思想史的背景について――」（『中國研究集刊』致號、二〇〇五年）を參照。

(20) 張波『張載年譜』六十八頁。

(21) 宇野精一「中國古典學の展開」を參照。

(22) 王曾瑜「王安石變法簡論」（『中國社會科學』一九八〇年第三期）を參照。

(23) 河原由郎『北宋期・土地所有の問題と商業資本』（西日本學術出版社、一九六四年）二百十五頁以降「北宋期、陝西路における土地所有の問題と商業資本」を參照。

(24) 馬玉臣輯校『《中書備對》輯佚校注』（河南大學出版社、二〇〇七年）五十八頁～六十五頁を參照。

(25) 周藤吉之『宋・高麗制度史研究』（汲古書院、一九九二年）所収「王安石の青苗法の起源について」（該書百二十九頁～百六十九頁）を參照。

(26) 周藤吉之「北宋に於ける方田均稅法の施行過程――特に王安石・蔡京の新法としての――」（『日本學士院紀要』第十卷第二號～第三號、一九五二年）、『宋代史研究』（東洋文庫、一九六九年）所収「王安石の新法とその史的意義――農民政策を中心として――」（該書一頁～二十五頁）を參照。

(27) 李蕉『張載政治思想述論』（中華書局、二〇一一年）を參照。

(28) 原文：橫渠若制井田、畢竟繁。使伊川爲之、必簡易通暢。觀「古不必驗」之言可見。

(29) 友枝龍太郎『朱子の思想形成（改訂版）』三百七十四頁～三百八十五頁を參照。

(30) 原文：問、橫渠謂、世之病難行者、以亟奪富人之田爲辭、然處之有術、期以數年、不刑一人而可。復不審井議之行於今果如何。曰、講學時且恁講、若欲行之須有機會。經大亂之後、天下無人、田盡歸官方、可給與民。如唐口分世業、是從魏晉積亂之極、至元魏及北齊後周、乘此機方做得。荀悅漢紀一段、正說此意甚好。若平世則誠爲難行。

(31) 原文：程先生幼年屢說須要井田封建、到晚年又說難行、見於暢潛道錄。想是它經歷世故之多、見得事勢不可行。

(32) 楠本正繼『宋明時代儒學思想の研究』二百四十六頁～二百六十七頁を參照。

(33) 原文：道夫言、察院黃公鍰（字用和）剛正、人素畏憚、其族有縱惡馬踏人者、公治之急、其人避之惟謹、公則斬其馬足以謝所傷。先生曰、某南康臨罷、有躍馬於市者、踏了一小兒將死、某時在學中、令送軍院、次日以屬知錄、晚過廨舍、知錄云、早上所喩、已栲治如法、某既而不能無疑、回至軍院、則其人冠屨儼然、初未嘗經栲掠也、遂將吏人并犯者訊、次日、吏人杖脊勒罷、偶一相識云、此是人家子弟、何苦辱之、某曰、人命所係、豈可寬弛、若云子弟得躍馬踏人、則後日將有甚於此者矣、況州郡乃朝廷行法之地、保佑善良、抑挫豪横、乃其職也、縱而不問、其可得耶、後某罷、諸公相餞於白鹿、某爲極口説西銘民吾同胞物吾與也一段、今人爲秀才者、便主張秀才、爲武官者、便主張武官、爲子弟者、便主張子弟、其所陷溺一至於此。（賀孫聞之先生云、因出謁回、即使吏杖之譙樓下、方始交割。道夫。人傑錄云、因説劉子澄好言家世、曰、某在南康時、有一子弟騎馬損人家小兒、某訊而禁之、子澄以爲不然、某因講西銘凡天下疲癃殘疾惸獨鰥寡吾兄弟顚連而無告者也、君子之爲政、且要主張這一等人、遂痛責之、大概人不可有偏倚處）

（34）稻葉一郎「司馬光の少年期における家庭環境と教育」（「人文論究」第四十三卷第二號、一九九三年）を參照。

（35）『伊洛淵源錄』卷四、「伊川先生年譜」において、程頤の死を記した後の原注に「尹焞曰、先生之學本于至誠。……以家事自任、悉力營辦、細事必親、贍給內外親族八十餘口」とある。

（36）菰口治「關學の特徴——特に地理的關係において——」に指摘するところであるが、明の人、胡侍の隨筆『眞珠船』卷二に「關中無舊族」といふ項目があり、史書の記載に依りつつ、古來、關中は戰亂、飢餓に見舞はれること多く、ために舊族が根を張ることが無かつたのだと述べる。思想の背景要因として記憶しておくべきことであらう。

第三部　宋明理學の中の關學

前の第二部では思想術語、經傳の語句などのトピックを探査の基準とし、それに關する張載の見解が思想史的に如何なる意味を有するのかといふことを探究した。次いで、直接的に張載の教へを受けた門弟、具體的には呂大臨の思想までを「關學」といふ一つの範疇と見做し、關學の學說が宋明理學の流れの中で如何に扱はれたかといふことを檢討したい。引き續き或るトピックを定めて、そのトピックに關する關學の學說が思想史的に擔つた役割を追ふことを繰り返すので、章が改まるごとに論が卷き戻るかのやうな敍述になる場合もあるが、必要に應じて重複を厭はず論述する。

第一章　道學における「氣」の性格

はじめに

眞德秀『西山讀書記』卷二に云ふ。

朱子曰、性猶太極也、心猶陰陽也、太極只在陰陽之中、非能離陰陽也、然至論太極自太極、陰陽自陰陽、性與心亦然、所謂一而二、二而一也、氣之流行、性爲之主、性之流行、心爲之主。

右のうち「性猶太極也」から「二而一也」までは『朱子語類』卷五に見える朱熹の言。しかし「氣之流行、性爲之主、性之流行、心爲之主」の十六字は胡宏『知言』事物篇第八條の言辭である。この直前、眞德秀は胡宏の言葉を引き、次いで朱熹の語と比較する。その過程で右の引文となる。この十六字が胡宏の言辭であることに眞德秀が氣づかなかつたとは考へ難い。實は朱熹自身が「明道論性説」(『朱文公文集』巻六十七)において、『知言』の句の前半、すなはち「氣之流行、性爲之主」を特に斷りもなく引用してゐる(後述)ことを考へると、眞德秀の書きぶりも全く無根據のことといふわけではないのだが、かうして十六字すべてを「朱子曰」の下に書き竝べてしまつたのでは、この論述全てが朱熹の發話であるかのやうに讀まれてしまふ。不用意といふか、ひどく紛らはしい書き方であると言はざるを得まい。

一般的な知見から言へば胡宏および胡宏に代表される湖南學に關して、朱熹は批判的に受容した、すなはち影響されながらも全面的には贊同しなかつたはずである。また眞德秀は朱子學を改變した人ではなく、恪守した人として知られる。

かうした三者の關係を前提として右の引用に接するなら、まづ朱熹が如何なる意圖をもつて自己の著述に胡宏の言を引用したのかといふことが興味の對象となる。次いでなぜ眞德秀が朱熹の言を引くに當つてかかる不用意な書き方をしたのかといふことも注意を惹く。そしてその言辭に氣、性、心といつた文字が見られるのであるから、これらの疑問はつまるところ胡宏、朱熹、眞德秀、それぞれの氣に關する意見、心性に關する意見の異同如何の問題といふことになる。

本章では『知言』から朱熹が引いた箇所に著目して、氣に關する胡宏の見解についての檢討を行なひたい。無論、胡宏は家學として胡安國の春秋學を承けた人ではあるが、理氣心性に關する思想といふ點からすれば、周敦頤、張載、二程子、謝良佐といつた儒者の影響下にある。(1) これらから胡宏に至るまでの氣に關する見解を知ることは、とりもなほさず北宋のいはゆる道學における氣の思想の流れを知ることにならう。本章では北宋道學諸儒の、氣に關する思想を一瞥し、次いで胡宏の氣論について檢討し、それを朱熹の氣論と對照させることで、道學における氣の意味合ひに關する認識を得ることを目的とする。

一　北宋道學諸儒の氣論

周敦頤は「太極圖說」において「無極之眞、二五之精、妙合而凝。乾道成男、坤道成女。二氣交感、化生萬物」と述べた。中國の傳統的通念として、萬物は氣の聚合によつて形成される。周敦頤の言辭は、この通念に『易』の陰陽を揉合したものと見られよう。『通書』順化第十一に「天以陽生萬物、以陰成萬物」とあり、理性命第二十二に「二氣五行、化生萬物。五殊二實、二本則一。是萬爲一、一實萬分。萬一各正、小大有定」と述べるのも、同樣の意味合ひかと思はれる。

しかしながら周敦頤の氣論については、その遺著の少ないこともあり、その眞意は必ずしも明瞭でない。「太極圖說」の氣論は生成論的にも存在論的にも修養論的にも解釋可能であり、周敦頤の眞意がいづれであるのかといふことは容易に決定し得ないやうに思はれる。[2] とりあへず一般的な宋明理學史に係る言說において「理學開山」と稱せられる周敦頤の氣論が、『易』における陰陽の氣を踏まへたものであるといふことだけは確認できよう。

張載は心性論において「氣質の性」(『正蒙』誠明篇第二十二條) なる概念を提唱し、爲學の目的を「氣質を變化する」(『經學理窟』義理、第二十九條) ことに置いた。儒家思想における氣の概念として、陰陽の氣のほかに、『孟子』に見られる「浩然の氣」「夜氣」といつた心的能力、心的エネルギーとも稱すべき氣の概念が有る。本章では假にこれを內面の氣と呼ぶ。張載は『孟子』を踏まへて氣を心性論にまつはる思想的術語としたのだと言へよう。

他方張載は傳統的通念上の氣、すなはち聚散して萬物を生滅させるところの氣についても、はつきりした見解を述べる。『正蒙』太和篇第七條に「氣、聚まれば則ち離明、施し得て形有り。氣、聚まらざれば則ち離明、施すを得ずして形無し」とあつて、視覺で捉へ得る有形の物體は氣の聚合によつて形成されるといふことを明瞭に述べてゐる。このやうな意味での氣を、本章では假に外形の氣と呼ぶ。無論、兩種の氣が存在するのではなく、どちらも同じく一氣である。本章で注目するのは、氣のどちらの面をより重視するかといふ、思想上の傾向である[3]。

張載にあつては、內面と外形と、どちらも考察の對象として重視される。『正蒙』誠明篇、中正篇などでは內面の氣について詳論し[4]、他方、參兩篇、動物篇などでは自然觀察の結果に基づくと思しき外形の氣に關する考察が展開される[5]。そして太和篇、乾稱篇において、この兩者の一體化、ひいては我と萬物との一體化が圖られる[6]。張載は氣の散じた狀態を太虛と呼び[7]、あはせて聖人を至虛なる者と定義するから[8]、結局、氣を通じての萬物一體觀を述べたのだと考へられる。

かやうに氣を萬象の根源と考へ、かつ氣の外形的側面を重視するならば、いきほひ氣そのものの根源に關する考察が必要となる。『正蒙』太和篇第三條に、

> 氣の物たる、散じて無形に入り、吾が體を得るに適ふ。聚まりて有象と爲り、吾が常を失はず。太虛は氣無き能はず。氣は聚まりて萬物と爲らざる能はず。萬物は散じて太虛と爲らざる能はず。是れに循ひて出入するは、是れ皆、已むを得ずして然るなり。

とある。ここで張載は氣が太虛と萬物と、兩樣の狀態を繰り返し經過すると述べる。從つて氣それ自體は不生不滅のものとなり、その氣論は循環論的色彩を帶びる（本書第二部第一章）。太和篇第四條に「聚も亦た吾が體なり。散も亦た吾が體なり。死の亡ならざるを知る者は、與に性を言ふべし」とあるのを見れば、張載の氣論が氣の不生不滅と循環とを前提とすることが判然する[9]（同）。

二程、すなはち程顥、程頤兄弟は張載の甥に當り、かつ講友でもあつた。しかしその氣論は必ずしも張載と似ない。『河南程氏遺書』卷六、第四十三條に「有形は總て是れ氣、無形は只是れ道」とあるのは氣の外形的側面を意識し

たものであらうが、『遺書』卷五、第四十條に「萬物の始、皆、氣化なり。既に形して、然る後、形を以て相禪れば、形化有り。形化、長ずれば、則ち氣化、漸く消ゆ」と云ふのを見れば、氣と形體の發現との間に斷絶を生ずるもののやうでもある。[10]程頤は『遺書』卷十五、第四十二條で「浩然の氣は、既に氣と言へば、則ち是れ大段形體有るの物」と述べる。氣が形體をかたちづくること、疑を容れないのであるが、氣が如何に聚合して有形の物を形成するのか、といつた方面には論が及ばない。これを同第百三十九條の「志は氣の帥なり。若し浩然の氣を論ずれば、則ち何すれぞ志と爲さん。志、之が主たりて、乃ち能く浩然の氣を生ず。志、焉に至り、氣、焉に次ぐ。自ら先後有り」といふ言辭と竝べてみれば、氣は存在の根源といふほどの重たい意味を與へられてゐないもののやうに見える。

『遺書』卷一、第五十六條に、

生を之れ性と謂ふ。性は卽ち氣なり。氣は卽ち性なり。生を之れ謂ふなり。人、氣稟に生じ、理として善惡有り。然れども是れ性中に元、此の兩物有り、相對して生ずるにあらざるなり。幼きより善なる有り、幼きより惡なる有り、是れ氣稟、然有るなり。善は固より性なり。然れども惡も亦た之を性と謂はざるべからざるなり。

とある。ここで性と氣とが直結されるのを見れば、程子が氣を論ずる場合、內面の氣をより重視するのだと判斷できよう。[11]

程子の遺著からは、氣そのものの根源に關する觀念を見出し難い。『遺書』卷十五、第百六十一條に「眞元の氣は、氣の由りて生ずる所」と言ひ、すぐに續けて「外氣と相雜らず、但外氣を以て涵養するのみ」と言ふのを見れば、外形の氣を輕視すると稱して差支へあるまい。[12]『遺書』卷一、第二十九條に祭祀を論じて「蓋し人の魂氣、既に散ずれば、孝子、神を求めて祀るも、尸無ければ則ち饗せず、主無ければ則ち依らず。……魂氣、必ず其の類を求めて之に依る」とあるが、『遺書』卷三、第六十一條には「魂を精魂と謂ふ。其の死するや魂氣、天に歸す。消散の意なり」ともある。人の死後、氣は散じて消滅してしまふのだと述べるのであるから、祭祀に感格があるといふことも氣の不滅を意味しないことになる。要するに氣の根源も、散じた後の氣の行方も、程子の關心の對象とはなつてゐない。程子は氣論において內面の氣を重視するのだと判斷して良からう。『遺書』卷五、第四十三條には「張兄、氣を言ふは、自ら是れ張兄の作用。標を立てて以て道を明かにす」とある。同じ氣といふ術語を用ひても、張載と程子とでは關心の方向は異なるのだと考へられる。

呂大臨は張載の下で學び、張載の死後は二程に師事し、程頤から「呂大臨は張載の學を守ること甚だ堅固である」と稱せられた。呂大臨は『禮記』中庸の「鬼神之爲德、其盛矣乎」に注して、

往は屈なり。來は伸なり。屈する所の者、亡びず。伸ぶる所の者、息む無し。鬼神は形無し。故に之を視れども見えず。聲無し、故に之を聽けども聞えず。然れども萬物の生、氣有らざる莫し。氣なる者は神の盛なり。魄有らざる莫し。魄なる者は鬼の盛なり。故に人も亦た鬼神の會のみ。鬼神なる者は、二氣の往來のみ。物、感ずること微なりと雖も、二氣に通ぜざる無し。(『禮記集說』卷百二十八所引)

と云ふ。張載と同樣、鬼神を氣に結びつけ、氣の不滅を主張するもののごとくである。ただしこのすぐ後に、

故に人、是の心有り。自ら隱微と謂ふと雖も、心、未だ嘗て動かずんばあらず。動けば則ち固より已に氣に感ず。鬼神、安んぞ見ざる有らんや。其の心の動、又、必ず聲色擧動の閒に見はる。人、閒に乘じて以て之を知るは、則ち感の著なる者なり。

と續く。鬼神論が物の存在に關する認識の方へ發展するのではなく、人心のあり方といふ方面へ延びて行く。

また『禮記』緇衣に注して

天、人物を生ずる、流形異なりと雖も、同じく一氣のみ。人なる者は一氣を合して以て體と爲し、本物我の別無し。(『禮記集說』卷百四十二所引)

と述べるのは、外形の氣による一元論を主張するもののやうに見える。しかしそのすぐ後に續けて、「故に孺子、

將に井に入らんとすれば、人皆、怵惕惻隱の心有り。外より鑠かるるに非ざるなり」とある。生成論が直ちに心性論へと結びつく、換言すれば、氣論が、外形から離れて直ちに內面へと向ふのだと稱して良からう。張載の學を固守したといふ呂大臨にしてそのやうな傾向が見られるのだとすれば、道學諸儒が氣を論ずる場合、外形の氣よりも內面の氣を重視するのがより一般的傾向だと言ふことが可能になる。

謝良佐（字は顯道。上蔡先生）は呂大臨などと竝んで程門の四先生と稱せられた人である（『宋史』巻四百二十八）。謝良佐は『論語』爲政「其の鬼に非ずして之を祭るは諂ふなり」に注して「陰陽交りて神有り、形氣離れて鬼有り」と述べ（『論語精義』巻一下所引）、張載の「鬼神は二氣の良能」（『正蒙』太和篇第十二條）を意識しつつも、形體よりはむしろ精神的な方向で氣を論ずる。また心を論じて『論語』泰伯「容貌を動かし、顏色を正し、辭氣を出だす」に說き及び、「辭氣を出だすなる者は、此の廣大の心中より流出するなり」と述べる（『上蔡語錄』巻上、第六條）。「氣を養つて壽命を延ばせば人が天に勝つたことになる」といふ疑問に對しては「一氣に外ならざるのみ」（同第四十七條）で片づけてしまふ。萬物が氣によつて形成されることは當然の前提であり、氣の有り樣を論ずる際にはもつぱら內面の氣が問題とされるのだと解釋できる。鬼神ならびに祭祀を論じて「祖考の精神は便ち是れ自家の精神なり」と斷ずる（同第三十條）のは、祖先の形體を形成した氣が今もなほ虛空に漂つてゐる、といつた意味ではなく、我が心の至誠が天地に通ずることで感格が生ずる、といつたことを述べたものであらう。かく氣論において內面の氣を重視する謝良佐の學は、胡安國を經て胡宏へと連なつてゆく。

以上、粗略ながら北宋道學諸儒の氣論を一瞥した。氣は張載によつて思想的な意味を與へられたが、その後の諸儒にあつて外形の氣はさして重視されず、思想的な意味合ひをこめて論議の對象となるのはもつぱら內面の氣であつた。氣の聚散によつて萬物が生滅することにはたれも疑を挾まなかつたであらうが、氣そのものの根源については特に問題とされない。外形の氣、ひいては客觀的實在としての世界の構造に關する思索は、張載以外の北宋道學諸儒の關心を、さほど惹かなかつたのだと考へてよからう。世上言はれる、儒家の、あるいは士大夫の關心がただ圓滿な人格の完成をのみ指向し、自然科學の方面には向はうとしなかつたといふ指摘[13]が正鵠を射たものであるとするなら、道學諸儒が氣の外形的側面に重きを置かず、內面的側面を重視するのも當然のことであつたのだと考へられる。

二　胡宏の氣論

以上の考察を前提として、あらためて『知言』事物篇第八條の言辭について考へてみたい[14]。

氣の流行するは、性之が主たり。性の流行するは、心之が主たり。

ここで胡宏は氣、性、心の關係を論じて、性が氣の主宰であり、心が性の主宰であると述べる。すなはち最も重視されるのは心なのであるから、ここに見られる氣も內面の氣なのではないかと考へられる。

しかし氣には外形の氣といふ側面も存することを無視できない。おそらくはそのことを意識してのものであらうか、牟宗三『心體與性體』では『知言』のこの條を釋して、性を「客觀性原則」「自性原則」、心を「形著原則」と規定し、「氣の流行」における「流行」は實說であるのに對して「性の流行」は流行にして流行にあらず、虛說であるのだと解する。「主」の意味も前後で異なり、性が氣の主であるといふのは存在論的な意味であるのに對して、心が性の主であるといふのは主觀と客觀との圓頓義について述べたものだとする（該書第三部第三章）。重厚な解釋ではあるが、わづか四句十六字の言辭を解するのに、ここまで複雜な概念操作が必要なのであらうかとの疑念も禁じえない[15]。

『知言』仲尼篇第二條の冒頭部には、

氣は性に主べられ、性は心に主べらる。心純なれば、則ち性定まりて氣正し。氣正しければ、則ち動きて差はず。動きて差ひ有る者は、心未だ純ならざるなり。

とある。この「氣は性に主べられ、性は心に主べらる」は事物篇第八條と同内容のことを縮約して述べたものであらう。黄臺玹「胡五峰的心性論」（『早期道學話語的形成與演變』安徽教育出版社、二〇〇七年）では、この條に見られる氣を「萬物生長變化的物質載體」と解する。さらに、胡宏のいはゆる性に本體としての性と個個人の性との二重性が見られるといふことを前提として(16)、事物篇第八條と仲尼篇第二條とを竝列させた上で、「氣主乎性」「氣之流行、性爲之主」の性は宇宙の本體としての性であり、「性主乎心」「性之流行、心爲之主」の性は心の本然の狀態としての性であるのだと解釋する。氣の外形的側面を意識した上で、これと心性論との關連を平滑ならしめようとする解釋であるかと見えるが、これまたさう長くもない言辭に對する解釋として巧緻に過ぎるのではないかとの疑念を生ずる。

如上の疑念に對する答は、實は仲尼篇第二條それ自體の内に用意されてゐる。この條は些か長文に屬するので全文は別に掲げる(17)。前引冒頭部の後、胡宏は告子の心内義外の説を批判し、次いで北宮黝、孟施舍、曾子、孟子といつた人名を列擧して、彼らの心と氣との在り方について述べる。これは言ふまでもなく『孟子』公孫丑章句上第二章、かの「不動心」「浩然之氣」について論じた章を踏まへての言辭である。該章において孟子は、告子の「言に得ざれば心に求むる勿れ。心に得ざれば氣に求むる勿れ」といふ言葉を取り上げて、その前半部を否定した上で、「夫れ志は氣の帥なり。氣は體の充なり」と述べる。趙注に「氣は、形體に充滿し喜怒を爲す所以なり」とあるから、ここでの氣は形體を構成する元素といふ面を否定しないまでも、それ以上に情動の具象化、すなはち内面のものとして意識されなくてはなるまい。それゆゑ胡宏が『孟子』の該章によつて自己の議論を展開してゐることは、とりもなほさずこの條における氣が孟子的な意味での氣、すなはち內面の氣であることの證となる。ちなみに『心體與性體』執筆時において牟氏はこの仲尼篇第二條を見てゐない[18]。

かうした目で見ると、事物篇第八條の「氣の流行するは、性之が主たり」なる言辭は、「情動の具象化としての氣の流れは、性によつて統御される」といつた意味の言辭であるといふことにならう。胡宏がこれらの言辭で述べるのは、心に內包される性、性が外物に感じて發する情動の具象化としての氣、といふ人間の內面に重きを置いた內容であり、性は、萬物の根源といふ意味ではなく、一貫して心の本然の狀態を表現する語として用ひられてゐる。從つてこれらの言辭における「性」の含意を、本體論的な性と心の本然としての性との二種類に切り分けて巧緻に解釋する必要は無い。注意すべきはむしろここで胡宏が氣といふ語を內面の氣の意味で使用してゐることの方であらう。

そこであらためて『知言』における氣の用例を探してみると、

物の生死は理なり。理なる者は、萬物の貞なり。生聚して見るべければ則ち有と爲し、死散して見るべからざれば則ち無と爲す。（陰陽篇第五條）

聚りて見るべき有る、之を有と謂ふ者は、其の目に有るを知る。故に散じて見るべからざる者は、之を無と謂ふ。（好惡篇第十三條）

など張載からの影響が強く感じられる言辭も存する。しかしかういつた外形の氣に結びつき得る議論はむしろ少數に屬し、

萬物は天より生じ、萬事は心に宰せらる。性は天の命なり。命は人の心なり。而して氣、其の閒に經緯し、萬變著見して掩ふべからず。或は之をしてしからしむる莫し。鬼神に非ずして何ぞや。（修身篇第十三条）

氣、物に感じ、發すれば奔霆の如く、狂、制すべからず。惟だ明者のみ能く自ら反り、惟だ勇者のみ能く自ら斷ず。

（事物篇第十一條）

情、一たび流るれば則ち遏め難し。氣、一たび動けば則ち平にし難し。（一氣篇第九條）

など、心性論的もしくは修養論的な意味での氣、すなはち內面の氣に關する言辭の方が目立つ。また一氣篇第四條に「一往一來して窮まる無き者は、聖人の大道なり。往きて復た來り、來りて復た行くを謂ふは、釋氏の幻敎なり」とあつて、循環論は採らないことを明言するが、氣の根源や散じた後の氣の行方に關しては、特に論を立てない。この點から外形の氣に關しては相對的に關心の程度が低いことが推測される。

無論、胡宏にあつても氣が萬物の形象をかたちづくるといふ古來の通念は不動の前提とされてゐたであらう。ただそれが論議の對象として意識されることは少なく、意識的に氣が取り上げられるときには內面の氣の意味が重視される。このことは本章の「一」で一覽した北宋道學諸儒の氣論に見られる傾向と一致する。北宋から南渡期までを通じて、張載を除く道學諸儒の、氣に對する關心はもつぱら內面の氣に向つてゐたのだと判斷できよう。

三　朱熹および眞德秀の氣論

本章冒頭部に既述の通り、朱熹は「明道論性說」に『知言』事物篇第八條の前半部を引用した。この著述は題名に明かなごとく程顥の性說、具體的には本章で既に引いた『河南程氏遺書』卷一、第五十六條、「生を之れ性と謂ふ」に始まる言辭に關する朱熹の意見を述べたものである。『遺書』のこの條自體が長文なので、全文を別に掲げておく。[19] 朱熹はこの條を五段に分ち、逐次意見を述べる。その第二段、「人、氣稟に生じ」より「之を性と謂はざるべからざるなり」までの部分について朱熹は云ふ。

稟くる所の氣、必ず善惡の殊有る所以の者、亦た性の理なり。蓋し氣の流行するは、性之が主たり。其の氣の或は純、或は駁なるを以てして善惡分かる。故に性中、本二物有りて相對するに非ざるなり。然れども氣の惡なる者、其の性亦た善ならざる無し。故に惡も亦た之を性と謂はざるべからざるなり。先生又曰く、善惡、皆天理なり、之を惡と謂ふ者は、本惡なるに非ず、但、或は過ぎ或は及ばざれば便ち此の如し、と。蓋し天下、性外の物無し、本皆善にして惡に流るるのみ。

既述の通り「氣の流行するは、性之が主たり」は『知言』事物篇第八條よりの引用。「先生又曰」に續く部分は『河南程氏遺書』卷二上、第十一條に見える程顥の言辭である。

朱熹がこれを書いたのがいつのことであるのか、確定するだけの材料は見つからない。朱熹は隆興元年（一一六三）または二年、すなはち三十四五歳のをりに張栻と相識り[20]、隆興二年九月には『知言』を得た（『朱文公文集續集』卷五、與羅參議書四）。朱熹と胡宏との間には、これ以前から胡憲を通じての間接的接觸があつた（『朱文公文集』卷八十一、跋胡五峰詩）とはいへ、常識的に考へて、朱熹が『知言』の言辭を全く知ることなく獨自に同一の語句を記したとは思はれない。

その後、乾道二年（一一六六）三十七歳の時、張栻とともに周敦頤、張載、程子の遺書を校訂し、乾道五年、四十歳で「已發未發説」を書いてその學説の定立を見る。そして乾道七年、四十二歳で「胡子知言疑義」を完成させた[21]。「明道論性説」「已發未發説」ともに『文集』卷六十七に收める。憶測の域を出ないが、三十五歳で『知言』を得た時よりは後、四十歳で自説を確立した前後の著述と見て支障なからう。なほ『朱子語類』卷九十五を見るに、程顥のこの言は朱熹の教團において繰り返し話題に上つたらしいが、「明道論性説」への直接的言及は、第四十二條、沈僩の錄に見える。そこにおいて朱熹は今や舊著となつた「明道論性説」の言辭に特段の訂正を加へない[22]。この點からは、この著述が學説定立後のものである可能性が高いと言ふことが可能であらう。

程顥は『孟子』告子章句上に見える告子の言葉をむしろ是認するやうに生と性とを結びつけ、その流れから形而下において生を形成する氣も直接、性に結びつける。言ふまでもなく朱熹にあつては「性は卽ち理」であり、理は氣上に安頓して氣無しには發現し得ないとはいへ、氣そのものではない。從つて性と氣とを同一視することはできない。他方、程顥の言を誤謬なりと片づけるわけにもゆかぬので、自說と程顥の言との調停を圖つたのがこの著述であらう。程顥が前提とする「性は卽ち氣なり」を、氣稟の生と、生の原理としての性と、朱熹なりに腑分けする過程で「氣の發現流行を主導するのは性である」といふ胡宏の言を援用したものと思はれる。

しかし胡宏がこの言辭で述べる氣とは、上述のごとく內面の氣であり、そして程顥のここにいはゆる氣も、おそらくは內面の氣のことであらう。他方、朱熹は「明道論性說」の第一段で、

天の萬物に付與する者、之を命と謂ふ。物の天より稟受する者、之を性と謂ふ。然れども天命流行するは、必ず二氣五行、交感凝聚して、然る後、能く物を生ずるなり。性命は形而上の者なり。氣は則ち形而下の者なり。形而上の者は、一理に渾然として不善有る無し。形而下の者は則ち紛紜雜揉、善惡分るる所有り。故に人物旣に生ずれば則ち此の稟けて以て生ずる所の氣に卽き、而して天命の性存す。此れ程子の、告子の生をこれ性と謂ふの說を發明して、性は卽ち氣、氣は卽ち性なる者を以て之を言ふ所以なり。

と述べる。氣の、情動の具象化といつた面を無視するのではないが、聚散して形體を生滅させる、外形の氣といふ面の方をより強く意識した言辭である。本章冒頭部に原文を示した『西山讀書記』卷二に引く『朱子語類』卷五、第四十三條の語、

性はちやうど太極のやうなもの、心はちやうど陰陽のやうなものだ。太極はただ陰陽の中にだけ在り、陰陽を離れることはできない。しかし突き詰めて論ずれば、太極はおのづから太極、陰陽はおのづから陰陽である。性と心との關係もかうしたもので、いはゆる一にして二、二にして一といふことだ。（劉砥の錄）

にしても、心性の關係を論ずるのに太極と氣とで喩へる、すなはち心性を論ずる際に太極と氣とが譬喩の媒介として對象化されるのであるから、その限りでは氣はむしろ心性論からはやや離れたところで意識されることになる。

外形の氣を重視するといふことの一つの現れとして、朱熹は人の生死や祭祀の問題も氣の概念によつて説明しようとする。[23] しかし同時に張載の循環論を「大輪廻」と斥け、散じた氣が再び聚合することは無いと考へる。「生生之謂易」「維天之命、於穆不已」といつた古來の生命觀からすれば循環論を斥けるのは當然のことであるのだが、その結果として氣の行方と祭祀における感格との間に矛盾を生じ、これを上手く解消できなくなつたやうに見える（本書第二部第一章）。とはいへそれは散じた後の氣の行方にまで思索を及ぼし、その結果を表明したといふことでもあり、これは道學諸儒にあつて張載と朱熹と以外には見出し難い傾向であると言へる。また『朱子語類』特に卷二には自然觀察の結果と見られる天體運動への言及が多數見られる。自然現象への關心も張載と朱熹とに共通する傾向であり、[24] このことと外形の氣を重視する傾向との間に一定の關係が存すると考へるのは、あながち牽強附會でもあるまい。

氣なる概念の把握において、胡宏と朱熹との間にはかかる差異が存する。朱熹がそのことに氣づかなかつたとは考へ難いし、また假に「明道論性説」が學説定立のころに書かれたものであるとするなら、朱熹が氣と性との關聯に係る胡宏の言辭に無批判であつたとも考へ難い。「明道論性説」に胡宏の言を引くのは、いはば斷章取義であらうといふのが筆者の考へである。

さて朱熹は「明道論性説」に胡宏『知言』事物篇第八條の前半部を引用するが、逆から言へば該條後半部「性の流行するは、心之が主たり」を引用しない。『朱子語類』卷五、第七十二條に「心とは主宰の謂ひである」[25]（程端蒙の錄）とあり、心が性を主宰するといふ考へそれ自體に對しては、朱熹としても異論は無かつたであらう。しかし朱熹は張載の語と傳へられる「心は性情を統ぶる者なり」（『近思錄』所引「張子語錄」）を金科玉條とし、

性は心の理である。情は性の動である。心は性情の主である。[26]（『語類』巻五、第五十五條、廖德明の錄）

性は情に對して言ひ、心は性情に對して言ふ。統合してこのやうであるのが性であり、動くのが情であり、主宰は心である。[27]（同第五十六條、鄭可學の錄）

と述べて發動するものは情であると見做す。胡宏の性說に對しては、

以前、五峰の說を見るに、ただ心だけを性と對置して、情の一字を缺いてゐた。後で橫渠の「心は性情を統ぶ」の說を見て、この橫渠の語が大功有ることを知り、そこで情の字を缺くのは孟子と同じだと氣づいた。[28]（同第六十五條、沈僩の錄）

と述べて、性を言つて情を言はないのは論述として不完全であると批判する。「胡子知言疑義」では『知言』天命篇の「心なる者は、天地を知り、萬物を宰して、以て性を成す者なり[29]」といふ言辭を捉へて、「『以て性を成す者なり』此の句、疑ふべし。『性情を統ぶるなり』に作らんと欲す」と疑義を呈する。

朱熹が「明道論性說」に事物篇第八條の後半を引かなかつたのは、行論の都合上、引く必要が無かつたからではあらう。しかし朱熹の心性觀を前提としてこれを見るならば、胡宏の「性の發動流行は心に主導される」といふ言辭は、それが情に關する論述を缺くゆゑに、また未發であるはずの性が外形的に發動するといふ考へを含む言辭であるがゆゑに、朱熹にとつて違和感を覺えずにはゐられない言辭であつたのだと考へられる。

ところが眞德秀は『西山讀書記』巻二に、「朱子曰」の標題の下、朱熹の語と『知言』事物篇第八條の全文とを一連のものとして引いた。眞德秀は、朱熹の、外形の氣を重視する氣論と、胡宏の、もつぱら內面の氣を述べる氣論とを併置して特に違和感を覺えなかつたのだと見える。

眞德秀の氣論は、たとへば「問答」に伺へる。鬼神を論じて、

天地の氣は卽ち人身の氣、人身の氣は卽ち天地の氣。（『西山文集』巻三十）

と述べるのは、張載に似た、外形の氣を通じた萬物一體觀とも見える。しかし氣に對する眞德秀の關心は、それが如何に聚散して萬物を生成するか、といつたことを論じる方面には向はない。「問答」にまた云ふ。

易繫辭に曰く、精氣物を爲し、遊魂變を爲す、と。人の生ずるや、精と氣と合するのみ。精なる者は血の類、是れ一身を滋養する者なり。故に陰に屬す。氣は是れ知覺運動を能くする者なり。故に陽に屬す。二者合して人と爲す。精は卽ち魄なり。目の明なる所以、耳の聰く所以の者は、卽ち精の爲すところなり。此をこれ魄と謂ふ。氣は體に充つ。凡そ人心の能く思慮して知識有り、身の能く擧動すると夫の勇决敢爲なる者とは皆、氣の爲す所なり。此をこれ魂と謂ふ。（同上）

『易』繫辭上傳に依據して人の生成を語る言葉であるが、氣は初めから外形よりも內面に結びつけられる。「問答」なる著述自體が童蒙の問に答へるといふ目的で書かれたものであるから、話頭が天地の存在原理を探るといふ方面を向かないのは當然のことではあるのだが、張載の、

陰陽の氣は、散ずれば則ち萬殊、人、其の一も知る莫きなり。合すれば則ち混然、人、其の殊を見ざるなり。形、聚りて物を爲し、形、潰えて原に反るは、其れ遊魂變を爲すか。（『正蒙』乾稱篇、第十五條）

といふ言辭が、同じ繫辭上傳の句を解しつつ外形の氣への指向、氣の不滅への指向を露にするのに比べると、眞德秀の關心は强く內面に偏倚してゐるのが讀み取られよう。また『朱子語類』卷七十四の記述、

「精氣物を爲す」とは、精と氣とが合して物を成すといふこと、精は魄で氣は魂だ。變とは魂魄が離れること。ただ「遊魂」とだけ言つて魄を言はないが、魄を離れるといふ意味であることはおのづと明かだ。[30]（第八十五條、林學蒙の錄）

これは二つのものが合し、一つのものが離れるといふこと。精と氣とが合するのは、魂魄が凝結して物を爲すといふことだ。離れると陽はすでに散じて陰は歸するところが無い。だから變を爲す。[31]（第八十六條、萬人

傑の錄）

と比べても、朱熹が氣や遊魂を生成論的に解するのとは似ない。

眞德秀は朱子學を改變した人としてではなく、朱子學を祖述した人として記憶される。その眞德秀にして氣を論ずる際に外形の氣をさほど意識しないといふことは、やはり道學における氣への關心が內面へ向きやすいといふことを示してゐよう。

本章の結び

『心體與性體』は、周敦頤、張載、程顥から胡宏を經て劉宗周に至る覺悟知重視の流れこそ近世儒學の本流であり、程頤から朱熹に至る分別知重視の流れは儒學本來の指向からするとむしろ傍流であるとの見解を提示した。思想史に關する非常に規模の大きな捉へ方であつて、筆者の學力では論評するのは難しいと認めざるを得ないが、氣への關心の角度といふ點からのみすれば、程子から胡宏に至る內面重視の考へ方が宋代道學諸儒の本流であり[32]、張載から朱熹に受け繼がれた外形をも重視する氣論はむしろ特殊なものであると言ひ得る。張載と朱熹とでは、立脚點が同じではない可能性も檢討しなくてはならないが、結果として表明された氣論における外形への指向は一致する。すなはち氣論といふ點からは張載から朱熹への特殊な影響關係を指摘できる[33]。

朱熹による理氣哲學の完成後、理は氣の上に安頓してをられず、間もなく理を氣の平面にまで下降させる考へ方が一般化する。かくて元から明にかけて、いはゆる氣の哲學が一般化するのであるが、それが氣を重視するゆゑに唯物論的な考へ方であるといふ見解がある[34]。氣を重視するといふことは形而下を重視することではある。しかし形而下を重視することはただちに唯物論的であるといふことに結びつくものなのであらうか。明代の氣の哲學にしても、内面の氣を無視するわけではあるまい。内面に係ることが、形而下であるからといつてただちに唯物論といふことに結びつくのであらうか。この問題に關しては今一度、愼重な考慮が必要であらう。

〔注〕

（1）胡宏の文集には「程子雅言前序」「程子雅言後序」「周子通書序」「横渠正蒙序」といつた文章を収める。『宋元學案』巻四十二、五峰學案における位置づけは「文定季子。龜山荊門門人。二程朱氏靳氏再傳。安定泰山濂溪三傳」である。また五峰學案序錄には「其所作知言、東萊以爲過于正蒙」と述べる。なほ宋代儒學史上における胡宏の位置づけに關しては、岡田武彦「胡五峰論——湖南學と朱子——」（復刊「東洋文化」第十號・第十一號、一九六五年）を參照。また胡宏に關する研究については高畑常信「宋代儒學と湖南學」（「東京學藝大學紀要第2部門」第五十五集、二〇〇四年）においてその概要を一覽することができる。

（2）「太極圖說」の解釋に關しては今井宇三郎『宋代易學の研究』（明治圖書出版株式會社、一九五八年）、朱伯崑『易學哲學史』などに詳しい。

（3）土田健次郎「程顥と程頤における氣の概念」（『氣の思想』）では、二程の氣の思想を論ずる前提として「『易』の陰陽」と「『孟子』の「氣」」との關連に留意する必要があると指摘する。また友枝龍太郎『朱子の思想形成（改訂版）』では、朱熹の鬼神論を論ずるに當つて、張載や朱熹の氣の概念に生滅論的と生命論的と、兩様の意味合ひがあることを指摘する（該書第二章第三節）。本章での考察は、これらの教示に負ふところ大である。

（4）『正蒙』誠明篇第二十三條「人之剛柔緩急有才與不才、氣之偏也」など。

（5）『正蒙』參兩篇第三條「地純陰凝聚於中、天浮陽運旋於外、此天地之常體也」など。

（6）『正蒙』乾稱篇第二條「凡可狀、皆有也。凡有、皆象也。凡象、皆氣也。氣之性本虛而神、則神與性乃氣所固有。此鬼神所以體物而不可遺也」など。

（7）『正蒙』太和篇第八條に「氣之聚散於太虛、猶氷凝釋於水。知太虛卽氣、則無無。故聖人語性與天道之極、盡於參伍神變易而已。諸子淺妄、有有無之分、非窮理之學也」とある。

（8）『張子語錄』巻中、第六十五條に「天地之道無非以至虛爲實、人須於虛中求出實。聖人虛之至、故擇善自精」とある。

（9）なほ王夫之は『正蒙』太和篇第四條に注して「故堯舜之神、桀紂之氣、存於絪縕之中、至今而不易」と述べる（『張子正蒙注』）。

(10)『遺書』巻六の語は『宋元學案』巻十三、明道學案上に引く。巻五の語は二程いづれの語であるか、判定し難い。ただし本章での考察にあたつては、程顥と程頤と、氣論といふ點に關してさほど大きな差異は無いと考へるため、特定の場合を除いて兩者の發言を嚴密に區分しない。

(11) 市川安司『程伊川哲學の研究』(東京大學出版會、一九七八年復刊)第一章第三節に「伊川の氣說を見るとき、いわゆる宇宙論的な意味において、資料と解すべきものを持っていることは、確かに否定できない。それとともに、生命力・勢というべきものを持つ氣の存在することも忘れてはならない」「殊に伊川が理氣相對の如き議論を展開するとき、氣を生命力的な意味に傾けているのを思えば、その扱いかたに愼重な配慮を要すると言うべきである」と指摘する(該書六十一頁)。

(12) 程頤の氣論は『遺書』巻十五、入關語錄に集中して見られる。すなはち張載の沒後、關中に赴いて張載の門弟との間で交された言辭である。小笠智章「程伊川の〝氣〟をめぐって」(「中國思想史研究」第十六號、一九九三年)に、程頤の氣論は關中の學者と講論する過程で、張載の氣論を克服するために生じたものであると指摘する。

(13) マックス・ウェーバー『儒教と道教』など。

(14)『知言』は吳仁華點校『胡宏集』(中華書局、一九八七年)を底本とした。

(15) 蔡仁厚『宋明理學(南宋篇)』(臺灣學生書局、一九八〇年)では『心體與性體』の主旨を疏釋して、「氣之流行、性爲之主」を「性が氣化流行の『客觀の主』であること」の意に、「性之流行、心爲之主」を「心が性體を體現する『主觀の主』であること」の意に解した上で、「性爲之主」の「主」は本體論・宇宙論的な意味での「主」であり、「心爲之主」の「主」は主觀的・實際的な意味での「形著の主」であるのだと論ずる(該書第二章第三節三)。また蒙培元『理學範疇系統』(人民出版社、一九八九年)では、『知言』のこの條を解して「說明在宇宙論上、理主宰氣。在心性論上、心主宰性」(該書第十章)とする。

(16)『知言』一氣篇第七條に「大哉性乎。萬理具焉、天地由此而立矣。世儒之言性者、類指一理而言之爾。未有見天命之全體者也」とあつて、性は萬象の根源とされる。他方、陰陽篇第十三條には「夫人目於五色、耳於五聲、口於五味、其性固然、非外來也。聖人因其性而導之、由於至善。故民之化之也易」とあり、各人の持ち前としての性が論ぜられる。胡宏の性說に見られる二重性については夙に先學の指摘するところである。高畑常信「胡五峯の思想(一)――胡子知言を中心として――」(「支那學研究」第三十六號、一九七二年)では、胡宏の性說を論じて「これが伊川の理一分殊說をうけることは否定できないであろう」と指摘した上で、「五峯は性を二つの意味に用いる。一つは形而上の存在としての性であり、他の一つは形而下の世界に顯現した性である」と結論する。『宋明理學史』(人民出版社、一九八四年)では、胡宏の理學思想における性と理との關係を論じて、胡宏の性說を「性一理殊」と表現し、對して程朱の性說を「理一性殊」と表現する(該書上卷、第八章第二節)。また陳來『宋明理學』では、胡宏の性說を論じてその重層性をあとづけた上で、「朱熹後來講的理一分殊也吸收了胡宏的這些思想」（該書第三章第二節二）と指摘する。

(17) 氣主乎性、性主乎心。心純則性定而氣正。氣正則動而不差。動而有差者心未純也。告子不知心而以義爲外、無主於中而主於言。言有不勝則惑矣、而心有不動乎。北宮黝孟施舍以氣爲本、以果爲行。一身之氣、有時而衰、而心有不動乎。曾子孟子之勇原於心、在身爲道、處物爲義、氣與道義周流、融合於視者矣。夫性無不體者心也。孰能參天地而不物、關百聖而不惑、亂九流而不謬、乘富貴而能約、遭貧賤而能亨、禮儀三百威儀三千、周旋繁縟而不亂乎。

(18) 牟氏は『知言』の刋本を入手できず、『宋元學案』所引の『知言』ならびに「胡子知言疑義」（『朱文公文集』卷七十三）に依據して胡宏の思想を分析したとのことである（『心體與性體』第三部第三章引言）。『宋元學案』には『知言』仲尼篇第二條を引かない。

(19) 生之謂性、性卽氣、氣卽性、生之謂也。人生氣稟、理有善惡、然不是性中元有此兩物相對而生也。有自幼而善、有自幼而惡、后稷之克岐克嶷、子越椒始生、人知其必滅若敖氏之類。是氣稟有然也。善固性也、然惡亦不可不謂之性也。蓋生之謂性、人生而靜以上不容說、才說性時、便已不是性也。凡人說性、只是說繼之者善也、孟子言人性善是也。夫所謂繼之者善也者、猶水流而就下也。皆水也。有流而至海、終無所宏、此何煩人力之爲也。有流而未遠、固已漸濁。有出而甚遠、方有所濁。有濁之多者、有濁之少者。清濁雖不同、然不可以濁者不爲水也。如此、則人不可以不加澄治之功。故用力敏勇則疾清、用力緩怠則遲清、及其清也、則卻只是元初水也。亦不是將清來換卻濁、亦不是取出濁來置在一隅也。水之清、則性善之謂也。故不是善與惡在性中爲兩物相對。各自出來。此理、天命也。順而循之、則道也。循此而修之、各得其分、則教也。自天命以至於教、我無加損焉、此舜有天下而不與焉者也。

(20) 兩者の面晤がいつのことであるのかといふ點について、『朱子年譜』卷一上では隆興二年九月に繫けるが、友枝龍太郎『朱子の思想形成』では『朱文公文集』所見各種の記載に基づいて隆興元年が初對面であつた可能性が高いとする（該書第一章第一節四）。

(21) 以上いづれも束景南『朱熹年譜長編』（華東師範大學出版社、二〇〇一年）の考證に依る。

(22) 問、惡亦不可不謂之性、先生舊做明道論性說云、氣之惡者其性亦無不善、故惡亦不可不謂之性、明道又云、善惡皆天理、謂之惡者、本非惡、但或過或不及便如此、蓋天下無性外之物、本皆善而流於惡耳、如此則惡專是氣稟、不干性事、如何說惡亦不可不謂之性。曰、旣是氣稟惡、便也牽引得那性不好、蓋性只是搭附在氣稟上、旣是氣稟不好、便和那性壞了、所以說濁亦不可不謂之水、水本是清、卻因人撓之、故濁也。（下略）

(23) 『朱子語類』卷三、第十七條に「氣聚則生、氣散則死」（湯泳の錄）とあり、また同第十九條に「然人死雖終歸於散、然亦未便散盡。故祭祀有感格之理」（李閎祖の錄）とある。

(24) この問題に關しては山田慶兒『朱子の自然學』を參照。

(25) 原文：心主宰之謂也。動靜皆主宰、非是靜時無所用、及至動時方有主宰也。（下略）

（26）原文：性者心之理。情者性之動。心者性情之主。
（27）原文：性對情言、心對性情言。合如此是性、動處是情、主宰是心。大抵心與性、似一而二、似二而一。此處最當體認。
（28）原文：舊看五峰說、只將心對性說、一箇情字都無下落。後來看横渠心統性情之說、乃知此話有大功、始尋得箇情字着落、與孟子說一般。（下略）
（29）この條、『胡宏集』所收『知言』（粤雅堂叢書を底本とする）には收めず、文淵閣四庫全書本では『知言』天命篇の劈頭に收める。
（30）原文：精氣爲物、是合精與氣而成物。精魂而氣魄也。變則是魂魄相離。雖獨說遊魂而不言魄、而離魄之意、自可見矣。
（31）原文：林安卿問精氣爲物遊魂爲變。曰、此是兩箇合、一箇離。精氣合、則魂魄凝結而爲物。離則陽已散、而陰無所歸。故爲變。精氣爲物、精陰也、氣陽也。仁者見之謂之仁、智者見之謂之智。仁陽也、智陰也。
（32）道學といふ括りを離れても、北宋の儒者、たとへば徐積（一〇二八～一一〇三）は「一陰一陽、天地之常道也。男有室女有歸、人倫之常道也」（『節孝集』卷二十九、「荀子辯」）と述べて陰陽の氣と人間の道德とを直結させ、氣を言ふときには「言人當先養其氣。氣完則精神全、其爲文則剛而敏、治事則有果斷、所謂先立其大者也」（『節孝語錄』第二十七條）と內面の氣を語る。なほ徐積の學については近藤正則「徐積の〝孟子性善說〟について――宋代『孟子』受容史の視點から――」（「岐阜女子大學紀要」第二十四號、一九九五年）を參照。
（33）なほ程頤は程顥の死後、張載の學に接近することで自己の學を完成させたとする見解が存在する。前注（12）所引の小笠氏論考を參照。この見解に從ふならば、程頤―朱熹の流れを他から切り離して儒家の傍流と見做すといふ見方に強い留保を加へる必要が生じよう。
（34）一例として山井湧「理氣哲學における氣の概念」（『氣の思想』第三部總論）に「理氣哲學の理論として、理の哲學（氣よりも理を根源的なものとする哲學）と反對に、理よりも氣を根源的なものとする哲學が氣の哲學である。氣一元論と稱しても、ほぼさしつかえない。物を根源とみるから唯物論的になる」とある。

第二章　道學の修養説——朱子學と闇學

一　赤子之心

『孟子』離婁章句下第十二條に云ふ。

孟子曰く、大人なる者は、其の赤子の心を失はざる者なり。

孟子曰、大人者、不失其赤子之心者也。

この條に關して趙注ではまづ大人を國君、赤子を民と解し、次いで「一説曰」と前置きして赤子は嬰兒であり、純眞な心を失はぬのが「貞正大人」であるとの解釋を示す[1]。下つて『孟子集注』では專ら赤子の心が「純一無僞」であるといふ前提から、純一の心を失はぬのが大人、すなはち立派な人物であるといふ意であると解する[2]。どちらが孟子の眞意に近いかといつたことはここでは問はないで良からう。さしあたり朱熹が趙注の前半を採らなかつたこと、そして「赤子之心」を生來純眞な心の意に、「大人」を完成された立派な人物の意に解したといふことに著目する。

本章ではこの「赤子之心」をめぐる道學諸儒の解釋を辿つてみたい。題材が「心」であり、またそれを「失はぬ」ことなのであるから、この言葉をめぐる解釋は、自づと人間の本來的な心のあり方、そしてそのあり方を如何に保持するかといふ修養の方法に關する諸家の見解と密接に關聯するであらう。

二　張載の修養說

張載『經學理窟』詩書、第五條に云ふ。

「帝の則に順ふ」は此れ赤子の心を失はざるなり。冥然として思慮する所無く、天に順ふのみ。赤子の心、人、皆知るべからざるなり。惟、靜に一なるを以て之を言ふ。

張載は「赤子之心」によつて「順帝之則」（『詩經』皇矣）を解し、私智を排して天にしたがふ意味だと述べる。『正蒙』誠明篇、第二十八條に、

「識らず知らず、帝の則に順ふ」。思慮知識有れば、則ち其の天を喪ふ。君子の性とする所、天地と同流異行なるのみ。

とあるのを見れば、思慮知識の無い赤子の心を君子の性、すなはち立派な人物の本來的持ち前と等置してをり、さらに『張子語錄』卷中、第六十八條、

氣の蒼蒼は、目の止る所なり。日月星辰は、象の著なり。當に心を以て天の虛を求むべし。大人は其の赤子の心を失はず。赤子の心、今知るべからざるは、其の虛なるを以てなり。

において赤子の心は「虛」に結合される。

既述の通り張載は虛なる概念を重視した人であり、『經學理窟』義理、第二十九條では學問修養の目的を、

學を爲すの大益は、自ら能く氣質を變化するに在り。爾らずんば卒に發明する所無く、聖人の奥を見るを得ず。故に學ぶ者は先づ氣質を變化するを須む。氣質を變化するは虛心と相表裏す。

と述べる。また『張子語錄』卷中、第六十五條には

天地の道は、至虛を以て實と爲すに非ざる無し。人、須く虛中より實を出だすを求むべし。聖人は虛の至りなり。故に善を擇びて自ら精なり。

とあり、學の目的を達した聖人を至虛の存在と捉へる。學の手段については、『經學理窟』氣質、第一條に、

氣質を變化せよ。孟子曰く、居は氣を移し、養は體を移す、と。況や天下の廣居に居る者をや。仁に居り義に由れば、自然に心和して體正し。更に要約せん時には、但、舊日爲す所を拂去し、動作をして皆、禮に中らしむれば、則ち氣質、自然に全く好し。

とある通り、禮による陶冶が重視される。『經學理窟』氣質、第二十四條には、

本を立つること既に正しくして、然る後、修持す。修持の道、既に虛心に須ち、又、禮を得るに須つ。內外發明する、此れ內外を合するの道なり。

とあつて、內面の虛心と外面の禮との統合が修養の道であると說かれる。

しかも張載にあつて禮とは、文獻上の學問、また自身の威儀を正すこと以上の意義を有するものであつた。本書第二部第六章で詳述した通り、張載は自家の葬祭において古禮を實踐し、居所の人人がこれに感化されて風俗が一變したといふ(3)。それはいはば學による、一種の社會改良運動であつた。同じく第二部第六章で檢討した禮に基づく社會改良の意圖に發すること、疑ひない。井田說も、その實効性といふ點からは疑問視されざるを得ない說であつたが、これまた理念としては禮に基づく社會改良の意圖に發すること、疑ひない。

以上を要するに、張載は「赤子之心」を、自ら最も重視するところの「虛心」と同一視した。虛心を實現する手段は禮による陶冶である。張載にあつて學問とは「虛心になつて禮を實踐する」ことであつたと總括できよう。

三　呂大臨の未發説

張載は關中で學を講じたため、その學統を關學と呼ぶ。張載の沒後、その門弟は多く二程すなはち程顥、程頤に師事した。二程は洛陽に講學したため、その學統を洛學と呼ぶ。

張載の門弟中、最も重要な人物は呂大臨である。張載に師事し、張載の沒後、二程に師事して「程門の四先生」に數へられた（『宋史』卷四百二十八）。

呂大臨の著書は散逸したが、宋代の經解に引用が多數殘り、そこから思想を伺ひ得る。今、衞湜『禮記集説』を手がかりに、「赤子之心」に關する呂大臨の考へを辿つてみよう。

『中庸』の冒頭、性道敎を述べる箇所について呂大臨は、

「天の命ずるをこれ性と謂ふ」は、卽ち所謂中なり。「道を修むるをこれ敎と謂ふ」は、卽ち所謂庸なり。中なる者は、道の自りて出づる所なり。庸なる者は、道に由りて後立つ。蓋し中なる者は、天の道なり、天の德なり。降りて人に在り、人、稟けて之を受く、是を之れ性と謂ふ。（『禮記集説』卷百二十三所引）

と論ずる。中が道の由來であり、それが人に賦與されて性となると主張する。

やや進んで「喜怒哀樂の未だ發せざる、之を中と謂ふ。發して皆、節に中る、之を和と謂ふ」の箇所について云ふ。

人、理義の當、過不及無きをこれ中と謂ふを知らざる莫きも、未だ中なる所以に及ばざるなり。喜怒哀樂未だ發せざるの前、反りて吾が心に求むれば、果して何と爲さんや。易に曰く、寂然不動、感じて遂に天下の故に通ず、と。語に曰く、子、四を絕つ、意毋く、必毋く、固毋く、我毋し、と。孟子曰く、大人なる者は、

其の赤子の心を失はざる者なり、と。此の言皆、何の謂ぞや。回や其れ庶きか、屢〻空し。唯、空にして然る後、以て中を見るべし。空は中に非ざるなり、必ず事とする有り。喜怒哀樂の未だ發せず、私意小知、其の間に撓す無き、乃ち所謂空なり。空に由りて然る後、中を見る。實なれば則ち見ざるなり。（『禮記集說』卷百二十四所引）

ここで呂大臨は喜怒哀樂未發の中、すなはち人心の本然を說明するのに『易』繫辭上傳の「易无思也、无爲也、寂然不動、感而遂通天下之故」、『論語』子罕の「子絕四。毋意。毋必。毋固。毋我」と竝べて「赤子之心」を引用し、次いで『論語』先進に見られる顏淵の「屢空」を引いて、「空」を經て「中」に至るのだと述べる。ここで呂大臨の言ふ「空」は、張載の「虛」を繼承したもの（本書第二部第四章）。つまり呂大臨は心をむなしくするのが未發の中を得る所以であり、同時に赤子の心を保つ所以でもあると主張したことになる。「未發之中」と「赤子之心」とを等置するのは、『中庸』の後文「唯天下の至誠のみ能く天下の大經を經綸すと爲す」の部分に關して、

理の自りて出づる所にして易ふべからざる者は、是れ中と爲す、赤子の心、是れのみ。其の自りて出づる所を尊びて喪はざれば、則ち其の立、至れり。（『禮記集說』卷百三十六所引）

とあり、また『大學』の「所謂身を修むるは其の心を正すに在りなる者は」云云の箇所（朱熹の章句で言へば傳七章）に注して、

大人なる者は、其の赤子の心を失はず。赤子の心は、良心なり。天の降衷する所以、民の天地の中を受くる所以なり。寂然不動、虛明純一、天地と相似、神明と一と爲す。傳に曰く、喜怒哀樂の未だ發せざる、之を中と謂ふ、と。其れ此れを謂ふか。（『禮記集說』卷百五十一所引）

と述べるのを見れば、呂大臨の一貫した主張であると考へられる。

ここで當然、赤子の心を保持する工夫、實踐的修養の方法といつたことが問題になるはずであるが、現存する呂

大臨の言辭から直接、修養法に關聯する言說を見出だすことは難しい。ただ『中庸』の「誠なる者は天の道なり」以下の一節について云ふ。

君子の、學に貴ぶ所の者は、能く氣質を變化するを爲すのみ。德、氣質に勝れば、則ち柔者も强に進むべく、愚者も明に進むべし。氣質に勝る能はざれば、則ち志、善に有りと雖も、而も柔にして立つ能はず、愚にして明なる能はず。蓋し均しく善にして惡無き者は、性なり、人の同じくする所なり。昏明强弱の稟、齊しからざる者は、才なり、人の異にする所なり。（『禮記集說』卷百三十二所引）

これによれば學問に、張載の「變化氣質」と同樣の意義を認めたことが分る。呂大臨の人閒觀が張載を繼承しつつもやや離れ、程頤に近づく部分があることについては先學の指摘するところであるが[4]、右引用に見られる學問觀が張載の考へと大筋で合致することは疑ひ得まい。

そして呂大臨その人からはやや離れるが、『河南程氏遺書』卷十、第三十一條、程頤と張載とのやりとりを見るに、張載は、關中の風俗が一變したのは呂大臨の兄、呂大鈞の盡力によるものだと述べる[5]。後代にも影響を與へた「藍田呂氏鄉約」は呂大鈞の手になるものである。張載に師事した呂大鈞は、師と同樣に禮の社會化を實踐した。呂大臨が師を同じくする兄の事業に沒交涉であつたと考へる理由は特に無い。憶測に近くはなるが、呂大臨も張載と同じく、禮の實踐によつて氣質を變化し、もつて赤子の心を保持するといつた修養觀を有したと考へて不合理ではあるまい。

右を要するに、呂大臨は張載の考へを繼承しつつ、更に一步を進めて「赤子之心」を「未發之中」に結合した。中が道の由來であり、「未發之中」が「赤子之心」と言ひ換へられるのであるから、人の本性は赤子の心に存在することになる。人がこの心を保持する方法は、心を空にして禮を實踐することである。「喜怒哀樂未發」といふ心の理念的な狀態が、「赤子」といふ現實的存在と結合された、と纏めることも可能であらう。

四　未發已發を巡る論爭

「赤子之心」を「未發之中」と等置する呂大臨の考へ方は程頤から嚴しく批判された。「與呂大臨論中書」（『河南程氏文集』卷九。以下「論中書」と略稱する）は未發已發の解釋をめぐつて呂大臨と程頤とが交した書簡の殘闕である。長文ではあり、また先學が繰り返し言及してきたところでもあるので、(6) ここでは要點のみを摘記する。

大臨云ふ、中なる者は道の由りて出づる所なり、と。

先生曰く、「中なる者は道の由りて出づる所」、此の語、病有り。

やりとりは前節で引いた『中庸』冒頭部に關する呂大臨の解釋を程頤が否定するところから始まる。呂大臨は『中庸』の記述に基づいて「中は取りも直さず性である」と反論するが、程頤は「中なる者は性の體段を狀（あらは）す所以なり、天圓地方と稱するが如し。……蓋し中の義たる、過不及無きよりして名を立つ。若し只、中を以て性と爲さば、則ち中と性と合せず」と述べて、呂大臨が異種の概念を混淆せしめてゐると指摘する。次いで話頭は中とは如何なるものか、和とは如何なる狀態かといふことに移る。

大臨云ふ、倚らざるをこれ中と謂ひ、雜へざるをこれ和と謂ふ。

先生曰く、「倚らざるをこれ中と謂ふ」、甚だ善し（語、猶ほ未だ瑩ならず）。「雜へざるをこれ和と謂ふ」、未だ當らず。

大臨云ふ、喜怒哀樂の未だ發せざるは、則ち赤子の心なり。其の未だ發せざるに當り、此の心、至虛にして偏倚する所無し。故に之を中と謂ふ。此の心を以て萬物の變に應ずれば、往くとして中に非ざる無し。……

故に大人は其の赤子の心を失はず、乃ち所謂「允に其の中を執れ」なり。(略)

先生曰く、喜怒哀樂の未だ發せざる、之を中と謂ふ。赤子の心は、發して未だ中より遠からず。若し便ち之を中と謂はば、是れ大本を識らざるなり。

前節で見た通り呂大臨は赤子の心を虚心と結びつけた上でこれを未發の中と等置するのだが、程頤は兩者を峻別し、呂大臨の説を「大本を識らず」と退ける。呂大臨も譲らず、議論は平行線となる。

大臨云ふ、大臨赤子の心を以て未發と爲し、先生赤子の心を以て已發と爲す。所謂大本の實は、則ち先生と大臨の言と、未だ異有らざるなり。但、赤子の心の一句を解して同じからざるのみ。大臨、初め謂へらく、赤子の心は止純一無僞に取り、聖人と同じと。恐るらくは孟子の義も亦た然り。更に曲折せず。一一其の同異を較べ、故に指して以て言を爲すも、固より未だ嘗て已發不同の處を以て大本と爲さざるなり。先生謂ふ、凡そ心を言ふ者は、皆、已發を指して言ふ、と。然らば則ち未發の前、之を心無しと謂ひて可ならんや。竊かに謂へらく未發の前、心の體、昭昭として具在す。已發は乃ち心の用なり。此の所、深く疑ひて未だ喩らず。

(略)

先生曰く、……「凡そ心を言ふ者は已發を指して言ふ」、此れ固に未だ當らず。心は一なり。體を指して言ふ者有り(「寂然不動」是れなり)、用を指して言ふ者有り(「感じて遂に天下の故に通ず」是れなり)、惟、其の見る所の如何を觀んのみ。

程頤は概念の區分を强調して「そもそも心とは已發を指すことばだ」と言ふ。ただし、それでは心の本體が行方知れずになるといふ呂大臨の反論を受けて、この發言は撤回した。

このやりとりを、關學と洛學との、學問修養觀の差異といふ觀點から檢證してみたい。

先述の通り張載は虚なる概念を重視したが、二程は、又、語りて太虚に及ぶ。曰く、又、太虚無し、と。遂に虚を指して曰く、皆、是れ理なり、安んぞ之を虚と謂ふを得ん、天下、理より實なる者無し、と。（『河南程氏遺書』巻三、第八十九條、程頤の語）

と述べて、虚の思想を否定する。虚心といふことを一概に否定するのではないが、

横渠、人に教ふるに、本只是れ世學の膠固を謂ひ、故に一箇の清虚一大を説き、只、人の損得を稍し去就を沒するの道理を得來らんと圖る。然るに人、又、更に別處に走る。今日、且く只、敬を道へ。（『河南程氏遺書』巻二上、第百三十八條、程顥の語か）

とあるやうに、心を虚にすることよりも「敬」を重要視する。

「敬、以て內を直にす」、主、內に有れば則ち虚にして、自然に非僻の心無し。是の如くんば、則ち安んぞ得て虚ならざらん。（『河南程氏遺書』巻十五、第四十九條、程頤の語）

敬を經過することで虚心は自然に得られると説く。敬すなはちつつしみとは、心に一種の緊張感を保つ營爲であらう。本書既述の如く、『論語』子罕篇の「空空如」を、張載は孔子のことを指すと解した（第二部第三章、第四章）が、程頤はこれを「纔かに無知と說けば、便ち是れ聖人たるに堪へず。人、問はざるの時に當りては、只、木石と同じきなり」（『河南程氏遺書』巻十九、第九十七條）と批判する。二程から見れば、虚心を目的とする張載の學は、心の主體性を放棄することに近いものであつた。

修養の方法といふ點では靜坐が重視される。『河南程氏外書』巻第十二に、二程がともに靜坐を學の要諦としたと記す(7)。張載における禮の實踐は當然尊重するが(8)、自らが洛陽で古禮を實踐することには否定的とは言はずとも消極的であつたやうに見える(9)。

持敬あるいは居敬、そして靜坐といふことを方法論として心をひきしめる。かかる意識的方法を重視するのであるから、目指すところの心の理想態は、赤子の心、いはば「實體としての自分が生れ持つた心」を取り戻す、とい

つた方向には設定し難く、まさしく意識的に探索すべき對象とされる。『河南程氏遺書』巻十八、第八十二條、蘇昞との問答において、程頤は、

> 既に喜怒哀樂未發の前に於て之を求めんことを思へば、又却て是れ思なり、既に思へば即ち是れ已發なり。纔に發すれば便ち之を和と謂ふ。之を中と謂ふべからざるなり。若し喜怒哀樂未發の時に於て存養すと言へば則ち可なり。若し中を喜怒哀樂未發の前に求むと言へば則ち可ならず。

と述べ、未發の中は分別反省によつて把握できるものではなく、平時の存養に俟つて了悟すべきものであることを説く。續く第八十三條、これも蘇昞を發端とする問答に、

> 曰く、……學ぶ者、且く先づ敬を理會し得るに若くは莫し、能く敬すれば、則ち自ら此を知る、と。或ひと曰く、敬は何を以て功を用ふ、と。曰く、主一に若くは莫し、と。

とあつて、敬の工夫が强調される。この問答は、

> 問ふ、雜說中、赤子の心を以て已發と爲すは、是なるや否や、と。曰く、已に發して道を去ること未だ遠からざるなり、と。曰く、「大人は赤子の心を失はず」は若何、と。曰く、其の純一にして道に近きに取るなり、と。曰く、赤子の心と聖人の心と、若何、と。曰く、聖人の心は鏡の如く止水の如し、と。

と結ばれる。「赤子之心」は「已に發して遠からず」ではあるものの、未發とは峻別され、他方、中を體現する聖人の心は明鏡止水に譬へられ、赤子の純一にして頑是無い心と對置される。

「論中書」に現れた呂大臨と程頤との相違は、關學と洛學との相違を表現するものであつた。「虛心になつて赤子の心に還る」といふ關學の主張が、「敬の工夫によつて理想態を了悟する」といふ洛學の方法論によつて否定されたのだと言へよう。他方、否定されつつも呂大臨は妥協的に屈服するといつた樣子を見せない。程頤の、「呂與叔、

橫渠の學を守ること甚だ固し」といふ述懷は「論中書」のやりとりを踏まへてのものであらう[10]。

五　程門の修養説

この關學と洛學との相違點を、今度は程門の側から眺めてみよう。程門の高弟、謝良佐は云ふ。

「橫渠は人に敎ふるに禮を以て先と爲し、大要は容を正し節を謹むを得んと欲す。其の意に謂ふ、世人、汗漫にして守る無ければ、便ち當に禮を以て地と爲し、他をして上面に就きて工夫を做さしむべし、と。然れども其の門人、下稍頭、刑名度數の閒に溺れ、行ひ得て來り困しみ、見る所の處無く、木札を喫するが如くに相似て、更に滋味沒く、遂に厭倦を生ず。故に其の學、之を傳ふる者無し。明道先生は則ち然らず。先づ學ぶ者をして知識有りて、卻つて敬より入らしむと。予問ふ、「橫渠、人に敎ふるに禮を以て先と爲すと、明道、學ぶ者をして敬より入らしむと、何の故に同じからず」と。謝曰く、「既に知識有りて、物の理を窮め得て、卻つて敬上より涵養、出で來るは、自然に是れ別なり。容を正し節を謹しむは、外面の威儀にして、禮の本に非ず」と[11]。（『上蔡語錄』卷上、第十一條）

謝良佐は張載の禮學を形式主義と見做し、內面の工夫を重んずる程門の敎に劣ると批判する[12]。『上蔡語錄』卷上、第三十五條に「橫渠は禮を以て人に敎へ、明道は忠信を以て先と爲す」とあるのも同內容のことであらう。程顥が學者にまづ知るところをあらしめたといふのは、『河南程氏遺書』卷二上、呂大臨に語つた「識仁」の敎などを想起させる。

程門の敬とは「常惺惺の法」（『上蔡語錄』卷中、第三十三條）、いつも心を覺醒させておく、意識的な狀態を保つ、

といつた修養法である。『上蔡語錄』巻中、第二十六條には

問ふ、一日靜坐するに、一切の事は平等、皆、我が和氣の中に在るを見る、此れは是れ仁なるや否や、と。曰く、此れ只是れ靜中の工夫、只是れ心虛に氣平らかなるのみなり、事に應ずるの時に此の氣象有るを須ちて方めて好し。

といふ問答を錄する。虛心を修養の目的とする張載の學が退けられるのは當然のことであらう。

事實として關學は洛學の如き傳承を得なかつた。關中の學者として知られる人は少なくないが、張載の學を繼承した人として擧げられるのは資料の制約もあつて呂大臨を下限とする。たとへば程門の楊時から羅豫章、李侗を經て朱熹に至る、といつた學脈は描き得ない。明代中葉、馮従吾が關學の後繼者を自任したとか、明末、王夫之が遙かに張載の學を繼承したとかいふことは、また別の話である。

かかる差異を生じた理由を、謝良佐は兩學派の方法論の違ひに求める。虛心になつて禮を社會的な規模で實踐するといふ方法よりも、心の意識的な狀態を靜坐によつて涵養するといふ方法の方が、修養法として明瞭であり、實行が容易であつたのだと解釋して大過なからう。

六　湖南學の未發觀

宋朝南渡とともに洛學は南方に傳はり、北宋の名儒胡安國の子、胡宏を中心とする、いはゆる湖南學が榮えた。胡宏の「復齋記」に云ふ。

夫れ人、生れて之を知るに非ざれば、則ち其の知、皆、事物に緣りて知る。事物に緣りて知る、故に事物に迷ひ、

流蕩して中を失ひ、止る攸有る無く、靑陽より黃髪に至るまで、茫茫たること旅人の家に歸りて處に安んずるを得ざるが如きなり。今、其の外誘を驅除し、其の赤子の心を失はずして、以て其の由りて生ずる所の妙に復せんと欲すれば、則ち事事物物なる者、乃ち人生の無かるべからずして、亦た掃滅して之を無からしむる能はざる者なり。

人が生きる以上は外物の影響を受けて心を迷はされぬわけには行かず、生れ持つた心に復歸するのは困難であると說く。ここだけを見れば、修養の目的が生來の心への復歸であると主張するかのやうに、すなはち關學風の主張であるかのやうに見える。しかし曾幾に寄せた書簡において、程門の弟子、楊時および尹焞の中和說を批判して次のやうに云ふ。

竊に謂へらく、未發は只、性を言ふべく、已發は乃ち心を言ふべし。故に伊川、中なる者は性の體段を狀す所以なりと曰ひて、心の體段を狀すと言はざるなり。……未發の時、聖人と衆生と、同じく性に一なり。已發のとき、則ち思ふ無く爲す無く、寂然不動、感じて遂に天下の故に通ずるは、聖人の獨りする所なり。（與曾吉甫、二）

某愚謂へらく喜怒哀樂未だ發せず、沖漠無朕、此の大本に同じきに方りては、庸と雖も聖と以て異なる無きなり。……恐るらくは伊川、性を指し心を指す、蓋し深意有り、苟然に非ざるなり。心性は、固より是れ名なり。然れども名なる者は、實の表著なり。義、各〻同じからず、故に名も亦た異なり、直に混じて一事と爲し難きなり。尹先生、喜怒哀樂未發を指して眞心と爲す。既に未發を以てすれば、恐るらくは指して心と爲し難し。（與曾吉甫、三）

胡宏は前引「論中書」に見られる程頤の考へを基礎としつつ更に一歩を進め、性が未發の中であるのみならず、心からも切り分けられるべき概念であると述べる。右引用の末尾、未發を心とは表現し難いといふのは、「論中書」

において程頤が述べ、呂大臨の反論に遭つて撤回した「凡そ心を言ふ者は、皆、已發を指して言ふ」といふ考への繼承である。本人が行き過ぎだと認めて撤回した考へをむしろ程頤の本意と見做して固守するのであるから、程頤の説の尖鋭化と評して良からう。

前章で觸れた通り、胡宏は性なる概念に、「もちまへ」の他に「主宰」ともいふべき意味を付け加へる、獨特の性説を唱へた。性の働きそれ自體は感覺的對象の外にあり、形而下の心の動きによつて間接にしか感得できないのだと考へる。[13] 湖南學の特色たる「察識端倪」の方法がここに生ずる。それが程頤の學風の繼承であることは、既に先學の指摘するところ。[14] 湖南學は洛學の方法を尖鋭化させて生じたのだと考へられる。[15]

さうした目で見れば「復齋記」において「赤子之心」を「由りて生ずる所の妙」だとするのも、あくまで形而下の話としてのことであつて、人の目指すべき本來性といつた部面の話をしてゐるのではないと解釋できる。呂大臨が「赤子之心」と「未發之中」とを等置し、それを性に直結させたのとは、むしろ正反對の思考である。一見、關學と同系統の思考法であるかに思はれたが、實はこれは關學とは遠く隔たる主張なのであつた。

七　朱熹の未發觀

朱熹は李侗の沒後、張栻を通じて湖南學に接近し、三十七八歳のころ、後に「中和舊説」と稱せられることとなる一連の書簡を張栻に寄せた。その論旨は察識端倪を方法とする、中和に關する認識である。しかしまもなくこの方法に疑問を生じ、乾道五年、四十歳で「已發未發説」を書いて舊説を訂正するとともに自説を定立した。「已發未發説」の冒頭、自己の舊説を總括して、中庸未發已發の義、此れより前、此れ心流行の體と認め得、又、程子「凡そ心を言ふ者は皆、已發を指す」の云に因りて、遂に心を目して已發と爲して性を以て未發の中と爲し、自ら以て安しと爲す。（『朱文公文集』巻六十七）

と述べる。ここに見られる已發未發の捉へ方が胡宏の影響下にあることは疑ひ得まい。次いで程子の文集、遺書を編纂する過程で疑問が生じたことを述べ、文集から七條、遺書から九條を引く。文集は全て「論中書」からの引用、遺書からの引用も程顥の語一條を除いて多くは本章で既に引いた蘇昞との問答における程頤の語である。(16)

これらを踏まへて、未發の中は「心體流行寂然不動の處」であり、それを直ちに性と同一視することはできないと述べた上で云ふ。

呂博士、此を論じて大槩之を得たるも、特（ただ）、「中は卽ち是れ性、赤子の心は卽ち是れ未發」を以てすれば、則ち大いに之を失す。故に程子、之を正す。蓋し赤子の心は、動靜常無く、寂然不動の謂に非ず。故に之を中と謂ふべからず。然れども營欲知巧の思無し。故に未だ中に遠からずと爲すのみ。（同）

性は理であり、形而上のものである。未發の中は心の體であり、心は形而下のものであるから、中をそのまま性と結びつけることはできない。また赤子の心は寂然不動とは言ひ難い、すなはち心の體とは呼べない。かうして朱熹は、呂大臨の說を否定した程頤の言辭に左袒するのであるが、同時に未發の中を、形而上から形而下に引き下ろし、その點では胡宏が據り所としたところの「心は已發である」といふ考へは拒否される。

程子の所謂「凡そ心を言ふ者は皆、已發を指して言ふ」は、此れ却て心體の流行を指して言ひ、事物思慮の交を謂ふに非ざるなり。然れども中庸の本文と合せず。故に以て未だ當らずと爲して復た之を正す。固より其の已改の言を執りて盡く論說の誤を疑ふべからず。又、遂に以て當れりと爲して其の指す所の殊を究めざるべからざるなり。（同）

胡宏が進んだ、程頤の説の尖鋭化といふ路線は、ここにおいて否定された。かうした前提から『孟子或問』下巻八、「赤子之心」について次のやうに述べる。

曰く、赤子の心、張子呂氏、以て未發と爲す。而して程子、以て已發と爲す。夫れ赤子の心、固より未發と爲すべからざるも、然れども豈に亦た未發の時有らずや、と。曰く、程子の、呂與叔に告ぐる、固より自ら前に所謂「心を言ふは皆已發を指す」者を以て未だ當らずと爲す。夫れ赤子の心、衆人の心、各〻未發已發の時有り。但、赤子の心は未だ私意人欲の累有らず、故に其の已に發して未だ必ずしも節要に中らずと雖も、亦た未だ中に遠からずと爲すのみ。

學説定立後の朱熹にあつては、赤子の心が「心」である以上、未發已發、兩様であること、もはや議論の餘地無き前提とされる。『朱子語類』巻五十七、『孟子』該條に關する問答七條においても同様である。その中で葉賀孫の錄に云ふ。

思ふに赤子の心は純一無僞、そして大人の心も純一無僞。ただ赤子は自覺無しに純一無僞なのだが、大人は自覺の上で純一無僞なのだ。(17)

言ふまでもないことだが朱熹は修養の方針として居敬窮理を唱へ、實踐としては半日靜坐、半日讀書と言つた。いづれも洛學の方法論を繼承したものである。(18)右に擧げた『語類』の言辭にも自覺的に修養するといふ洛學の方向性は露はであらう。虛心を重視する關學の方向性は、採る所とならなかつた。

しかし朱熹は、心の本然のあり方を巡つては、程頤の行き過ぎを呂大臨の説に基づいて引き戻した。『朱子語類』巻六十二に云ふ。

呂大臨は「未發の前、心の體、昭昭として具在す」と言つた。この言ひ方は良い。(陳淳の錄。廖德明の別錄に「伊川もこの説は否定しなかつた」とある)(19)

未發の狀態は思慮によつて捉へやうが無いものだと見做すのは、程頤の説を尖銳化させた胡宏の考へ方であり、そこから察識端倪説が生じた。朱熹が未發を性ではないところの心の體と捉へたのは、もちろん「論中書」に見られる程頤の思考を踏まへたものであるが、同時に未發を「心體」として實體の側に引き戻す上で呂大臨の思考が大きく影響したと言へる。さらにその背後には張載の語とされる「心は性情を統ぶる者なり」といふ命題の影響も讀み取られよう。(20) 心性に關する觀念において、關學が朱熹に與へた影響は、決して小さなものではなかつた。

八　朱子學以後の未發觀

朱熹の門弟、陳埴は云ふ。

「赤子の心と未發の中と同じきや否や」「赤子の心、只是れ眞實無僞、然れども喜怒哀樂、已に是れ一邊に倚向し去く。未發の中の若きは、卻て渾然寂然、喜怒哀樂、都（みな）未だ形見（あらは）れず、只一片の空明の境界有り、未だ倚靠する有らず、此の時、只之を中と謂ふべし。之を要するに赤子の心は機巧を用ひず、未發の中は乃ち存養の致す所、二者、實に異義有り」（『木鍾集』巻十）

赤子の心が無自覺の「眞實無僞」であるのに對して、未發の中は存養の致す所、すなはち自覺的な修養によつて得られると説く點、朱熹が依據する洛學の特色を發揮した言辭と言へよう。他方、目を朱門以外に轉ずれば、たとへば宋末の人、黎立武は『中庸』を解して、

未發の際、是れ赤子の心を失はずと謂ひ、是れ允（まこと）に其の中を執れと謂ふ。聖賢の心法、惟此に在り。（「中庸分章」）

と述べる。赤子の心を未發の中と等置する、關學的な觀念も生き續けたことがわかる。

明代、朱子學が官學化した中にあつて、崔銑は「夫れ赤子の心は、良知なり、良能なり」と云ふ（『士翼』巻二）。生れ持つた作爲のない心が良知良能に直結されるのは洛學的な居敬の修養とは少しく趣を異にするものであらう。また湛若水は、易の蒙卦を釋して云ふ。

稺小蒙昧にして未だ發せず、故に之を蒙と謂ふ。人に在りては則ち赤子の心、正を去ること未だ遠からず、未發の中なり。（『聖學格物通』巻三十六）

赤子の心は結局ここで未發の中と等置されてしまふ。湛若水の書きぶりから推すに、未發の中を赤子の心の水準まで引き下ろしたといふ趣があり、關學の、赤子の心を理想態の水準に引き上げるといつた觀念とは思考經路が逆であるやうに思はれるが、ともかくも結果は一致したことになる。同時代、朱子學の立場を守りつつ理氣相卽を唱へた人として知られる湛若水は心學的傾向の強い人だとされる。同時代、朱子學の立場を守りつつ理氣相卽を唱へた人として知られる羅欽順は云ふ。

程子、呂與叔の大本を識らざるを議るは、赤子は未發の中無しと謂ふに非ず。蓋し赤子の心は動く無き能はず、動けば卽ち偏著する所有るを以て、故に之を大本と謂ふべからざるのみ。然れども中の本體は固より自若なり。且つ其の偏著有りと雖も、而れども常に純一にして無僞、是を以て孟子之を取る。此に卽きて推尋すれば、中の義たる、亦た其れ識るべきに庶し。（『困知記』巻上、第三十六條）

程叔子、蘇季明の問に答へて、「中、甚の形體有らん。然れども既に之を中と謂へば、也た須らく箇の形象有るべし」と云ふ有り。伯子嘗て云ふ、「中なる者は天下の大本、天地の間に亭亭當當として、直上直下の正理なり」と。茲れ形象に非ずして何ぞ。凡そ有象、皆求むべし。然らば則ち中を未發の前に求むる、何ぞ不可と爲さん。固（まこと）に知る、叔子の此の言、其の終身の定論に非ざるなり。（『困知記』巻上、第四十一條）

概して言へば羅欽順は張載に對して批判的であつたが[21]、理氣相卽の觀念は未發の中を實體の側に引き下ろす方向で働き、結果として赤子の心に關する程頤の意見、また未發の中は思慮によつて捉へがたいといふ見方は否定され、つまるところその中和に對する見解は關學の側に接近する。

下つて明末、劉宗周は王學の過激化を朱子學によつて是正した人と言へようが、その孟子説に云ふ。

> 赤子の心は、……一も知る所無く一も能くする所無しと雖も、却て是れ知能本然の體なり。其の後來に逮んで、世故日に深く、習俗の知能を將て本然の知能に換へ了り、便ち赤子の心を失ふ。……人以爲へらく、事事物物、皆、須く講求すべし、豈に赤子の心、能く包括する所ならん、と。赤子の心は是れ箇の源頭なるを知らず。源頭上より事物を講求すれば、則ち千紫萬紅、總て根を離れず。若し源頭を失却して只、事物上に在りて講求すれば、則ち剪綵作花、終に生意無し。（黄宗羲『孟子師説』巻四）

赤子の心が「知能の本然」であり「源頭」であるといふのは、居敬に基づく修養を經ての了悟を前提としつつも、生來の本然に高い價値を認める考へ方であると言つてよからう。

また明末清初の人、李顒は、獨學によつて朱子學と王學とを折衷する立場を得た。李顒は平日の工夫によつて喜怒哀樂未發の中を涵養するといふ程頤の方法を受け繼ぎ[22]、また靜坐の重要性を説く[23]。その限りでは全く洛學の後繼者であると見えるが、赤子の心を釋するに當つては、

> 赤子の心は未だ情識を雜へず、純として是れ天眞。大人の、天地と徳を合する所以は、只是れ此の天眞を全うし、情識の雜ふる所と爲らず、赤子の初を失はざるのみ。吾人、能く食ひ能く言ひてより以來、情識日に雜へ、天眞日に鑿ち、記誦の勤あり、見聞の廣あるも、……而れども赤子固有の良、本然の心、失して又失し、愈ゝ問ふべからず。（「四書反身録」孟子下）

と述べる。洛學の、また朱子學の立場からすれば、赤子の純眞な心は出發點としての價値を有するのであり、到達點とは見做されないことになるが、李顒の説き方を見るに赤子の心それ自體の價値を重視するかのごとくである。

本章の結び

『宋元學案』卷三十一、呂范諸儒學案、全祖望の序錄に云ふ。

關學の盛なること洛學に下らず。而して再傳するに何ぞ其れ寥寥たるや。亦た完顔の亂に由り、儒術、幷に之が爲に中絶するか。

關學が衰亡し洛學が盛行した理由には、宋朝南渡といふ背景、地理的條件などもあらうが、修養の方法といふ點において、關學よりも洛學の方法が廣汎に支持されやすかつたのだといふ面を見逃されないと思ふ。いささか奇矯な表現ながらあへて現代風の言葉を使ふなら、洛學は、關學に比べてより明瞭な教育目標を掲げ、より實行しやすい教育プログラムを提示したことによつて、長く繼承されたのだと言へよう。薛瑄の「二程の、孔孟の傳に接する所以は、只是れ進修、序有ればなり」(『讀書錄』卷四) といふ言葉が、よくその事情を物語る。

そしてそのことは思惟の內容における優劣を必ずしも意味しない。「赤子之心」に對する近世儒學の解釋を辿ると、むしろ關學的な解釋の方が、より受容されたやうに見える。關學は朱子學の背景に溶けこむ形で命脈を保つたのだと言へよう。

〔注〕

(1) 原文：大人謂君。國君視民、當如赤子、不失其民心之謂也。一說曰、赤子嬰兒也。少小之心、專一未變化。人能不失其赤子時心、則爲貞正大人也。

（2）原文：大人之心、通達萬變。赤子之心、則純一無僞而已。然大人之所以爲大人、正以其不爲物誘而有以全其純一無僞之本然。是以擴而充之、則無所不知無所不能、而極其大也。
（3）本書第二部第六章六に引いた「横渠先生行狀」の記述による。『河南程氏遺書』卷十、第二十三條には「子厚言、關中學者、用禮漸成俗。正叔言、自是關中人剛勁敢爲。子厚言、亦是自家規矩太寛」とあつて、「行狀」の記述が空言でないことが分る。また時代は下るが馮從吾『關學編』一にも「聞者始或疑笑、終乃信而從之、相倣復古者甚衆、關中風俗爲之大變」との記述が有る。
（4）市來津由彥「呂大臨の思想」。
（5）原文：正叔謂、「洛俗恐難化於秦人」。子厚謂、「秦俗之化、亦先自和叔有力焉、亦是士人敦厚、東方亦恐難肯向風」。
（6）本章を草するに當つて恩惠を蒙つたものだけを擧げても市來津由彥「呂大臨の思想」、友枝龍太郎『朱子の思想形成（改訂版）』第一章第一節、楠本正繼『宋明時代儒學思想の研究』第一編第三章第五節の二、牟宗三『心體與性體』第三部第二章第六節など。
（7）謝顯道習擧業、已知名、往扶溝見明道先生受學、志甚篤。明道一日謂之曰、爾輩在此相從、只是學某言語、故其學心口不相應、盍若行之。請問焉。曰、且靜坐。伊川毎見人靜坐便歎其善學。（第七十七條）
（8）前にも觸れたが『河南程氏遺書』卷二上、第七十九條に「子厚以禮教學者、最善。使學者先有所據守」とある（程顥の語か）。
（9）前注（3）に引いた『河南程氏遺書』卷十、第二十三條の對話、および前注（5）の對話を參照されたい。
（10）『二程全書』中、「赤子之心」への言及は、本章に引いた資料でほとんど盡きる。これらが呂大臨および蘇昞とのやりとりであることに注意したい。蘇昞もまた張載の高弟であつた。程門にあつて「赤子之心」を持ち出すのが專ら關學系の門弟であつたこと、すなはち張載の門弟は師の死後もなほ師説を堅持して讓らなかつたらしいことが讀み取られよう。
（11）『上蔡語錄』は『朱子遺書』所收本を底本とし、中文出版社影印和刻本を參觀した。
（12）禮に關する道學諸家の見解の相違點については中根公雄「中國近世における博文約禮解と知行論（一）」（「陽明學」第十號、一九九八年）「同（二）」（「陽明學」第十一號、一九九九年）を參照。
（13）『胡子知言』事物篇第八條に「氣之流行、性爲之主。性之流行、心爲之主」とある。
（14）楠本正繼博士は『宋明時代儒學思想の研究』第一編第三章第五節において、本章でも引いた、蘇昞と程頤との問答を檢討し、湖南學の察識端倪説がこの問答における程頤の語に淵源すると考察した上で、「若しさうであれば、普通禪の動的立場を受けてゐるとされる右胡氏竝びに張氏一派の所謂湖南學派の朱子に與へた影響は何れかと云へば、寧ろ伊川に本づくと取つた方が順序であらう」とされる（該書百四十一頁）。
（15）友枝龍太郎『朱子の思想形成』では張栻察識端倪説の淵源を最終的には禪に歸し、また朱熹の中和説が定立する過程を「李侗の靜的內觀から張栻の動的方法への接近。動的方法を修正するのに程頤の靜的方法に立ち返り、已發未發説定立」といふ筋で捉へる。湖南學を扱ひながら胡宏への言及が多くなく、また張栻の師たる胡宏の方法が程頤の學を繼承の上、尖鋭化したものであるといふ視點は無いやうに見える。「與曾吉甫」は『宋元學案』にも引くところであるだけに、なぜ友枝博士がこれに注意されなかつたのか、不審を禁じ得ない。

(16) 引用の原據については、繁雜でもあり、また先學が詳細に解明したところでもあるので、いちいち列擧しない。前注（6）の諸論、特に『朱子の思想形成』を參照されたい。

(17) 原文：大人無所不知無所不能、赤子無所知無所能、此兩句相拗、如何無所不知無所不能、却是不失其無所知無所能做出、蓋赤子之心純一無僞、而大人之心亦純一無僞、但赤子是無知覺底純一無僞、大人是有知覺底純一無僞。（賀孫○夔孫錄云、大人之所以爲大人者、却緣是他存得那赤子之心、而今不可將大人之心只作通達萬變、赤子只作純一無僞説、蓋大人之心通達萬變而純一無僞、赤子之心未有所知而純一無僞）

(18) 修養法のうちに占める靜坐の重みについては多樣な見解がある。井筒俊彦『意識と本質』（岩波書店、一九八三年）は比較哲學論的な觀點から宋儒の靜坐に本質體認の工夫としての重要な意味を見出す（該書八十一頁～一百頁）。他方、吾妻重二教授は『朱子學の新研究』（創文社、二〇〇二年）第二部三篇四章において靜坐の意味を檢討し、朱熹にとつての修養の工夫は敬を第一とするものなのであつて、靜坐は修養における「手法」の一つとして考へるべきものであると結論された。牛尾弘孝「朱子學における靜坐・居敬の解釋をめぐつて」（『中國哲學論集』三十四、二〇〇八年）はこれに反對し、人格陶冶における靜坐の重みを重視する。

(19) 原文：呂氏未發之前心體昭昭具在、説得亦好。（德明錄云、伊川不破此説○淳）

(20)『近思錄』卷一所引「橫渠語錄」。現存する張載の遺著、語錄にはこの語は見當らない。朱熹は、この語と程頤の「性卽理」とを「顚撲破らず」（『朱子語類』卷五）と稱讃した。本書第二部第二章で論じた通り、筆者はこれが本當に張載の語であるかどうかといふ點について若干の疑念を有するが、ともかくも朱熹がこれを張載の語として受容したことは間違ひない。

(21) 詳細については山下龍二「羅欽順と氣の哲學」を參照。

(22)「四書反身錄」中庸に「平日工夫、若實實在未發前培養。培養得果純、自不爲喜怒哀樂所移」とある。

(23)「學髓」に「新建論動靜合一、此蓋就已成言。方學之始、便欲動靜合一、猶未馴之鷹、輒欲其去來如意、鮮不颺矣。卽新建之盛德大業、亦得力於龍場之三載靜坐、靜何可忽也」とある。

第三章　天泉橋問答の太虚說——王學と關學

一　大鹽平八郎の太虚說

大鹽平八郎は『洗心洞箚記』の中で繰り返し「太虚」について論ずる。太虚とは文獻上『莊子』知北遊に「是の若き者は、外、宇宙を觀ず、內、大初を知らず。是を以て崑崙に過らず、大虚に遊ばず」と見えるのが初出であつて、つまり道家的な語彙である。これが儒家思想の語彙として重要性を帶びるのは北宋の張載以降のことである。この經緯については本書で既に述べた（第二部第一章）。

大鹽は自分の太虚說に關して、

吾が太虚の說は、致良知より來りて正蒙より來らず、然れども正蒙を逃るる能はず。（『洗心洞箚記』上、第四十七條）

陽明先生訓ふる所の致良知の實功を積むに非ずんば、則ち横渠先生の所謂太虚の地位に至るべからず。故に心を太虚に歸せんと欲する者は、宜しく良知を致すべし。良知を致さずして太虚を語る者は、必ず釋老の學に陷つ。恐れざるべけんや。（同第四十八條）

と述べる。つまり太虚說が張載の主著『正蒙』に由來することを認めつつ、その意義を王守仁（陽明先生）の致良知說に引き寄せて理解する。少しく亂暴に縮約すれば、大鹽が尊重するのは「陽明良知の太虚說」だといふことになる。

筆者は北宋の儒學思想を專攻するので、主たる關心は王學にではなく張載の學統すなはち關學にある。その筆者からすると太虛說の主唱者は張載であつて、大鹽がなにゆゑ張載を差し置いて王守仁の太虛說を稱揚するのかといふ疑問が生ずる。別の言ひ方をすれば、王守仁の遺著遺言において太虛說はどの程度重要なものであつたかといふことが注意を惹く。

本章ではまづ張載の太虛說についてその特徵を確認し、次いで太虛に關する王守仁の言說を檢討し、太虛なる觀念が王學においていかに取り扱はれたかといふことに關する考察を行なひたい。

二　張載の太虛說

張載は云ふ。

太虛の形無きは、氣の本體なり。其の聚り其の散ずるは、變化の客形のみ。至靜無感は、性の淵源なり。識有り知有るは、物交の客感のみ。客感客形と無感無形と、惟、性を盡す者のみ之を一にす。(『正蒙』太和篇第二條)

太虛は氣無き能はず。氣は聚りて萬物と爲らざる能はず。萬物は散じて太虛と爲らざる能はず。是に循ひて出入するは、是れ皆、已むを得ずして然るなり。(『正蒙』太和篇第三條)

既述の通り、太虛の語義は天地をも包含する大虛空といつたところであらうが、張載はこれを氣の散じた狀態と見る。散じた狀態であるから目に見える形體を有しないが、しかし無形の氣は太虛中に充滿する。太虛といひつつ

それは「無」なのではなく「無形」である。『正蒙』太和篇第八條には、

氣の、太虚に聚散するは、猶ほ冰の、水に凝釋するがごときなり。太虚は卽ち氣なることを知れば、則ち無なるもの無し。故に聖人の、性と天道とを語るの極は、參伍の神の變易するに盡くるのみ。諸子は淺妄にして、有無の分有り、窮理の學に非ざるなり。

とあり、明瞭に無を否定する。ただし『正蒙』太和篇第九條に、

太虚を淸と爲す。淸なれば則ち礙無し。礙無きが故に神なり。淸に反するを濁と爲す。濁なれば則ち礙あり。礙あれば則ち形あり。

とあるのを見ると、無形の太虚と有形の物との閒には價値の差異が認められる。前引の通り太虚は「氣の本體」であり、氣の聚散によつて生滅する有形の物は「變化の客形」であるから、張載は太虚をより高い價値を有する存在、本來的な存在と見たことになる。

かく張載にあつて太虚とは存在論的もしくは本體論的な概念であるが、儒家思想においては天人合一、「天地と相似る」（繫辭上傳）といふことが重視されるから、本體としての太虚が人閒存在または倫理とどのやうに關はるかといふことが問題となる。『張子語錄』巻中、第五十五條に、

誠なれば則ち實なり。太虚なる者は天の實なり。萬物、取ること太虚に足り、人も亦た太虚に出づ。太虚なる者は心の實なり。

とある。太虚を虚實兼ねたものと見た上で、天の太虚が人心の根源であると述べる。『語錄』巻中にはさらに、

太虚なる者は自然の道なり。之を行くに要は思に在り。故に又曰く思誠と。（第五十九條）

虚心にして然る後、能く心を盡す。（第六十條）

天地の道は、至虚を以て實と爲すに非ざる無し。人、須く虚中より實を出だすを求むべし。聖人は虚の至りなり。

故に善を擇びて自ら精なり。（第六十五條）

といつた言辭が續く。聖人は虛の至りであり、虛心は天地の根源としての太虛のいはば縮小相似形に比定される。かつそれは「至虛の實」なのであるから、虛心とは心が空虛なのではなく、內に充實を祕めつつ靜かであるところの心のありやうだといふことになる。

以上を要するに、張載の太虛とは存在の本體であり、無形ではあるが內に氣が充滿する空間である。太虛の虛は人間存在における虛心に通底し、人間の理想的あり方も虛と表現される。張載の思想は虛を媒介とする天人合一思想である。

三　程氏の太虛否定

二程すなはち程顥、程頤は張載の虛の思想に批判的であつた。『河南程氏遺書』卷二上、第六十一條に、

清虛一大を立てて萬物の源と爲すは、恐るらくは未だ安からず。清濁虛實を兼ぬるを須ちて乃ち神と言ふべし。「道は物を體して遺さず」（「中庸」）、應に方所有るべからず。（程顥の語か）

とあり、また『河南程氏遺書』卷三、第八十九條には、

又、語りて太虛に及ぶ。曰く、又、太虛無し、と。遂に虛を指して曰く、皆、是れ理なり、安んぞ之を虛と謂ふを得ん、天下、理より實なる者無し、と。（程頤の語）

といふ問答を錄する。二程は張載の親戚であり親しく講學した仲でもあつたが、張載の「內に充實を含む虛」といふ概念は受容しなかつた。

二程が太虚の語を用ひるときは、たとへば『河南程氏遺書』巻三、第三十六條にある程顥の語、

太山を高しと爲す。然れども太山の頂の上は已に太山に屬せず。堯舜の事と雖も、亦た只、是れ太虚中、一點の浮雲、目を過ぐるが如し。

のごとく大なる天空の意で用ひる。一般的な語彙としての「虚心」といふことは尊重するが、その前提にあるのは敬といふ意識的な營爲であると主張する。『河南程氏遺書』巻十五、第一百五條に云ふ。

敬なれば則ち自ら虚靜なり。虚靜を把りて敬と喚び做すべからず。敬に居れば則ち自然に簡を行ふ。「簡に居りて簡を行ふ」（『論語』雍也）が若きは、卻て是れ簡ならず、只、是れ居る所の者、已に一簡字を剩す。（程頤の語）

居敬といふことが先にあつてこそ虚心でゐられると説く。前述の通り張載の虚は虚實を兼ねる概念であるが、二程としては存在論にせよ倫理思想にせよ、虚が先に立つといふ考へは受入れがたいものであつたのだと見える。

四　呂大臨の「空」説

呂大臨は張載の高弟であり、張載の沒後は二程に師事した。程頤は呂大臨のことを「横渠の學を守ること甚だ固し」（『河南程氏遺書』巻十九、第九十八條）と評し、また胡宏は「與叔は乃ち横渠門人の肖る者なり」（「題呂與叔中庸解」）と述べた。しかしながら現存する呂大臨の言辭中には太虚の文字はほとんど見出されない(1)。

「中庸」の未發已發を論じて云ふ。

易に曰く、寂然不動、感じて遂に天下の故に通ず、と。語に曰く、子、四を絶つ、意毋く、必毋く、固毋く、

我毋し、と。孟子曰く、大人なる者は、赤子の心を失はざる者なり、と。此の言皆、何の謂ひぞや。回や其れ庶きか、屢ミ空し。唯、空にして然る後、以て中を見るべし。空は中に非ざるなり。必ず事とする有り。喜怒哀樂の未だ發せず、私意小知、其の間に撓す無き、乃ち所謂空なり。空にして然る後、中を見る。實なれば則ち見ざるなり。（『禮記集説』巻百二十四所引）

前述のごとく、張載にあつては聖人は虚の至りであり、聖人の虚心は『論語』子罕篇にいふ「絶四」であつた（本書第二部第三章）。ここで呂大臨は「絶四」を未發の中に結びつけ、『論語』先進篇の「屢空」を引くことで「空」を經て未發の中に至るのだと述べる（本書第二部第四章）。「空」と「實」とが對比されるのであるから、この「空」は「虚」に置き換へることが可能である。張載における「虚」を、呂大臨は「空」として繼承したのだと見られる。張載から呂大臨への繼承關係を基に考へると、虚の思想は「空」へと移行しやすいといふ傾向が抽出できる。「虚」は道家的な語であり、「空」は一般論として佛家的な語である。二程は張載の虚の思想を拒否し、また前章で述べた通り、呂大臨の已發未發説は程頤から嚴しく批判された。「虚」「空」といつた異端的な表現が批判されたのだと解釋できる。

五　朱熹の太虚解釋

『朱子語類』巻九十九、第十三條（鄭可學の錄）に、

「横渠は太虚卽氣と云ひましたが、太虚とは何を指すのですか」「やはり理を指す。ただ說き方がはつきりしない」[2]「太和はどうですか」「これは氣を指す」[3]

という問答を錄する。また『朱子語類』巻九十九、第三十七條（鄭可學の錄）には、

「横渠に清虚一大の説がありますが、やはり清濁虚實を兼ねる必要があるのでせうか」「横渠は初め清虚一大と云つたが、伊川に詰難されたため、清は濁を兼ね、虚は實を兼ね、一は二を兼ね、大は小を兼ねると云つた。横渠の本意としては形而上のことを述べようとしたのだが、かへつて形而下の言辭となつてしまつた。このあたりが横渠の最も不分明なところだ」（中略）「横渠は太虚卽氣と云ひました。これは理を指して虚と見做したのであり、形而下のことではないやうに思はれます」「たとひ理を指して虚と見做すのであつても、どうして氣をひとまとめに入れ込むのか」(4)

とある。朱熹は張載の本意をよく捉へて太虚を本體論的存在と解釋し、「太虚卽氣」を「形而上の本體がただちに形而下の氣である」といふ意味に讀み替へて、これを不分明と批判する。

周知の通り「形よりして上なる者、之を道と謂ひ、形よりして下なる者、之を器と謂ふ」（繫辭上傳）であり、かつまた「一陰一陽するを之、道と謂ふ」（同）であるから、道と陰陽の氣との關係は微妙な問題となる。張載は「一陰一陽、是れ道なり」（『易説』）と述べて陰陽と道とを相卽的に捉へる。朱熹は程頤の「陰陽する所以の者は道なり」（『河南程氏遺書』巻十五、第百二十四條）といふ言辭を基盤として道と陰陽との閒に觀念操作を挾む。兩者の立脚點が違ふのである。

『朱子語類』巻九十八、第四十三條（周謨の錄）に、

およそ物に心があればその中は必ず虛ろだ。食品で言へば雞の心、豚の心など、切り開いて見るとよい。人の心もやはりさうだ。ただこの虛ろなところにもろもろの道理が藏される。(5)

とある。また乾道五年の「答張欽夫書」（『朱文公文集』巻三十）に云ふ。

來示に又謂ふ、心、時として虛ならざる無し、と。熹、以爲へらく、心の本體は固に時として虛ならざる無し。

然り而して人欲己私、汨沒すること久し。安んぞ一旦遽かに此の境界を見るを得んや。故に聖人、必ず其の心を正すと曰ふ。而して心を正さんには必ず先に意を誠にし、意を誠にせんには必ず先に知を致す。其の用力の次第、此の如くして、然る後、以て心の正を得て其の本體の虛に復すべし。亦た一日の力に非ず。

心の本體は（物質的な意味においても）虛であり、しかしそれは虛無なのではなく、虛中に理が充滿するのだということになる。かう見ると朱熹は張載の「無形の虛」といふ概念を正しく咀嚼した上で自己の理氣論に上手く適合させたのだと言へよう。

六　王學の太虛說

楠本正繼博士は王守仁が南大吉に宛てた丙戌すなはち嘉靖五年の書簡（本章後出）を根據に「陽明が良知の立場を太虛の思想によつて說いてゐることはいよいよ適切であつたといはねばなるまい」（『宋明時代儒學思想の研究』第二編第四章第一節の一）と述べられた。それならば『王文成公全書』に太虛の文字が頻出するかといふと、實はさうではない。詩賦にいくつか見られる太虛はみな思想語彙とは讀み取り得ず、「大空」に置き換へて差支へないものばかりである。(6)

『傳習錄』には二箇所に見える。まづ卷下、第六十九條、道家の虛、佛家の無、いづれも本體に私意を加へるものであると批判した上で云ふ。

聖人は只是れ他の良知の本色に還り、便ち些子の意に著せず在り。良知の虛は便ち是れ天の太虛、良知の無は便ち是れ太虛の無形。日月風雷山川民物、凡そ貌象形色有るもの、皆太虛無形の中に在りて發用流行し、未だ嘗て天の障碍を作し得ず。聖人は只是れ其の良知の發用に順ひ、天地萬物倶に我が良知の發用流行中に在り。何ぞ嘗て又一物も良知の外に超ゆる有りて、能く障碍を作し得んや。

良知の様態が天空としての太虚で譬へられ、一時的に良知を妨げるもの、つまりは私欲のことを指すのであらうが、さうした障碍が太虚中の事象で譬へられる。

今一つはやはり『傳習録』巻下、第九十條に見える。知を太陽に、欲を雲に譬へ、雲が天にあると同様、欲も人心から排除できないのではないかとの問に答へた言葉。

雲霧四塞すと雖も、太虚中の色象辨ずべきは、亦是れ日光滅せざるの處なり。雲能く日を蔽ふを以て天をして雲を生ぜざらしめんと要むべからず。七情其の自然の流行に順ふは、皆是れ良知の用なり。分ちて善惡を別にすべからず。

これまた良知を譬へるのに天空としての太虚のイメージを用ひる。どちらも心の本體たる良知を太虚で譬へるのであるから、その限りにおいて太虚が重要な概念語であると言ひ得るが、同時に譬喩の媒體として使用される以上、太虚自體が重要な概念ではないとも言ひ得る。

しかも右の二條はいづれも錢德洪の錄である。(7)つまり『傳習錄』中の太虛は錢德洪の錄中にしか出現しないといふことになる。してみると王守仁が太虛といふ語彙を重視したといふよりも錢德洪が太虛に注目したために『傳習錄』中にその語が殘つた、といふ可能性すら考慮しなくてはなるまい。(8)

目を『傳習錄』以外に轉ずると、前述「答南元善（大吉）」書の第一に太虛といふ文字が見える。書簡の前半部、世の心ある人士が心中に凝滯するものを持つことによつて道を得ないことを述べた後、

夫れ惟、有道の士のみ眞に以て其の良知の昭明靈覺、圓融洞徹、廓然として太虛と同體なるを見る有り。太虛の中、何物か有らざらん。而も一物も能く太虛の障碍と爲る無し。

と述べる。そして元來聰明叡智なる良知の本體が貧賤愛憎などの要因によつて曇らされることを論じた上で、

故に凡そ有道の士、其の富貴を慕ひ、貧賤を憂へ、欣戚得喪、而して取舍愛憎に於けるや、若し目中の塵を洗ひて耳中の楔を拔けば、其の富貴貧賤得喪愛憎の相値に於ける、飄風浮靄の太虛に往來變化して太虛の體、固より常に廓然として其れ碍無きが若きなり。元善、今日の造る所、其れ殆ど是に庶幾きか。

と述べて南大吉を激勵する。太虛が天空、大空間のイメージで良知の譬喩に用ひられること、前掲『傳習錄』の記載と趣を同じくする。虛が實を兼ねるとか、虛中に實理が充滿するとかいつた意味での太虛說ではない。修辭の上での太虛說と解して良からう。

楠本博士は「かかる考へは、もともと南元善が關中の人で、太虛思想の先輩張橫渠と鄉土を同じうする所から援用した敎說でなかつたとはいへないけれども、太虛思想が當時の陽明の傾向に適するものであつたことも亦疑ひ難い」とされる（同前）。しかし王守仁の言說における太虛の用例の少なさから考へるなら、むしろ楠本博士が懸念された通り、南大吉が關中の人であることを意識して、關學の祖たる張載の言葉を特に用ひたと解釋する方が、より自然ではあるまいか。現に書簡の終り近く、

關中は古より豪傑多し。其の忠信沈毅の質、明達英偉の器、四方の士、吾れ見ること亦た多きも、未だ關中の盛の如き者有らざるなり。然れども橫渠の後より此の學、講ぜず、或は亦四方と異なる無し。此れより關中の士、振發興起する所有り、其の文藝を道德の歸に進め其の氣節を變じて聖賢の學を爲すは、將に必ず吾が元善昆季より始まらんとするなり。

とあつて、張載の名を擧げて南大吉の奮起を促す。

遺著遺言に徵する限り、王守仁が太虛なる語を特に重んじたとは考へ難い。太虛が良知の譬喩として使用されたことは疑ひないが、それはあくまで譬喩の媒體としてであり、かつ發話者たる王守仁自身よりもむしろそれを受け

取る門弟の受容如何が問題になるやうな使用ぶりである。同時代の湛若水が盛んに虚を述べるのに比べても、その扱ひははるかに軽いものであるやうに見える。(9)

七　「良知」と「太虚」と

夫れ良知は一なり。其の妙用を以て言へば之を神と謂ひ、其の流行を以て言へば之を氣と謂ひ、其の凝聚を以て言へば之を精と謂ふ。

『傳習錄』巻中、答陸原靜書に云ふ。

王守仁の學にあつて良知が觀念として主要なものであるばかりでなく、現象の背後にある眞の實存とでもいふべきものとして構想されたことが讀み取られる。

これをさきに引いた張載の「太虛の形無きは、氣の本體なり。其の聚り其の散ずるは、變化の客形のみ」「太虛を淸と爲す。淸なれば則ち礙無し。礙無きが故に神なり。淸に反するを濁と爲す。濁なれば則ち礙あり。礙あれば則ち形あり」と竝べるなら、張氏王氏どちらも「眞實存のあり方が神、現象界に擴がるのが氣、現象としての現れが氣の聚散」と述べたことになる。つまりその含意は極めて類似する。少しく極端に言ふならば、ここで兩者の「太虛」と「良知」と、術語を交換しても違和感がない。前述の通り王守仁が太虛といふ語彙はさほど重視しなかつたと見るにしても、太虛說の含意は良知說に影響した、と見ることは可能ではあるまいか。

王守仁は張載の太虛の含意を消化して良知說に取り込んだといふ假定を置いてみる。その上で王守仁の言說に於ける太虛の位置について、更に踏み込んで檢討しよう。

八　天泉橋問答

『王文成公全書』中、太虛を良知と關聯づけた記述がもう一箇所ある。年譜の嘉靖六年九月、かの天泉橋問答を記した箇所である。長文になるので全文は別に掲げる。[10] よく知られる通り、いはゆる四句教を巡つて、王畿と錢德洪との閒に見解の違ひが生ずる。兩人は直接王守仁の意見を叩く。天泉橋上で王守仁は、兩人の見解が相互に補ふものであると述べる。錢德洪がそのわけを問ふと王守仁は、

良知の本體は原來有る無し。本體は只是れ太虛なり。太虛の中、日月星辰風雨露雷陰霾曀氣、何物か有らざらん、而して又何の一物か得て太虛の障と爲らん。人心の本體も亦復是の如し。太虛の無形は、一過にして化し、亦何ぞ纖毫の氣力を費さん。德洪の功夫、須く此の如きを要すべし。便ち是れ本體に合し得るの功夫なり。

と教へる。良知の本體が太虛だと述べ、直後に太虛を大空閒のイメージに置き換へて太虛中の萬物が結局は太虛の妨げとはなり得ない、心の本體すなはち良知もさういふものだと言ふ。その說き方は前引『傳習錄』巻下、第六十九條、錢德洪の錄とよく似る。そして王陽明年譜は基本的に錢德洪の撰である。良知を太虛で譬へる文言が、多く錢德洪の手に出ることは、前述の通り、太虛といふ語に對する王守仁の見解を考へる上で、無視できない保留條件ではあるまいか。

年譜のこの記述は、『傳習錄』巻下、第百十五條を基とする。全文は別に掲げるが、[11] これもまた錢德洪の手になる記録だと推定し得る。該條には太虛の文字は見えない。ここでの王守仁の發言には「良知とはたとへばかういふ

ものだ」といつた説明が無く、直截に「人心の本體は原是れ明瑩無滯のもの、原是れ箇の未發の中」と切り込む。從つて良知の本體は太虚であるといつた文言を必要としない。

年譜は錢德洪の請問に對して王守仁の答へがあり、次いで王畿の請問に對してそれは上根の人への教法だとの答へがあり、言葉を繼いで四句の教法を繰り返す、といふ構成であるのに對して、『傳習錄』では問答の體裁をとらず、王守仁の言葉を書き連ねる形となつてゐる。年譜を編纂する際に『傳習錄』所載の記錄を踏まへつつ問答體に形を整へたことが推定される。そのとき前引巻下、第六十九條の記錄を用ひて錢德洪との問答を構成したものであらう。

九　王畿の太虚觀

天泉橋問答を王畿の側から記錄したのが「天泉證道紀」（『龍溪王先生全集』巻一）である。これまた長文なので全文は別に掲げる。[12] 文中、王畿を先生と稱するから、王畿自身の手になるものでないことは明かで、資料としての取り扱ひに注意を要するが[13]、王畿學派から見た天泉橋問答の記錄であるには違ひない。

「天泉證道紀」全體の構成は『傳習錄』の記錄と似る。『傳習錄』と比べて冒頭「陽明夫子の學、良知を以て宗と爲す。毎に門人と學を論ずるに、四句を以て教法と爲す。……學ぶ者、此に循ひて功を用ひ、各〻得る所有り」といふ前書きめいた文章があること、四句教が不易の定説ではないことを主張する王畿の言葉が詳細であること、四無四有なる表現が使はれることなどの點で異なる。王畿の側の記錄であることを考へればかうした差異が存するのも當然である。そして「天泉證道紀」にも太虚の文字は存在しない。この文章もまた「良知とは何ぞや」といふ説明を要しない段階で書かれたものだといふことであらう。

太虛に關する王畿の言辭としては、たとへば梅守德への答書に云ふ。

夫れ識と良知と、同じく出でて名を異にす。爭ふ所、只、毫釐のみ。識に分別有り、知の體は渾然。識に去來有り、知の體は常寂。故に曰く、良知は太虛の如し、萬變紛紜、太虛の中に隱見するも、而も太虛の體、廓然として礙無しと。（『龍溪王先生全集』卷十二）

ここでは太虛の語が良知の譬喩として用ひられる。しかし聶豹に宛てた書簡では、

良知は本虛。格物は乃ち實。虛實、相生じ、天則、常に見はる。方に是れ眞に本を立つるなり。（『龍溪王先生全集』卷八）

とあつて良知の本來體が虛と同一視される。

また孔子の耳順を巡つての問答に云ふ。

孔子、五十にして天命を知り、能く太虛と同體、方に能く虛を以て世に應ず。聲の入る所に隨ひ、聽くに耳を以てせずして、之を聽くに神を以てし、更に好丑簡擇無く、故に之を耳順と謂ふ。（『龍溪王先生全集』卷一）

ここでは孔子知命の境涯を太虛と等置する。王畿における太虛は時に譬喩の媒體として用ひられつつもそればかりではなく、良知そのものの實存的あり方を述べる語である。

十　錢德洪の太虛觀

王守仁が「利根」「上根」と評する王畿にあつて、「良知は太虛のやうなものだ」と「良知は太虛だ」と、兩樣の言說が見出される。天泉橋問答の記錄の仕方に徵するならば、王畿は良知を太虛で譬へることをしなかつた。上根

の人にその必要は無かつたといふ解釋はあながち牽強附會でもあるまい。

錢德洪はその記錄に、良知を太虛で譬へる文言を用ひた。四句教に對する錢德洪の捉へ方が、王守仁から次位の人の功夫と評されるのを見れば、太虛を譬喩の媒體とするのは初等の階梯において必要な表現法なのだと推定可能である。

周知の通り錢德洪の著書語錄等は散逸したため、その意圖は斷片的な遺文から判定することとなり取扱ひに若干の注意を要するが、『明儒學案』卷十一、浙中王門學案に引く「會語」の第七條に云ふ。

聖人、紛紜交錯の中に於て其の不動の眞體を指す、良知是れなり。是の知や、萬感紛紜すと雖も而も是非、昧ならず、衆欲交錯すと雖も而も清明、躬に在り。至變にして方無く、至神にして迹無き者は良知の體なり。太虛の中、物、有らざる無くして、而も一物の住する無し。其の住する有るは則卽ち太虛の礙と爲す。

また同第十三條には、

眞性の流形は、自然に非ざる莫し。稍しく一たび意を起すは、卽ち太虛中、忽として雲翳を作すが如し。

とある。いづれも「良知は太虛のやうなもの」「私意は太虛中に影が差すやうなもの」と述べる。つまりいづれも譬喩としての太虛說と解釋して差支へあるまい。さらに『王門宗旨』卷十に引く「復楊斛山書」では、程顥「定性書」の「君子之學、莫若廓然而大公、物來而順應」を解釋する文脈中で、

心、能く天下の善を盡す。而も先に一善の迹を存すべからず。太虛の中、日月星辰風雨露雷曀霾絪縕、何物か有らざらん、而も未だ嘗て一物も太虛の有と爲さず。

と述べる。一讀して本章の第八節で既に引いた「年譜」の記述と非常に近似することが看取される。すなはちこれまた譬喩としての太虛說と見做し得る。(14)

太虛に對する王畿と錢德洪と兩者の取り扱ひ方を比較してみると、同じく太虛といふ語彙を用ひつつ、そこに込

める含意に、譬喩の媒體と、良知の眞のあり方と、といふ微妙な差異が存することがわかる。その差異を手掛りとして考へるならば、王學の良知説は深い部分で張載の太虛説に類似し、文字面として太虛といふ語が用ひられないとき、つまり良知の譬喩として太虛が用ひられないときこそかへつて、本體と現象とを一體的に把握する、張載的な思考様式が強く讀み取られるやうに見える。無形の本體といふ張載の太虛説は、太虛といふ語彙の有無といふ問題ではなく、思考のあり方として、王守仁に影響した、といふ推定が可能だと考へる。

十一　王學における太虛の位置づけ

太虛は張載によつて「無形の本體」と解釋された。張載は虛を媒介とする天人合一思想を述べたが、虛といふ文字は「空」「無」といつた方向に解釋される危ふさを有するものでもあつた。他方「太虛卽氣」といふ規定の仕方は理念的な本體と形而下の氣とを無造作に結合したものだといふ疑念を招く表現であつた。朱熹は虛中に充滿するものを理に置き換へることによつて、結果として張載の太虛説を理氣哲學の中に巧みに織り込んだ。

王守仁は太虛といふ語彙そのものはさして重視しない[15]。良知を説くのに太虛の文字を用ひるのは「説明のため」である。しかし思考の深部において、おそらくは朱熹の「太虛は理を指す」といふ解釋を通じてのことであらうが、無形の本體から有形の現象までを一體的に見る張載の太虛説を繼承してゐる。

朱子學の成立に當つて朱熹の思考に大きく影響したのは張載の學であり、二程の影響は實は思ひのほか外面的なものであるといふのが筆者年來の考へである。王學の成立に關しても、根本的な部分で、張載の影響を見出し得るのではないかと考へる。大鹽が「正蒙を逃れ得ないところの、陽明良知の太虛説」と述べるのも、さうした影響關係が讀み取り得ることを示唆するものであらう。

本章の結び

最後に、本章の發端となつた大鹽の太虛說について一言しておく。

『洗心洞劄記』に云ふ。

夫れ良知は只是れ太虛の靈明のみ。（上、第三十四條）

心、太虛に歸せずして良知を謂ふは、皆、情識の知にして眞の良知に非ざるなり。眞の良知は他に非ず、太虛の靈のみ。道を知る者に非ざれば、孰か能く之を悟らん。（上、第五十八條）

無善無惡は心の體。故に君子、知を致し物を格して、以て其の體に歸すれば、便ち是れ太虛にして、萬事萬物、皆、其の中に涵む。是れを以て日に用ひ應酬す。故に遂に位育參贊の功德を得るなり。（上、第八十三條）

既述の通り、大鹽は太虛を良知に引き寄せて解釋する。心を太虛に歸することなくして眞の良知を致すことはできないと言ひ、また致良知の功を積まずには太虛の地位に至り得ない（前引、上、第四十八條）とも言ふ。修養の階梯はどうなるのかといふ疑問も生ずるが、ともかくも太虛と致良知とを不可分のものと捉へたことは確かである。大鹽の著書『儒門空虛聚語』卷下には儒家思想の範疇內で虛といふ概念を述べた言葉を彙集するが、その中に『傳習錄』卷下、第六十九條および答南元善書を錄する。著作に現れた範圍からは、大鹽が致良知と太虛とを同一のものと解するのは紛れもなく王守仁の影響であり、太虛といふ概念の把握に當つては張載の影響下にあると考へて大過ないであらう。そして「無善無惡は心の體」と述べるのを見れば、天泉橋問答の影響は少なくないと判斷可能である。

しかし仔細に検討すると、大鹽の太虚說には、張載のそれとは大きくかけ離れた要素が發見される。

> 常人方寸の虚と聖人方寸の虚とは同一の虚なり。而して氣質は則ち清濁昏明、同年にして語るべからざるなり。猶ほ貧人室中の虚と貴人室中の虚と同一の虚にして、而も四面牆壁上下屋栿は、則ち美惡精粗の同じからざるが如きなり。而も方寸の虚なる者は便ち是れ太虚の虚にして、太虚の虚は便ち是れ方寸の虚なり。本、二無し。畢竟、氣質、之を牆壁するなり。故に人、學んで氣質を變化すれば、則ち聖人と同じき者、宛然として徧布照耀し、包涵せざる無く、貫徹せざる無し。（上、第十六條）

全體として張載の「氣質を變化する」（『經學理窟』）に觸發された言辭かと見えるが、ここでの「虚」「太虚」の說き方は獨特である。まづ常人の方寸の虚も聖人の方寸の虚も、どちらも同一の虚であるといふ說き方。心臟のうつろな空間に理が宿るといふ捉へ方は、本章既出の通り朱熹にもあり、大鹽の獨創ではないが[16]、しかしこれまた前引張載の「聖人は虚の至り」といふ言辭に照してみると、常人の虚といふ表現がすでに張載の虚の思想からは離れたものと解し得る。王學にあつて「良知は人に在り、你の如何に隨ひて泯滅する能はず」（『傳習錄』卷下、第三十七條）つまり良知は萬人が有するものであるから、これを前提にして良知と虚とを結びつけるからには、必然的に萬人が虚を內藏することとなり、結果として張載の虚から離れざるを得ない。

そして萬人が虚を內藏すると考へた結果、常人の虚と聖人の虚との相違を說明する必要が生じた。張載は「太虚を靜と爲す」「靜に反するを濁と爲す」と述べた（前引）から、聖人の虚に對するのは常人の濁になるのが順當である。大鹽は「常人の虚」を設定したため、聖人の虚との違ひは、その虚を取り圍む氣質の違ひであると見做すことになつた。かつその譬喩として常人の虚は貧家の室內の虚が、粗末な天井や壁やらに圍まれてあるやうなもの、聖人の虚は貴人の室內の虚が、美麗な天井や壁やらに圍まれてあるやうなものだと述べる。氣質を變化して清虚を得るのではなく、氣質を變化してその內に藏する虛が輝き出すといふのなら、畢竟、虛自體は氣質と沒交渉のもの、張載的な「氣が散じた太虛」「實を含んだ虛」ではなく、むしろ「空虛」の虛といふことになりはしまいか。

大鹽自身は「太虛は空に非ず」（上、第四十三條）と述べ、また「良知を致すことなく太虛を語るなら、必ず釋老の學に陷つてしまふ」（前引、上、第四十八條）と言ふ。しかしまた「石閒の虛、竹中の虛も、亦た天なり」（上、第一條）といふ敍述を見ると、虛の含意を「何もないがらんだうの空閒」と把握したのではないかといふ疑念を禁じ得ない。無生物が區畫してできた空閒を天の虛と同一視する發想は、張載の思想には見出し難い。前述の通り張載の虛は、目には見えないが無形の氣を充滿させる空閒であり、そこには生意が橫溢してゐるはずのものである[17]。

太虛の說が張載に由來するものであることを認め、張載と同樣、氣質を變化することを述べるにも關らず、大鹽の太虛說には張載の太虛說とは相當異なる內容が含まれる。張載に始まる虛の思想が如何なる變轉を閱したかといふことについては更なる調査を要しよう。ほかでもない大鹽平八郎その人が『儒門空虛聚語』に「儒學における虛の言說」を多數、彙集してゐる。それらの言說を辿ることで虛の思想の流れを複數の道筋から追跡し得るであらう。今後の課題としたい。

〔注〕

（1）市來津由彥「呂大臨の思想」によれば、「禮記解」で太虛の文字を使ふのは『禮記集說』卷百三十五に引く「五行之氣、紛錯於太虛之中、竝行而不相悖」云云の一條だけである。筆者も陳俊民『藍田呂氏遺著輯校』に就いて搜索したが、太虛といふ語は『禮記集說』の該條以外に發見できなかつた。

（2）『正蒙』太和篇第一條に「太和所謂道。中涵浮沈升降動靜相感之性」云云とある。太和の語は『易』乾卦彖傳にもとづく。

（3）原文：問、橫渠云、太虛卽氣、太虛何所指。曰、他亦指理、但說得不分曉。曰、太和如何。曰、亦指氣。

（4）原文：問、橫渠有淸虛一大之說、又要兼淸濁虛實。曰、渠初云淸虛一大、爲伊川詰難、乃云淸兼濁、虛兼實、一兼二、大兼小。渠本要說形而上、反成形而下、最是於此處不分明。（中略）又問、橫渠云太虛卽氣、乃是指理爲虛、似非形而下。曰、縱指理爲虛、

亦如何夾氣作一處。（下略）

（5）原文：（前略）凡物有心而其中必虛。如飲食中雞心豬心之屬、切開可見。人心亦然。只這些虛處、便包藏許多道理。（下略）

（6）筆者が氣づいたものを擧げておく。

長遨遊於碧落。共太虛而逍遙。（九華山賦）

相期廣成子。太虛顯遨遊。（登泰山五首の二）

羊腸亦坦道。太虛何陰晴。（雜詩三首　其三）

（7）『傳習錄』卷下、第四十八條以降は「黃省曾錄」と記すが、第六十條から第百十五條（本章後出）までは記述の特色から見て錢德洪の錄に出るものだと推定される。佐藤一齋『傳習錄欄外書』卷下を參照。また溝口雄三譯「傳習錄」（荒木見悟責任編輯『世界の名著19　朱子　王陽明』中央公論社、一九七八年）を參照。

（8）『傳習錄』卷下、第七條（陳九川の錄）に、良知を巡るやりとりの中で夏良勝の言葉を錄して云ふ。

于中曰、只是物欲遮蔽、良心在內、自不會失、如雲自蔽日、日何嘗失了。

また同第三十七條（黃修易の錄）に云ふ。

先生曰、既去惡念、便是善念、便復心之本體、譬如日光被雲來遮蔽、雲去光已復矣、若惡既去、亦要箇善念、即是日光之中添燃一燈。

良知すなはち心の本體を太陽に、惡念すなはち私欲を雲にたとへるのは第六十九條および第九十條に似るが、そこに太虛の文字は現れない。

（9）たとへば『明儒學案』卷三十七、甘泉學案所引「語錄」に、陳獻章の言葉を引きつつ「又予に語りて云ふ、虛實の二字、往來して看るべし、虛中に實あり、實中に虛ありと。予謂へらく、太虛中、都是れ實理、充塞流行す。只是れ虛實は同原なり」と述べる。虛が實を兼ねること、虛中に實理が充滿することなど、朱熹を通過した張載の太虛說をまともに受け止めた言辭である。

（10）是月初八日、德洪與畿、訪張元沖舟中、因論爲學宗旨。畿曰「先生說、『知善知惡是良知、爲善去惡是格物』此恐未是究竟話頭」德洪曰「何如」。畿曰「心體既是無善無惡、意亦是無善無惡、知亦是無善無惡、物亦是無善無惡。若說意有善有惡、畢竟心亦未是無善無惡」。德洪曰「心體原來無善無惡、今習染既久、覺心體上見有善惡在、爲善去惡、正是復那本體功夫、若見得本體如此、只說無功夫可用、恐只是見耳」。畿曰「明日先生啓行、晚可同進請問」。是日夜分客始散、先生將入內、聞洪與畿候立庭下、先生復出、使移席天泉橋上。德洪擧與畿論辯請問。先生喜曰「正要二君有此一問。我今將行、朋友中更無有論證及此者。二君之見正好相取、不可相病。汝中須用德洪功夫、德洪須透汝中本體。二君相取爲益、吾學更無遺念矣」德洪請問。先生曰「有只是你自有、良知本體原來無有、本體只是太虛。太虛之中、日月星辰風雨露雷陰霾曀氣、何物不有、而又何一物得爲太虛之障。人心本體亦復如是。太虛無形、一過而化、亦何費纖毫氣力。德洪功夫須要如此。便是合得本體功夫」畿請問。先生曰「汝中見得此意、只好默默自修、不可執以接人。上根之人、世亦難遇。一悟本體、卽見功夫、物我內外、一齊盡透、此顏子明道不敢承當、豈可輕易望人。二君已後與學者言、務要依我四句宗旨。無善無惡是心之體、有善有惡是意之動、知善知惡是良知、爲善去惡是格物。以此自修、直躋聖位、以此接人、更無差失」畿曰「本體透後、於此四句宗旨何如」先生曰、「此是徹上徹下語、自初學以至聖人、只此功夫。初學用此循循有入、雖至聖人、窮究無盡。堯舜精一功夫、亦只如此」先生又重囑付曰「二君以後再不可更此四句宗旨。此四句中人上下無不接著。我年來立教、亦更幾番。今始立此四句、人心自有知識以來、已爲習俗所染、今不敎他在良知上實用爲善去惡功夫、只去懸空想箇本體、一切事爲、俱不著實、此病痛不是小小、不可不早說破」是日洪畿俱有省。

(11) 丁亥年九月、先生起復征思田。將命行時、德洪與汝中論學。汝中擧先生敎言曰「無善無惡是心之體、有善有惡是意之動、知善知惡是良知、爲善去惡是格物」德洪曰「此意如何」汝中曰「此恐未是究竟話頭。若說心體是無善無惡、意亦是無善無惡的意、知亦是無善無惡的知、物是無善無惡的物矣。若說意有善惡、畢竟心體還有善惡在」德洪曰「心體是天命之性、原是無善無惡的。但人有習心、意念上見有善惡。在格致誠正修此、正是復那性體功夫。若原無善惡、功夫亦不消說矣」是夕侍坐天泉橋、各擧請正。先生曰「我今將行、正要你們來講破此意。二君之見正好相資爲用、不可各執一邊。我這裏接人、原有此二種。利根之人、直從本源上悟入、人心本體原是明瑩無滯的、原是箇未發之中。利根之人一悟本體卽是功夫。人已內外一齊俱透了。其次不免有習心、在本體受蔽。故且敎在意念上實落爲善去惡、功夫熟後渣滓去得盡時、本體亦明盡了。汝中之見是我這裏接利根人的。德洪之見是我這裏爲其次立法的。二君相取爲用、則中人上下皆可引入於道。若各執一邊、眼前便有失人便於道體各有未盡」既而曰「已後與朋友講學、切不可失了我的宗旨。無善無惡是心之體、有善有惡是意之動、知善知惡的是良知、爲善去惡是格物。只依我這話頭隨人指點、自沒病痛。此原是徹上徹下功夫。利根之人世亦難遇。本體功夫一悟盡透、此顏子明道所不敢承當、豈可輕易望人。人有習心。不敎他在良知上實用爲善去惡功夫、只去懸空想箇本體、一切事爲俱不著實不過養、成一箇虛寂、此箇病痛不是小小。不可不早說破」是日德洪汝中俱有省。

(12) 陽明夫子之學、以良知爲宗、每與門人論學、提四句爲敎法、無善無惡心之體、有善有惡意之動、知善知惡是良知、爲善去惡是格物。學者循此用功、各有所得。緒山錢子謂、「此是師門敎人定本、一毫不可更易」先生謂、「夫子立敎隨時、謂之權法、未可執定。體用顯微、只是一機。心意知物、只是一事。若悟得心是無善無惡之心、意卽是無善無惡之意、知卽是無善無惡之知、物卽是無善無惡之物。蓋無心之心則藏密、無意之意則應圓、無知之知則體寂、無物之物則用神。天命之性粹然至善、神感神應、其機自不容已、無善可名。惡固本無、善亦不可得而有也。是謂無善無惡。若有善有惡則意動于物、非自然之流行、着于有矣。自性流行者、動而無動、着于有者、動而動也。意是心之所發、若是有善有惡之意、則知與物一齊皆有、心亦不可謂之無矣」緒山子謂、「若是、是壞師門敎法、非善學也」

先生謂、「學須自證自悟、不從人脚跟轉。若執着師門權法以爲定本、未免滯于言詮、亦非善學也」時夫子將有兩廣之行。錢子謂曰、「吾二人所見不同、何以同人。盍相與就正夫子」晩坐天泉橋上、因各以所見請質。夫子曰、「正要二子有此一問。吾教法原有此兩種。四無之說爲上根人立教、四有之說爲中根以下人立教。上根之人、悟得無善無惡心體、便從無處立根基、意與知物、皆從無生、一了百當、卽本體便是工夫、易簡直截、更無剩欠、頓悟之學也。中根以下之人、未嘗悟得本體、未免在有善有惡上立根基、心與知物、皆從有生、須用爲善去惡工夫隨處對治、使之漸漸入悟、從有以歸于無、復還本體、及其成功一也。世間上根人不易得、祇得就中根以下人立教、通此一路。汝中所見、是接上根人教法。德洪所見、是接中根以下人教法。汝中所見、我久欲發、恐人信不及、徒增躐等之病、故含蓄到今。此是傳心祕藏、顏子明道所不敢言者、今既已說破、亦是天機該發泄時、豈容復祕。然此中不可執着。若執四無之見、不通得衆人之意、只好接上根人、中根以下人無從接授。若執四有之見、認定意是有善有惡的、只好接中根以下人、上根人亦無從接授。但吾人凡心未了、雖已得悟、不妨隨時用漸修工夫。不如此不足以超凡入聖、所謂上乘兼修中下也。汝中此意、正好保任、不宜輕以示人。概而言之、反成漏泄。德洪却須進此一格、始爲玄通。德洪資性沈毅、汝中資性明朗、故其所得亦各因其所近。若能互相取益、使吾教法上下皆通、始爲善學耳」自此海內相傳天泉證悟之論、道脈始歸于一云。

(13)天泉橋問答に關する各種記錄の資料的價値については黃敏浩「王龍溪〈天泉證道紀〉所衍生的問題」(臺灣東亞文明研究學刊第八卷第二期、二〇一一年)を參照。

(14)錢德洪の遺した言辭の探索に當つては錢明編校整理『徐愛　錢德洪　董澐集』(陽明後學文獻叢書、鳳凰出版傳媒集團鳳凰出版社、二〇〇七年)を參照した。

(15)語彙の面から言へば、『王文成公全書』において捜索の對象を「虛」に擴げても、はかばかしい結果は得られない。「虛靈不昧」「虛心」といつた概念を稱揚するが、また「大學古本序」には、

是故不務於誠意而徒以格物者謂之支、不事於格物而徒以誠意者謂之虛、不本於致知而徒以格物誠意者謂之妄。支與虛與妄、其於至善也遠矣。

とあつて、ここでは虛は學のあり方の惡い例とされる。王守仁に虛といふ語彙を重視する志向があつたとは考へ難い。

(16)『雲笈七籤』卷十二に「身中虛」といふ表現があるから、體內の虛といふ觀念は更に古い由來を有するものであらう。

(17)『正蒙』太和篇第六條に「氣坱然太虛、升降飛揚未嘗止息。易所謂絪縕、莊生所謂生物以息相吹野馬者與」とある。

第四章　朱熹の「存順沒寧」解――宋明理學と關學

一　『論語』朝聞夕死章

『論語』里仁篇に云ふ。

子曰く、「朝(あした)に道を聞かば、夕(ゆふべ)に死すとも可なり」と。

子曰。朝聞道。夕死可矣。

この章について『論語集解』では、

将に死に至らんとして世の道有るを聞かざるを言ふ。

と述べて、「道」を「政道」と解する。『論語義疏』(1)『論語注疏』(2)も同様。

これに對して『論語集注』では、

道なる者は事物當然の理なり。苟も之を聞くを得ば、則ち生きては順ひ死しては安く、復た遺恨無きなり。

朝夕とは、甚だしく其の時の近きを言ふ所以なり。

と述べ、その後、いはゆる圏外の注として程子の言を二條引く。(3)すなはち「道」を「事物當然の理」と解する。

『論語』の解説書では、古注新注の差異としてこの「道」に對する解釋の違ひに著目する。たとへば吉川幸次郎『論語』（新訂中國古典選、朝日新聞社、一九六五年）では、これも宋の朱子の新注に從って、その日の朝、正しい道を聞き得たならば、その日の晩に死んでもよろしい、と讀むのが、むしろ普通の讀み方であり、またそれでよろしいであろう。

古注では、道とは、世に道あること、つまり道德的な世界の出現を意味するとし、そうした世界の出現を聞いたが最後、自分はすぐ死んでもいいとさえ思うが、そうしたよい便りを聞かずに、自分は死ぬであろう、という孔子の悲觀の言葉として讀むが、何となくそぐわない。（『論語』上册、九十四頁）

と述べる。孔子の言葉のうち前半「朝聞道」の解釋如何が問題となり、後半「夕死可矣」については「死んだとしてもかまはない」の意に解釋して特に疑問は存しないかのやうに見える。

二　「朝聞夕死」解釋の諸相

松川健二「『論語』朝聞夕死章について」（『伊藤漱平教授退官記念中國學論集』汲古書院、一九八六年。のち汲古書院刊『宋明の論語』二〇〇〇年に收錄）は、孔子の言葉の後半「夕死可矣」に對する解釋にこそ新注の特色が發揮されるのだと論ずる。しばらく松川博士の論旨を追ふ。

『論語精義』に收める北宋道學諸儒の論語說を見るに、無論「夕死可矣」をいはば譬喩的に「死んだとしてもかまはない」（死ストモ可）と解する說がある。集注の圈外に引く程子の言もそれに當る。だがそれ以外に「道を聞いた以上は虛しく生きることはない」（死スルガ可）と解する說、また「死に處するによろしい」（死スルニ可）と解する說もある。しかるに朱熹は本注に「生きては順ひ死しては安く」と記す。すなはち朱熹自身の解は「道を聞き得たなら生きるにも良く、死ぬにも良い」（死ニモ可）といふものである。この解について、松川博士は云ふ。

思うに、「道」をば、五倫といった日用常行の間に外ならず、と限定することからの必然の結果として、「生」の部分に相應の配慮が必要だったのであろう。

その上で「生順死安」なる句の由來について次のやうに述べる。

他方、朱熹自身その『西銘解』で、張載の「存吾順事沒吾寧也」の語を「蓋所謂朝聞夕死、吾得正而斃焉者」と解したことは重視すべく、これを承けてであろう、「生順死安四字、本張子西銘存吾順事沒吾寧也」（陳櫟―倪士毅、論語輯釋所収）同じく「集註生順死安、本張子西銘存吾順事沒吾寧也」（胡炳文、論語通）といった說も存在するのであり、以上の事情を勘案すれば、「生順死安」（死ニモ可）の說は、生まれるべくして生まれたことがわかるのである。

ここに見られる「西銘」とは言ふまでもなく張載の作。冒頭、

　乾を父と稱し坤を母と稱す。予、茲に藐焉として、乃ち混然として中處す。

と述べて、父母に仕へる心を以て天に仕へるのが人のつとめであることを說く。宋代以降の士大夫に多大の影響を與へた文章である。その末尾に云ふ。

　富貴福澤は將に吾の生を厚くせんとするなり。貧賤憂戚は庸て女を成るに玉にするなり。存するときは吾、順にして事へ、沒するときは吾、寧きなり。

末尾の文言は「存吾順事、沒吾寧也」である。省略して「存順沒寧」とも稱される。

松川博士の言及する「西銘解」は朱熹の手になる「西銘」の逐條的注解である。朱熹は「存吾順事、沒吾寧也」に注して云ふ。

　孝子の身、存すれば則ち其の親に事ふる者、其の志に違はざるのみ。沒すれば則ち安んじて親に愧づる所無きなり。仁人の身、存すれば則ち其の天に事ふる者、其の理に逆はざるのみ。沒すれば則ち安んじて天に愧

づる無きなり。蓋し所謂「朝聞夕死」「吾、正を得て斃る」なる者なり。故に張子の銘、是を以て終る。すなはち朱熹は「西銘」末尾の「存順沒寧」を解するのに、『禮記』檀弓上「曾子易簀」の故事と竝べて『論語』の「朝聞夕死」を援用する。

『朱子年譜』卷一によれば乾道八年（一一七二）朱熹四十三歳の一月『論語精義』『孟子精義』が、同年十月「西銘解」が完成した。『論語集注』『孟子集注』の完成は淳熙四年（一一七七）四十八歳のことであるから（『朱子年譜』卷二）、時間的經過からしても、『論語集注』における「生順死安」の句は「西銘」末尾の「存順沒寧」を發想の根源としたものと推定するのが合理的であらう。なほ朱熹は「西銘解」を長く祕藏し、淳熙十五年（一一八八）五十九歳の折、やうやく門弟に開示した（「題太極西銘解後」、『朱文公文集』卷八十二）。

松川博士によれば、明代には生死一如の觀點から「死スルニ可」の解釋が優勢となり、やがて清代には「死ストモ可」が主流となる。「夕死可矣」に對する解釋は時代思潮に應じて變遷し、一律に「その日の晩に死んでもよろしい」で割り切れるものではない、むしろ「夕死可矣」に對する解釋の如何から思想の特色を讀み取り得る、というのが松川博士の主張である。

三　「朝聞夕死」と「存順沒寧」と

本章では松川博士とは少しく異なる觀點から、「朝聞夕死」と「存順沒寧」との關係に關する朱熹の思考を追ってみたい。

『朱文公文集』卷五十二に収める「答吳伯豐」第五書に云ふ。

存吾順事沒吾寧也

二句の論ずる所、甚だ當れり。舊說、誤てり。然れども上句富貴貧賤の云を以て之を例ふれば、則ち亦た太だしくは相ひ連ね說くべからず。今、改めて云ふ、「孝子の身、存すれば則ち其の親に事ふるや其の志に違はざるのみ。沒すれば則ち安んじて親に愧づる所無きなり。仁人の身、存すれば則ち其の天に事ふるや其の理に逆はざるのみ。沒すれば則ち安んじて天に愧づる所無きなり。蓋し所謂、夭壽貳はずして、身を修めて以て之を俟つ者なり。故に張子の銘、是を以て終る」と。張子の本意を得るに似たり。

この書簡は吳必大（字伯豐）の問に對する答書であり、「西銘」末尾の存順沒寧に關する問に朱熹が答へたものだと讀み取られる。吳必大の請問が見つからないため完全な斷定はできないが、ここで朱熹が舊說誤てりと言ふのは「西銘解」を指すに相違なく、朱熹が吳必大の見解を是認し、「西銘解」における存順沒寧解釋の根據を「朝聞夕死」から「夭壽不貳」へと變更したことがわかる。「夭壽不貳、脩身以俟之」は『孟子』盡心章句上第一章を踏まへる。「殀壽不貳」とも表記されるが、意味は變らない。

陳來『朱子書信編年考證』（上海人民出版社、一九八九年）ではこの書簡を紹熙元年（一一九〇）に繫ける（該書三〇七頁）。上述の通り朱熹が「西銘解」を開示したのは淳熙十五年（一一八八）のことであるから、この書簡がそれより後のものであることは疑ひない。『朱子語類』卷頭の姓氏錄では吳必大について「戊申己酉所聞」とする。戊申は淳熙十五年、己酉は淳熙十六年。してみると陳氏の考證はほぼ妥當であらう。そして朱熹は慶元六年（一二〇〇）七十一歲を以て沒した。すなはち吳必大とのやりとりは、朱熹晚年のこととなる。(4)

以上を要するに、朱熹は晚年に至つて存順沒寧に關する解釋の根據を『論語』の「朝聞夕死」から『孟子』の「夭壽不貳」へと變更した。『論語』『孟子』「西銘」それぞれに對する解釋のうちどれが、どのやうに變化したのかといふことを考へてみたい。

四　朱熹晩年の「朝聞夕死」解

『朱子語類』巻二十六には『論語』朝聞道章にまつはる問答を十三條録する。紙幅の關係でその全てを列擧することはできず、またすでに松川博士が詳細に検討されたところでもあるので、ここでは要點の摘録にとどめるが、『語類』の問答を通覽するに、「朝聞夕死」に對する朱熹の解釋は集注の「生順死安」から變化してゐない。第三條、周明作の錄に、

もし道理をはつきりと見得たなら、生きるにももちろん好く、死ぬにも妨げがない。さうでなければ生きても事を濟さず、死んでも枉死となる。(5)

とあり、また第八條、胡泳の錄に、

道を聞いたなら、生きるにも好生を得、死ぬにも好死を得る、といったことだ。(6)

とあるのが好例である。その中から第五條、林恪の錄については全文を引いておかう。

問「朝に道を聞いたら、どうして夕べの死に可となるのですか」答「物格りて知至る、といふことになれば、自づからこの道理といふものを理解でき、觸れる處みなこの道理であつて、理解し得ないといふことが無くなる。生もまたこの一箇の道理、死もまたこの一箇の道理だ」(7)

「道を聞く」とは、格物致知すなはち『大學』にいはゆる八條目の基礎に立つて道理を知ることであり、それを積み重ねて道理を知り得たなら生順死安の境涯に至る、といふ朱熹の思考經路が讀み取られる。分別反省知を積み重ねた上で覺悟知を得る、といふ意味合ひだとも理解できよう。

朝聞道章にまつはる問答十三條の記錄者を取り出し、『朱子語類』姓氏錄を參照して所聞の年を確認してみる。

第一條　葉賀孫　　辛亥（紹熙二年、一一九一）以後所聞
第二條　徐寓　　庚戌（紹熙元年、一一九〇）以後所聞
第三條　周明作　　壬子（紹熙三年、一一九二）以後所聞
第四條　李壯祖　　年闕(8)
第五條　林恪　　癸丑（紹熙四年、一一九三）所聞
第六條　鄭南升　　癸丑（紹熙四年、一一九三）所聞
第七條　呂燾　　己未（慶元五年、一一九九）所聞
第八條　胡泳　　戊午（慶元四年、一一九八）所聞
第九條　潘時擧　　癸丑（紹熙四年、一一九三）以後所聞
第十條　葉賀孫（既出）
第十一條　名闕
第十二條　黃義剛　癸丑（紹熙四年、一一九三）以後所聞。文中に陳淳の發言が見える。陳淳は庚戌（紹熙元年、一一九〇）己未（慶元五年、一一九九）所聞
第十三條　葉賀孫（既出）

不明の二條を除いて、全て紹熙元年（一一九〇）以降の記錄であること、すなはち朱熹晚年の記錄であることが判明する。(9)そのいづれにおいても「生順死安」を以て「朝聞夕死」を解するといふ路線に變更は見られない。『論語』朝聞道章に對する朱熹の解釋は、『集注』成立以後、晚年に至るまで、基本的に變らなかつたのだと考へて大過なからう。

五　朱熹の「夭壽不貳」解

續いて「夭壽不貳」に關する朱熹の見解について檢討する。先述の通り、これは『孟子』盡心章句第一章に見られる句であるから、結局は『孟子』該章に對する朱熹の見解について檢討することになる。『孟子』の原文は次の通り。

孟子曰。盡其心者、知其性也。知其性、則知天矣。存其心養其性、所以事天也。殀壽不貳、脩身以俟之、所以立命也。

『孟子集注』ではこれを三段に分けて解する。まづ「孟子曰。盡其心者、知其性也。知其性、則知天矣」までに對する朱熹の注。

心なる者は人の神明、衆理を具へて萬事に應ずる所以の者なり。性は則ち心の具ふる所の理にして、天は又、理の從りて以て出づる所の者なり。人、是の心を有する、全體に非ざる莫し。然れども理を窮めざれば、則ち蔽ふ所有りて以て此の心の量を盡す無し。故に能く其の心の全體を極めて盡さざる無き者は、必ず其れ能く夫の理を窮めて知らざる者無きなり。既に其の理を知れば、則ち其の從りて出づる所も亦た是に外ならず。大學の序を以て之を言へば、「性を知る」は則ち「物格る」の謂、「心を盡す」は則ち「知至る」の謂なり。

「盡其心者、知其性也」の句は直感的には「其の心を盡す者は其の性を知るなり」と讀まれる句であらう。いはば「盡心」は條件、「知性」は歸結として讀まれることになる。ところが朱熹は「盡心」を『大學』八條目の「知至」に、「知性」を「物格」に關聯づける。『大學』の記述は「欲誠其意者、先致其知。致知在格物。物格而后知至、知至而后意誠」であるから、「物格」「知至」兩者の關係についていへば、「物格」が條件、「知至」が歸結になる。すなはち朱熹は

「盡心」を歸結、「知性」を條件と考へるわけで、それゆゑ朱熹に從へばこの句は「其の心を盡すは其の性を知ればなり」と讀まれなくてはならない[10]。朱熹によるこの一種獨特な解釋は胡宏の心性論に對する反駁的回答であると考へられる。このことについては先學の論考を參照されたい[11]。

續く「存其心養其性、所以事天也」に對する朱熹の注は、

存とは操りて舍てざるを謂ふ。養とは順ひて害せざるを謂ふ。事は則ち奉承して違はざるなり。

であつて、語意の解説を主とする。そして第三段「殀壽不貳、脩身以俟之、所以立命也」に對する注ではまづ、

殀壽は命の短長なり。貳は疑なり。貳はざる者は、天を知るの至なり。身を脩めて以て死を俟つは、則ち天に事へて以て身を終ふるなり。命を立つとは、其の天の付する所を全うし、人爲を以て之を害せざるを謂ふ。

と述べた後、いはゆる圈外の注として程子、張載の言を引く[12]。その後さらに朱熹の案語が置かれる。

愚謂へらく、心を盡し性を知りて天を知るは、其の理に造る所以なり。心を存し性を養ひて以て天に事ふるは、其の事を履む所以なり。其の理を知らざれば、固より其の事を履む能はず。然れども徒其の理に造るのみにして其の事を履まざれば、則ち亦た以て諸を己に有する無し。天を知りて殀壽を以て其の心を貳はしめざるは、智の盡なり。天に事へて能く身を脩めて以て死を俟つは、仁の至なり。智、盡さざる有れば、固より仁を爲す所以を知らず。然れども智にして而も仁ならざれば、則ち亦た將に流蕩不法にして、以て智と爲すに足らず。

先述の通り、朱熹は「盡心」「知性」を「致知」「格物」に結びつける。それがここでは「所以造其理」とされた。すなはち「盡心」「知性」は事事物物の理を探求、認識するといつた營爲である。「存心」「養性」は「所以履其事」とされるから、認識を前提とする實踐と考へて良からう。認識と實踐と、すなはち知と行と、と言ひ換へても良い。そして知行いづれも闕くべからざるものであることが強調される。

その上で「盡心」「知性」「知天」につらなる「殀壽不貳」が智の盡に配せられ、「存心」「養性」「事天」につらなる「脩身以俟死」が仁の至に配せられる。すなはち知行の竝列が、最終的に智と仁との竝列に置き換へられる。

ここで朱熹は知行の兩全を強調する。ただ同時に、知の出發點を格物致知に置き、格物によつて致知に至るといふ序列を明瞭に意識する。『大學』の八條目は格物から出發して平天下に至る、學の階梯を示すものであり、階梯を上つた先に明明德といふ到達點がある。朱熹がこの注釋において「盡心」「知性」を「致知」「格物」で解釋したことは、畢竟『孟子』のこの章を、階梯を上る學者の道程を述べたものとして解釋したことを意味する。『朱文公文集』卷四十、「答何叔京」第十九書に、

盡心知性知天は、學ぶ者、道に造るの事を言ふ。窮理盡性至命は、聖人、易を作るの事を言ふ。

とあることが、その例證とならう。

六　「盡心知性」解釋の定位

『朱子語類』卷六十には『孟子』盡心章を巡る問答を六十條收める。第六條、廖德明の錄に、

其の心を盡すとは、其の性を知るに由る。先づ性の理を知り得て、然る後、此の心を明かにし得る。「性を知る」はちやうど格物のやうなもの、「心を盡す」はちやうど知至のやうなもの。[13]

とあり、また第七條、甘節の錄に、

「性を知る」とは「物格る」である。「心を盡す」とは「知至る」である。物の字が性の字に對し、知の字が心の字に對する。[14]

とある。門弟との問答においても、「盡心」を「致知」に、「知性」を「格物」に當てはめる『集注』の考へ方が維持されたことがわかる。しかも『朱子語類』姓氏錄によれば、廖德明は乾道九年（一一七三）以後所聞といふ古參の弟子、甘節は紹熙四年（一一九三）以後所聞といふ晩年の弟子である。前述の通り『孟子集注』の完成は淳熙四年（一一七七）のことである。『語類』各條の所聞年は確定し得ないため斷定はできないが[15]、可能性としては『集注』編纂過程から晩年まで、前後二十年以上、一貫してこの解釋を維持したとも言ひ得る。

ただし第十四條、劉砥の錄には、

私は以前、孟子の盡心を大學の知至の如しと考へた。今これを思ふに、たぶん意誠で說くべきであらう[16]。

とある。劉砥は紹熙元年（一一九〇）所聞であるから、晩年、解釋の搖れがあつたことも判明する。しかしまた上引の通り、劉砥より後れる甘節の記錄に、『集注』と同じく「盡心」「知性」を「致知」「格物」と結合する言辭が見えるのであるから、解釋の變更にまでは至らなかつたと考へて良からう。

第十六條、周謨の錄には、

「盡心」「知性」「知天」のうち、工夫は「知性」の上に在る。「盡心」はただ「誠意」であり、「知性」はむしろ「窮理」だ[17]。

とあり、また第二十九條、湯泳の錄には、

「盡心」「知性」「知天」は致知である。「存心」「養性」「事天」は力行である[18]。

と見える。周謨は淳熙六年（一一七九）以後所聞といふ比較的古參の人、ただし紹熙五年ころまで數次に亙つて朱熹と面談の機會を得た[19]。湯泳は慶元元年（一一九五）所聞といふから晩年の弟子である。

思ふに「知性」が先にあつて然る後「盡心」といふことがあるといふ脈絡のつけ方は前後を通じて變らない。「性即理」といふことを前提にすれば「知性」は理についての認識を得ること、すなはち明瞭に「格物」と關聯づけられることである。この點について朱熹の解釋は年を經てほとんど變化がない。他方「盡心」といふこと、心といふ際限のない實存を盡すといふことについては、これをどう説明するかといふ點において困難が生じ得る。『語類』の問答を通覽するに、「盡心」に關する朱熹の解釋が搖れるやうに見えるのは、「盡心」といふことに關する得心の行く解釋を求めるうちに説明の仕方が多岐に渡つたといふことではあるまいか。

『語類』を材料として『孟子』盡心章に對する朱熹の見解を追ふと、歳月を經ての解釋の搖れはありつつ、出發點として「知性」といふことがあり、その上に立つて「盡心」がある、といふ認識の仕方、そしてそれは『大學』八條目のまづ「格物」があつてその後「致知」以降の段階に進むといふ學の階梯で説明できるといふ解釋の仕方は、大筋で維持されたやうに思はれる。[20]

七　「存順沒寧」解釋變更の意味

『論語』朝聞道章に對する朱熹の解釋、そして『孟子』盡心章に對する解釋は、『論語集注』『孟子集注』以降、晩年に至るまで、大筋で變化がない。他方、朱熹は「西銘」の「存順沒寧」に對する解釋を壯年期の「朝聞夕死」に沿つた解釋から、晩年「夭壽不貳」に沿つた解釋へと變更した。「存順沒寧」自體に對する捉へ方に變化があつたのだと考へざるを得ない。

朱熹の遺著遺言中、「存順沒寧」に對する解釋の變更を直接的に明示する資料は、前引「答吳伯豐」第五書以外に見當らない。思ふに、朱熹が「朝聞夕死」を「生順死安」と解するのは、「道を聞く」といふことが前提にあつてのことである。すなはち「生順死安」とは道を聞きおほせた人の境涯である。他方、朱熹の解釋によれば「夭壽不貳」は『大學』八條目に關聯することであり、八條目は格物から平天下に至るまでの、學の階梯を項目化した言辭である。してみると「夭壽不貳」は學の階梯を上る人の境涯であり、道をききおほせた人の境地とは異なる。

周知の通り尹焞は程頤に師事して半年で初めて「大學」「西銘」を授けられた（『伊洛淵源錄』卷十一）。「西銘」は早くも程門において「大學」に準ずる「初學入德の門」として扱はれたのだと言へよう。初學の人、すなはち道を聞かうとする人の指針を解するのに、道を聞きおほせた人の境地を表現する言辭を援用するのは、いささか平仄が合はない。

朱熹は乾道五年（一一六九）四十歲で「已發未發說」を書いて自說を定立した。そして既述の通り乾道八年（一一七二）四十三歲のをり「西銘解」を作り、淳熙四年（一一七七）四十八歲の年に『論語集注』『孟子集注』が完成する。「西銘解」の作成は、壯年期の朱熹が、先哲の遺著遺言を、定立した自說の中で體系化すべく精力的に活動する過程で行なはれた。その際「西銘」は實踐道德の指針として重視され、末尾の「存順沒寧」は道德を體現した人の境地として理解された。しかし後年、吳必大の問によつて「存順沒寧」を「朝聞夕死」と結合することの不整合に氣づき、「夭壽不貳」と結合するやう改めた。「存順沒寧」に對する解釋變更の經緯については以上のやうに理解するのが合理的であらう。

本書既述の通り朱熹は程頤の解釋（「與楊時論西銘書」、『河南程氏文集』卷九）を繼承して、「西銘」の趣旨を「理一分殊」と理解する。[21]『朱子語類』卷九十八、「西銘」の「理一分殊」に關する呂燾の問に答へて云ふ。

さらに「存吾順事沒吾寧也」などは、自家の父母について言へば、生きては順にしてこれに事ふべく、死んでは安寧であるべしといふこと、天地について言へば、生きては順事して違拂する所無かるべく、死んでは安寧なるべしといふこと。此は皆、分殊の處である。[22]

慶元五年（一一九九）所聞の呂燾の記錄において、「存順沒寧」は「分殊の處」と說明される。「理一」すなはち天地間を一貫する根本の理といふことではなく、「分殊」すなはち事事物物みな一理を有するといふ文脈から「存順沒寧」を説明するのであるから、これまた「格物」に近い方面から「存順沒寧」を解釋したことになる。また『語類』巻三十九、『論語』先進篇の季路問事鬼神章に關する問答に云ふ。

亞夫が「未だ生を知らず、焉んぞ死を知らん」について質問した。先生の答：もし氣が聚れば生じ氣が散ずれば死ぬと説明すれば、さう言ふだけで人は全て理解し得るだらう。しかし人が生れては幾多の道理があり、五常の性を稟けて以來、父子親有り君臣義有りといつたことがあるわけを知らねばならぬ。一一かうした生の道理を盡し得たなら、そのときは死の道理も皆、知られよう。張子のいはゆる「存吾順事沒吾寧也」とはこれだ。[23]

亞夫すなはち曇淵との問答を潘時擧が記録したもの。兩者とも紹熙四年（一一九三年）以後の弟子である。一見して明かな通り、曇淵は季路問事鬼神章の後半、子路の「敢問死」に對する孔子の答「未知生、焉知死」について質問し、朱熹は種種の道理を知り盡した後に死の道理を知り得ると答へた後、「存順沒寧」の句を例證とする。『論語』該章に對する朱熹の注釋には、

蓋し幽明始終、初より二理無し。但、之を學ぶに序有り、等を躐ゆべからず。故に夫子、之に告ぐること此の如し。

とあり、孔子の言を學の段階を示したものと解する。それにまつはる問答において「存順沒寧」が例證として引かれることは、やはり晩年の朱熹にとつて「存順沒寧」が學ぶ者すなはち道を聞かうとする者の境涯であつたことを意味する。

「西銘解」作成時の朱熹は「存順沒寧」を「道を聞きおほせた者」のあり方、いはば學者の理想態として把握した。しかし後年、朱熹は解釋を改め、「存順沒寧」を「道を聞かうとする者」のあり方、いはば學者の現實に即した様態で把握することとなつた。少しく概念化して言ふならば、「存順沒寧」の解釋を理念的なものから實體的なもの

へと下降させた、と解釋して良からう。

八　理念から實體へ

「存順沒寧」の解釋を巡る理念から實體への下降といふことを、宋代以降の儒學思想の流れに置いて考へてみたい。明の人、胡居仁（一四三四～一四八四）の『居業錄』卷一に云ふ。

一息も尙ほ此の志を存し、少しくも懈るべからず。古人云ふ、棺を蓋ひて吾が事、畢る、と。又曰く、存するときは吾、順にして事へ、沒するときは吾、寧きなり、と。

一息も怠らずに學問に勵めといふ言葉の例證として引用されるのであるから、ここでの「存順沒寧」は死ぬまで學に從事するといふ、學者の實體に卽した表現だと理解すべきものである。

胡居仁にやや遲れる呂柟（一四七九～一五四二）『四書因問』卷三に云ふ。

黃容「朝に道を聞かば、夕に死すとも可なり」を問ふ。先生曰く、「橫渠云ふ、存するときは吾、順にして事へ、沒するときは吾、寧きなり、と。卽ち此の意なり」と。容曰く、「道を聞くこと此の如きの速きか」と。曰く、「這の聞字、輕ゝしく看過し了るべからず。以前多少の工夫を用ひ過ぐるを知らず、此に到りて方めて聞き得。故に當に死すべきの時、遺恨有る無し」と。

一見、「存順沒寧」を「朝聞夕死」と同水準のことと解する、朱熹壯年の路線に立ち返ったかに思はれる。しかし同じ呂柟の『涇野子內篇』卷二十一に云ふ。

子實問ふ、「朝に道を聞くは如何」と。曰く、「試に聞く所以の氣象を言へ」と。子實言ふ、「是れ身を持して變ぜざるの意なり」と。顧言ふ、「性と天道とを聞くの聞の如し」と。象先言ふ、「卽ち存するときは吾順にして事へ沒するときは吾寧きなりと一般なり」と。先生曰く、「也皆、是なり。但、道を聞くを得る所以の處は、汝輩皆未だ說き及ばざるのみ」と。諸生請ひ問ふ。先生曰く、「我と汝輩と這の道に於て都是れ聞くを得べきなり。只、血肉の軀、包み裹著するに緣りて、惟、終日戚戚たり。或は是れ居室安んぜず、或は是れ衣服美ならず、或は是れ飲食豐ならず。這等の念慮、胸中に横たはらば、怎麼にか道を聞くを得ん。故に須く實に這の道を見得んには、天下の萬事萬物を擧げて以て之を尙ぶ無かるべし。酒を好む者は惟、酒の美を知り、貨を好む者は惟、利の美を知る、故に酒貨、其の身を殺すと雖も亦た悔いざるが如し、是れ酒を聞き貨を聞く者なり。此を觀れば道を聞く所以の氣象を求むべきなり」（下略）

ここでは道がたれも聞き得るものであること、それを妨げるのは身體性を有する人間としての實體であること、重要なのはその實體を抱へたままで如何に工夫するかといふことであることが說かれる。すなはち「朝聞夕死」といふことが實體に卽して語られる。

劉宗周は呂柟を躬行の士と評する（『明儒學案』師說）。さうした呂柟の學風から考へると、「朝聞夕死」を「存順沒寧」で說明するのは、むしろ「朝聞夕死」を實體の側に下降させる思考であると見るのが適當である。

さらに下つて淸代、胡渭（一六三三～一七一七）の『易圖明辨』卷三、『周易參同契』に關する案語に云ふ。

孔子曰く、「死生、命有り」と。又曰く、「朝に道を聞かば、夕に死すとも可なり」と。孟子曰く、「夭壽貳はず、身を修めて以て之を俟つ」と。張子曰く、「存するときは吾、順にして事へ、沒するときは吾、寧きなり」と。聖人、死生の際に於ける、是の如きのみ。何ぞ其れ公なるや。

煉丹家の營爲が私の小に止まることを批判する文脈といふ限定の下ではあるが、ここに至つて「朝聞夕死」「夭壽不貳」「存順沒寧」は全て同じ水準に置かれる。「朝聞夕死」は道を聞き得た者の理念的狀態から、肉體を有し、いづれは死を迎へる、實體としての人間の水準へと下降しおほせた。

本章の結び

宋明理學思想の辿つた道を、理氣論の觀點から言へば、朱熹は「理と氣とに先後は無いが、强ひて言ふならば理が先にあると言はざるを得ない」「氣があつてこそ理がある」と説明した。[24] 理氣の相卽を是認しつつ、敢て先後を問ふならば理を先とする。それゆゑ「朱熹の哲學の核心は『理』である」[25]「理の哲學」[26]と許せられる。

下つて元代、吳澄は宋代理學の概念を用いて老子の生成論を否定する過程で「理は氣の中に在りて時を同じくして倶に有り」「理は氣の中に在りて元、相離れず」と述べて、理氣の先後といふことに否定的な見解を述べる（「答田副使第三書」、『草廬吳文正集』卷三）。明代の羅欽順になると「理は須く氣上に就きて認取すべし。然れども氣を認めて理と爲さば、便ち是ならず」（『困知記』卷下、第三十五條）と述べて、理の働きを氣の中にしか認めないといふ立場をとる。つまり時代を追ふにつれて形而上の理が形而下の氣と同水準に下降してくる。この趨勢は清代、戴震の「氣の哲學」に結實する。[27]

また心性説の觀點から言へば、朱熹は心を性と情との統合體と認めた上で「性卽理」と規定した。[28] それが明代、王學の「心卽理」へと移行する。人間存在の本體が理念的な「性」から實體としての「心」へと下降する。

「朝聞夕死」の解釋が時代を下るにつれて學者の實體へと接近する樣相に、存在の本質が理念から實體へと下降する宋明理學の流れが垣間見られるといふことを指摘したい。

また、それに先立つて外ならぬ朱熹自身が、「存順沒寧」の解釋を、「朝聞夕死」から「夭壽不貳」へと引き下げたことも見逃されない。一般に「氣の哲學」は朱學の「理の哲學」への反措定として、「心卽理」は朱學の「性卽理」への反措定として理解される。しかし上述の通り、朱熹の理氣論は單純に「理先氣後」で片付けられない、微妙な內容を有するものであり、また「性卽理」は「心統性情」といふことを前提とする。實は朱熹その人の中に、少なくとも實體を輕視しない、さらには理念から實體への下降を許容する契機が存在したのだといふことも指摘したい。

そして朱熹が、心の理想態をただ理念的にばかりでなく實體としての人に引き寄せて捉へるのは、本書第三部第二章で既に述べた通り關學の影響、とりわけ呂大臨の中和說の影響である。いはば朱子學における理念から實體への下降の契機は、呂大臨の學に胚胎してゐたといふことになる。少しく大膽に縮約して言ふならば、宋明理學における理の優位から理氣相卽への轉變は、關學が提起した方向への變遷だといふことになる。近世儒學思想における關學の位置づけについて、再考すべき點が多多あるといふことを併せて指摘したい。

附記：本章が形を成したのは一つには今は亡き石立善先生（上海師範大學教授）の慫慂によるものである。感謝とともに哀悼の念を込めて特に明記する。

〔注〕

（1）歎世無道、故言設使朝聞世有道則夕死無恨、故云可矣。欒肇曰、道所以濟民。聖人存身爲行道也。濟民以道。非爲濟身也。故云、誠令道朝聞於世雖夕死可也。傷道不行且明己憂世不爲身也。

（2）正義曰、此章疾世無道也、設若早朝聞世有道、暮夕而死、可無恨矣。言將至死不聞世之有道也。

（3）程子曰、「言人不可以不知道。苟得聞道、雖死可也」又曰、「皆實理也。人知而信者爲難。死生亦大矣。非誠有所得、豈以夕死爲可乎」

（4）『朱子語類』姓氏錄以外の各種資料を總合すると、吳必大は所聞年以前から朱熹とのやりとりがあり、また紹熙四年（一一九三）にも朱門にあつた。そして朱熹に先立つて慶元三年（一一九七）逝去したと推定される。田中謙二「朱門弟子師事年攷續」（『東方學報』

第四十八號、京都大學人文科學研究所、一九七五年）を參照。いづれにせよ「西銘解」をめぐるやりとりは淳熙十五年以降のことである。

（5）原文：若見得道理分曉、生固好、死亦不妨。不然、生也不濟事、死也枉死。

（6）原文：若是聞道、則生也得箇好生、死也得箇好死。

（7）原文：問、朝聞道、如何便夕死可矣。曰、物格知至、則自然理會得這箇道理、觸處皆是這箇道理、無不理會得。生亦是這一箇道理、死亦是這一箇道理。

（8）李壯祖の師事はまづ紹熙三年から五年にかけて、次いで慶元五年頃再度師事した可能性がある。田中謙二「朱門弟子師事年攷續」を參照。

（9）田中謙二「朱門弟子師事年攷」（「東方學報」第四十四號、京都大學人文科學研究所、一九七三年）、「朱門弟子師事年攷續」によって各門弟の師事した期間の幅を推測することも可能であるが、本章では「朝聞夕死」に關する『語類』の記録が朱熹晩年のものを主とするといふことが判明すれば事足りるので、一一の記録について所聞の年を考察することは省く。

（10）下斗米晟「孟子盡心篇首章について」（「大東文化大學紀要」第十一號、一九七三年）を參照。

（11）楊祖漢「朱子「盡心章注」與胡五峰思想之關係」（「國立中央大學人文學報」第二十四期、二〇〇一年）。

（12）「程子曰、『心也性也天也、一理也。自理而言謂之天、自稟受而言謂之性、自存諸人而言謂之心』張子曰、『由太虛有天之名。由氣化有道之名。合虛與氣有性之名。合性與知覺有心之名』」。程子の言は『河南程氏遺書』卷二十二上の「伯淵又問、孟子言心性天只是一理否。曰、然、自理言之謂之天、自稟受言之謂之性、自存諸人言之謂之心」及び『河南程氏遺書』卷二十五の「心也性也天也、非有異也」に基づくもの（どちらも程頤の言）であらう。ただし「自理而言謂之天」以降は『孟子精義』卷十三では尹焞の言として引く。張載の言は『正蒙』太和篇より引く。

（13）原文：盡其心者、由知其性也。先知得性之理、然後明得此心。知性猶格物、盡心猶知至。

（14）原文：知性者、物格也。盡心者、知至也。物字對性字、知字對心字。

（15）廖德明は慶元五年ころまで斷續的に朱熹と面談する機會を得たものと推定される。田中謙二「朱門弟子師事年攷」を參照。

（16）原文：某前以孟子盡心爲如大學知至。今思之、恐當作意誠說。

（17）原文：盡心知性知天、工夫在知性上。盡心只是誠意、知性却是窮理。

（18）原文：盡心知性知天、此是致知。存心養性事天、此是力行。

（19）田中謙二「朱門弟子師事年攷」を參照。

(20) 朱熹が「盡心知性」を學者のことと解釋し、王守仁がこれに反對して「盡心知性」を「生知安行」すなはち聖人のことと解釋した事實は、宋明理學史上、朱子學と王學との關係を考へる上できはめて興味深いトピックであるが、本章では行論上、必要ないと考へ、特にこれに觸れない。この問題に關しては溝口雄三譯『傳習錄』を參照。また松川健二「『孟子』盡心篇首章と西鄕南洲」(『陽明學』第九號、一九九七年)を參照。

(21) 『朱子語類』卷九十八に「西銘句句見理一而分殊」(陳文蔚の錄)とある。

(22) 原文：又如存吾順事沒吾寧也、以自家父母言之、生當順事之、死當安寧之、以天地言之、生當順事而無所違拂、死則安寧也、此皆是分殊處。

(23) 原文：亞夫問未知生焉知死。先生曰、若曰氣聚則生氣散則死、才說破則人便都理會得。然須知道人生有多少道理、自稟五常之性以來、所以父子有親君臣有義者。須要一一盡得這生底道理、則死底道理皆可知矣。張子所謂存吾順事沒吾寧也、是也。

(24) 『朱子語類』卷一に「或問、必有是理然後有是氣如何。曰、此本無先後之可言。然必欲推其所從來、則須說先有是理。然理又非別爲一物、卽存乎是氣之中。無是氣則是理亦無」(萬人傑の錄)とある。

(25) 張立文『宋明理學研究』(中國人民大學出版社、一九八五年)に「朱熹哲學的核心是〝理〟」(三九七頁)とある。

(26) 山井湧「明清時代における氣の哲學」。

(27) 山井湧「明清時代における氣の哲學」。

(28) 『朱子語類』卷五に「伊川性卽理也、橫渠心統性情、二句顚撲不破」(劉砥の錄)とある。

結び

本書では思想家としての張載の全體像を論述すべく、全文を三部に分け、それぞれを「人物像」「思想內容」「影響」の解明にあてた。

第一部では張載の人物像を明かにすべく、生涯と業績とに關する考察を行なつた。特に官僚としての事績については詳細に亙る分析を行なつた。張載が政府權力中央に接近する機會を得ながら短期間で離職した經緯について考察することで、張載の思想が權力中樞の求めるところではないほどの、純眞な思想であるといふことを明かにし、これ以降の本書における張載思想探索の立脚點を得た。また張載の著作に關する概括を行なつた。

第二部では張載の思想內容を考察した。第一章第二章では思想全體に關する概括的な考察を行なひ、第三章以降は特定のトピックを定めてそれに關する張載の見解を探るといふ作業を繰り返した。

第二部第一章では張載思想の核心とも言ふべき太虛卽氣論に關する檢討を行なつた。張載は存在の生滅を氣と虛との循環で捉へる。さらに存在の本質を虛と見做し、存在が虛と有形の物と兩樣のあり方を循環的にとると考へる。かくて張載の氣論が循環思想の特色を有すること、張載が存在の樣態を虛と有形との渾一において捉へたといふことを明かにした。

第二部第二章では「天地」「氣質」の性說に關する檢討を行なつた。張載の性說は性に二重性を見るのではなく、一つの性に兩面の性格がある、といふ捉へ方をすべきものであること、そのことは太虛卽氣論に見られるのと同じ、ことの兩面を渾一的に把握する、張載の思惟の特色が現れたものであるといふ知見を得た。あはせて張載の提起した「天地」「氣質」といふ性概念が、一部に言はれるやうな道家思想の影響ばかりでなく、『禮記』に對する解釋から發生した可能性があるといふことを指摘した。

第二部第三章では『論語』の「縱心」「絕四」といつた章に對する張載の解釋を手がかりとして、聖人に關する觀念、死生に關する觀念を檢討した。太虛卽氣論を前提に置きつつ張載の論語說を解析することで、張載の聖人觀は虛の聖人觀であること、死を虛への回歸と捉へたことが判明した。

第二部第四章では同じく『論語』の「屢空」に對する歷代の解釋に著目し、「空空如」に對する張載の見解を援用することで、張載の心性說が虛を重視するものであることを確認した上で、それが呂大臨の「空」の說へと繼承されたことを明かにした。同時に、朱熹が張載の學を繼承するに當つて、道家的な要素を排除したこと、しかも排除された要素にこそ張載の學の特色があることを知つた。

第二部第五章では「大學」の「格物」に關する解釋を縱覽する作業を通じて、張載に獨特の格物說があること、その格物說は、宋學の主流とはならなかつたものの後代にも繼承され、王守仁の格物說にも影響を與へた可能性があることを發見した。

第二部第六章では禮思想に關する檢討を行なつた。理念において禮は天に由來するものであり、人が禮を實踐することはすなはち天人合一の實現である。他方、實踐にあたつて張載が制作した禮は宋代の實情に適合せず、また張載が實驗した井田は宋代の社會で實現するものではなかつた。禮思想に關する檢討を經て、張載の思想が理念においては高邁で人を感奮させるが、實踐性、特に統治思想としての實效性といふ點では疑問を持たれざるを得ないといふ性質を有するものであることを明かにした。

第三部では張載及び門弟の學すなはち關學が宋明理學思想に與へた影響について考察した。

第三部第一章では宋代道學における「氣」の意味合ひについて檢討した。氣は張載によつて思想的な意味を與へられた。張載にあつては氣は外形と內面との兩方で重要な意味を有するものであり、その氣論は朱熹にも受け繼がれた。他方、朱熹以外の道學諸儒においては內面の氣が重視され、外形の氣が殊更に論議の對象とはならない傾向がある。すなはち氣の外形重視といふ點で張載から朱熹への繼承關係が存在することが明かになつた。

第三部第二章では『孟子』に見られる「赤子之心」に關する解釋の變遷を通じて、宋明理學思想に占める關學の位置について考察した。關學では「赤子之心」つまり生まれ持つた純眞な心を心の本來態と捉へ、虛心になつて禮を實踐することで「赤子之心」に復歸することを修養の意義と考へる。他方、洛學では心の本來態を理念上の未發に求め、靜坐、居敬窮理を方法として未發を涵養することを重視する。洛學の修養論が朱子學に繼承され、關學の方法論は思想史の主流とはならなかつたが、反面、關學、特に呂大臨の、心の本來態を赤子といふ實體に見る見解は朱熹に強く影響し、朱子學成立の契機の一つとなつた。さらに思考樣式として、「赤子之心」を本來態とする考へ方は長く明末淸初にまで繼承された。この檢討を通じて、宋明理學の流れに關學が裏面から強い影響を保持したことを明かにした。

第三部第三章では大鹽平八郎の太虛說を手がかりとして、張載の思想が王學に及ぼした影響に關する考察を行なつた。王守仁が太虛の語を使用するときは譬喩としての意味合ひが強い。反面、良知說の內容を檢討してみると、太虛といふ語彙は用ひないものの、思考の展開は張載の太虛說からの影響を思はせる。張載の學は語彙ではなく思考內容において王學に影響した可能性があるといふ知見を得た。

第三部第四章では「西銘」末尾の「存順沒寧」に對する朱熹の解釋の變化を考察の對象とした。學說定立期の朱熹は「存順沒寧」を理念的に把握したが、後年、學者の實體に卽した方向へ解釋を變更した。かうした理念から實體への下降といふ動きは明儒における理氣一元化の契機となつたもので、朱子學自體の中に明代への展開が豫告されてゐたことになる。その胚胎となつたのは關學とりわけ呂大臨の思想であり、宋明理學思想史の中で、關學の影響が目立たぬながらも永く繼續したことを明かにした。

本書の序論で、張載の思想に關する檢討課題を擧げた。本書での檢討を經て、それらに對する筆者の見解を述べる。

まづ「張載の學は氣の思想と呼び得るものであるかどうか」といふことについて。右に述べたやうな本書での檢討を經て言ふならば、張載の思想は氣の思想と呼ぶよりはむしろ虛の思想と呼ぶのが適切な思想である。存在といふこと、生滅といふことを論ずるとき、張載は一氣の聚散を述べるが、同時に虛への回歸といふことが強く意識される。心性といふことを論ずるとき、張載は氣質の性といふ概念を提示したが、同時に人の本來性を天地の性と表現する。天地とはその性質において太虛の顯現であるから、人の本來性は結局、虛に求められることになる。張載の思惟の基調は太虛と有形の物と、また天地と氣質と、の閒の循環論であり、天人合一を說くことは結局、虛との一體化といふことを意味する。

次いで「朱熹の批判した思想が朱子學に吸収されたといふ自家撞著」について。張載の氣論は「物と太虛との循環過程における氣の聚散」であったが、朱熹は太虛を切り捨て、「一氣の聚散による萬物の生滅」といふ形でこれを吸収した。張載の心性說は虛への回歸といふ觀念を背景とするが、朱熹はそこを切り捨て、天地氣質の性說を吸収した。朱子學に吸収されたのは張載が提示した、世界を解釋する思考方法の構造であり、その思考が目指すもの、言はば思想の眞面目となる虛への志向は排除された。換言すれば、張載の虛氣渾一的思考が提起した世界把握の概念を、朱熹は理氣一貫の樣式に再編して吸収した。朱熹は存在論において周敦頤の太極を二程の唱へた天理で解釋し、天理の一貫する世界像を提示したが、その天理の流行を說明するのは張載の一氣聚散說、また張載が「西銘」で暗示した理一分殊說である。心性論において朱熹は周敦頤の無極太極の觀念を程頤の唱へた性卽理で解釋したが、天における理が人にあつては性として發現するといふ理路を說明するのは張載の天地氣質の性說、ならびに心統性情說である。朱熹は周程の用意した觀念を、いはば學の表看板に据ゑた。反面、朱子學の思考を裏面から支へる概念は張載によつて用意されたものである。自家撞著ではなく、思想が表立つて志向する觀念と、その觀念への道筋を説明する思考の具と、どちらに著目するかといふ問題なのであつた。

そして「朱子學の先驅といふにとどまらぬ思想的立場」といふこと。張載思想の核心となる虛の思想は程朱學から排除された。その排除された部分に影響された思想家が南宋以降、清代に至るまで連綿と出現する。王學の太虛說は必ずしも張載の太虛說と類似しない。しかし太虛といふ語彙を度外視して考へたとき、良知といふ概念を説明する王守仁の論理に、張載の虛氣相卽の渾一思想との類似が認められる。また呂大臨は張載の學を繼承しつつ程頤の影響を受けて關學を進展させた。朱子學の定立に呂大臨の思考が與へた影響は小さなものではない。宋明理學の主流は程朱學から王學への流れであること、論を俟たないが、張載の學、そして關學の影響は、思想史の背景にあつて、目立たぬながらも長く命脈を保つたのだといふこともまた强調されなくてはならぬ。

學者の修養としての「虛心になつて禮を實踐する」といふ手法は、程朱學の居敬窮理といふ簡明な工夫のごとくには普及しなかつた。統治思想としての「三代に復つて封建、井田を行なふ」といふ主張は、宋代以降の社會に適合するものではなかつた。實踐哲學としては受容されなかつたといふ評價になる。

思考の構造は朱子學に吸収されてしまつた。これを反面から言ふならば、張載の提示した思考の構造は、朱子學の基本構造となつて宋明理學の思考を支へることとなつた。

そして張載の掲げた理念は永きに亙つて人を感奮させ、また核心としての虛氣相卽の渾一思想は長期的な影響力を持つた。

近世儒學思想史の主流ではないかに見えて、その影響力が永く伏在したといふ樣相の一例として、戴震『孟子字義疏証』の記述を擧げたい。戴震は程子、朱熹、邵雍の言辭が老釋に借りたものであることを指摘した上で、云ふ。

張子云ふ、「太虛に由りて天の名有り。氣化に由りて道の名有り。虛と氣とを合して性の名有り。性と知覺とを合して心の名有り」（『正蒙』太和篇第十一條）と。其の所謂、虛は、六經孔孟に是の言無きなり。張子、又云ふ、「神なる者は太虛妙應の目なり」（『正蒙』太和篇第十二條）と。又云ふ、「天の測られざるを神と謂ひ、神にして常有るを天と謂ふ」（『正蒙』天道篇第六條）と。又云ふ、「神は天德なり。化は天道なり」（『正蒙』神化篇第一條）と。是れ其の虛と曰ひ天と曰ふ、所謂、神を離れざる者なり。彼の老莊釋氏の、自ら其の神を貴しとし、亦た以て妙應と爲し、沖虛と爲し、天德に足ると爲すなり。（『孟子字義疏証』卷上、「理」第十五條）

張載の云ふ「虛」「神」といつた術語が儒學本來の概念ではなく、老釋に由來するものであることを指摘したものと讀んで良いであらう。しかしその直後、

張子、又云ふ、「氣に陰陽有り、推行して漸有るを化と爲し、合一して測られざるを神と爲す」（『正蒙』神化篇第七條）と。斯の言や、蓋し之を得たり。試みに諸を人物に驗せば、耳目百體、心に會歸す。心なる者は、合一して測られざるの神なり。天地閒、百物生生す、本を陰陽に推すに非ざる無きなり。（同上）

と述べて、張載の氣論に取る所が有ると論ずる。實のところ張載の氣は太虛と不離の關係にあるのだが、一旦「虛」といふ語彙に目をつぶれば、一氣の運動によつて世界の生成運行を說明する張載の氣論は儒學に哲學的根據を與へる有力な言說となる。戴震は氣に關する張載の言說に對して程朱に對するのとは異なる評價を下す。

老莊釋氏に在りては徒（ただ）、自然を見、故に神を以て已に足ると爲す。程子朱子、六經孔孟の理義を言ふ、必然の易ふべからざるに歸し、老莊釋氏の能く及ぶ所に非ざるを見、因りて之を尊びて以て其の所謂、神なる者に當てて陽を生じ陰を生ずるの本と爲して、陰陽より別つ。人物の性を爲して、氣質より別つ。反て孔孟の所謂、道なる者を指して道に非ずとし、所謂、性なる者を性に非ずとす。獨（ただ）、張子の說のみ以て分別して之を錄すべし。「氣化に由りて道の名有り」と言ひ、「化は天道なり」と言ひ、「推行して漸有るを化と爲し、合一して測られざるを神と爲す」と言ふが如きは、此の數語なる者、聖人、復た起つも、以て易ふる無きなり。

張子、必然の理たるを見、故に徒(ただ)に神と曰はずして「神にして常有る」と曰ふ。誠に是の言の如きは、理を以て別に一物の如しと爲さず、六經孔孟に近し。(同上)

程朱における神概念は老釋を離れようとして却つて孔孟の眞意からも離れてしまつたが、張載の神概念は氣と相卽のものであるといふ點で孔孟の意圖に近いと評する。虛といふ語彙は無視するものの、虛氣相卽の渾一思想は戴震に強く影響したことが讀み取られよう。しかも、虛を無視するといつても、虛氣相卽を前提とする渾一思想を受容するなら、結局、思惟の內容として虛氣相卽の思考を受容してゐるのである。宋明理學の主流とはならなかつたが、理學史の裏面に伏在した張載の思考が、清代中葉、「氣の哲學の大成者」(山井湧「明清時代における氣の哲學」)であり「『䙡績補苴』の時代に在つて、獨り自ら發憤して一種の系統を成す哲學を建立せんとした――ある意味、新經學の上の新理學を建築せんとした」(胡適『戴東原的哲學』百七十二頁)人である戴震によつて新たな光を當てられた。以て近世儒學思想史に張載の思想が占める重要性が、絕對に輕視できないものであることを證するものと言へよう。

本書は副題に掲げた通り『宋明理學における「太虛」說』の研究を目的とした著述であり、その研究手法の一つとして折に觸れて程朱學および王學と張載および關學との比較檢討を行なつた。張載の學の特色を明かにする上で、この手法は有効であつたと確信する。しかし反面、廣く北宋の學術動向を眺めるとき、最も影響の大きかつたのはいはゆる宋明理學には數へられないところの王安石の新學、蘇軾の蜀學であつたといふこともまた隱れもない事實であり、新學、蜀學と關學との比較檢討を行なはなかつたところに本書の限界があることを自覺する。思想史上に占める張載の學および關學の位置を、さらに確實に定位するために、新學、蜀學と關學との關係に關する調查が必要となろう。今後の課題としたい。

張載の易學については別に稿を起して論ずる必要がある。「易說」のテキストについては、第一部でも觸れたが、近年出た『橫渠易說校注』『正蒙合校集釋』に依據することで相當程度、本來の姿に基づいた研究が可能になつた。さらなる準備作業として、『周易繫辭精義』及び『大易集義粹言』に引く「橫渠易說」の蒐集が望まれる。「易說」の文獻批判に係る問題點については、本書末尾で若干補說する。

禮學については本書でも檢討したが、特に『禮記集說』を資料とした張載禮思想の研究には、まだ進展の餘地が大きい。筆者は現在、『禮記集說』所收「橫渠禮記說」を中心とした張載の禮說と朱熹『儀禮經傳通解』との關聯について調査を行なひつつある。成果は別稿で報告したい。

張載の後學について、本書では宋明理學思想に呂大臨の果した役割を概說するにとどまつた。先學の指摘される通り、呂大臨の學は張載の說を恪守しつつ二程の學にも近づいたといふ特色がある。しかし胡宏が呂大臨晩年の著作とされる「中庸解」を指して「某、反覆究觀するに、詞氣、大いに橫渠の正蒙書に類す」（「題呂與叔中庸解」、『五峰集』卷三）と述べるのを見ると、呂大臨の思想はやはり大筋で張載の學を繼承したのだと考へられる。そして本書中でも述べた通り、朱子學の成立に對する呂大臨の影響は決して無視できるものではない。宋明理學における關學の地位については、まだこれから解明すべき點が多多あると信ぜられる。藍田呂氏の思想について、また北宋末期、張載の學を繼承したといふ李復の思想について、近年、利用可能の資料が增えつつある。これらについても別稿での成果報告に期することとする。

補説一　『張載集』所收「横渠易說」に關する覺え書き

張載の思想について檢討してをれば自然に張載の易思想に觸れることとなるのではあるが、本書では正面切つて「易說」を檢討の對象とはしなかつた。既に觸れた通り「易說」については先學による詳細な研究が存在するからでもあり、(1)また「易說」の檢討には相當な紙幅を必要とするので、新たに稿を起して研究すべきものであると信ずるからでもある。

ところで張載の言說を扱ふ上で本書が底本とする章錫琛點校『張載集』所收の「横渠易說」は、繫辭傳以降の部分について、呂祖謙編『周易繫辭精義』に引く張載の言辭を利用して補充を行なつた。「易說」と『周易繫辭精義』とでは體裁の不一致も多多あるのだが、『張載集』ではそこを押して兩者を寄せ集めたため、場合によつてはテキストの配列に不明瞭の點を生ずる。

ここでは本書で說き及ばなかつた「易說」研究の、言はば前段階として、『張載集』所收「横渠易說」の取り扱ひに關する注意點のうち、筆者が氣づいたことを摘記する。以てわづかではあるが本書の闕漏を裨補し、今後の張載研究、「易說」研究のために少しばかり思考の基盤を提供したい。以降、章氏の點校を經ない「易說」原文は徐必達校本（和刻本『周張全書』所收）を、『周易繫辭精義』は古逸叢書所收『晦庵先生校正周易繫辭精義』（叢書集成初編）を底本とする。

一　體裁について

繫辭上傳冒頭の部分を例に、「易說」と『周易繫辭精義』との體裁の差異を示し、それが『張載集』において如何に纏められてゐるかといふことを確認したい。各各について、繫辭傳の經文――「繫辭傳の經文」と記すことに若干の躊躇を覺えるが、ここでは「周易といふ經書に由來する原文」の意味合ひで敢て經文と言ふ――を一段下げで示し、注文は更に二段下げて記す。體裁を示すのが目的なので、特に書き下しは示さない。また説明の便宜のため、注文の末尾に通し番號を算用數字で記す。

まづ『張子全書』卷之十一、「易說下」繫辭上の冒頭部。

天尊地卑。乾坤定矣。卑高以陳。貴賤位矣。

　先分天地之位。乾坤立。則方見易。故其事无非易也。所以先言天地。乾坤易之門戶也。不言高卑而曰卑高者。亦有義。高以下爲基。亦是人先見卑處然後見高也。1

　不見兩。則不見易（二字闕）物物象天地。2

　不曰天地而乾坤云者。言其用也。乾坤亦何形。猶言神也。人鮮識天。天竟不可方體。姑指日月星辰處。視以爲天。陰陽言其實。乾坤言其用。如言剛柔也。乾坤則所包者廣。3

動靜有常。剛柔斷矣。

　動靜。陰陽性也。剛柔。其體未必形。4

　靜專動直。不爲物累。則其動靜有常。不牽制於物也。然則乾爲剛果。斷然不疑矣。（直一作著）5

天地動静之理。天圓則須動轉。地方則須安靜。6

在天成象。在地成形。變化見矣。

有形有象。然後知變化之驗。7

是故剛柔相摩。

以人言之。喘息是剛柔相摩。氣一出一入。上下相摩錯也。於鼻息見之。人自鼻息相摩以蕩於腹中。物既消爍。氣復升騰。8

乾知大始。坤作成物。乾以易知。坤以簡能。

天地雖一物。理須從分別。大始者。語物之始。乾全體之而不遺。故无不知也。知之先者。蓋莫如乾。成物者。物既形矣。故言作。已入於形氣也。初未嘗有地而乾漸形。不謂知作。謂之何哉。然而乾以不求知而知。故其知也速。坤以不爲而爲。故其成也廣。易則易知。簡則易從。易知則有親。易從則有功。有親則可久。有功則可大。可久則賢人之德。可大則賢人之業。易簡而天下之理得矣。天下之理得而成位乎其中矣。此皆言人體天地之德然也。可久者。以久遠推行。可大者。其得體也大。凡語道理之徒。道達不已。竟亦何所求推行及民。故以賢人措諸事業。而言易簡理得而成乎天地之中。蓋盡人道。竝立乎天地以成三才。則是與天地參矣。但盡人道。理自當耳。不必受命。仲尼之道。豈不可以參天地。9

言知者。知而已。言能者。涉於形氣。能成物者也。易則易知。易知則有親。今夫虎豹之爲物。豢之雖馴。人亦不敢遂以親狎。爲其難測。惟其平易。則易知易信。信則人任焉。以其可信。人斯委任。故易以有功矣。道體至廣。所以有言易。有言小。有言大。无乎不在。10

坤至柔而動也剛。乃積大勢成而然爾。乾至健无體。爲感速。故易知。坤至順不煩。其施普。故簡能。志大則才大。事業大。故曰可大。又曰富有。志久則氣久。德性久。故曰可久。又曰日新。德業不可久。不可大。

不足謂之賢。況可謂之聖乎。11

易簡理得則知幾。知幾然後經可正。天下達道五。其生民之大經乎。經正則道前定。事豫立。不疑其所行。利用安身之要莫先焉。12

成位乎其中。與天地合其德。13

經解の書物では經文の一句ごとに注解の文字が入るのが普通であるが、「易說」では經文の長短と注解の繁簡とが一致しない。かつ經文一箇所に對して複數の注解が入る。反面、注解の無い部分が長く續くこともある。さうした場合、經文が省略される。本來、注文6の直後の經文は「方以類聚。物以羣分。吉凶生矣」であるが、ここには存在しない。また8の注文の前には「八卦相盪。鼓之以雷霆。潤之以風雨。日月運行。一寒一暑。乾道成男。坤道成女」といふ經文が入るはずだが、編校者は注文がこれに觸れないと判斷したのであらう、大幅に省略してある。注文9の傍線部は、經文である。編校の錯誤で注の中に混入したと見るべきであらうが、注文の論述內容がこの前後で截然と異なるとは言へない面もあり、判斷に苦しんだ痕跡がかうした形で殘つたのかもしれぬ。本書第一部で述べた通り、「易說」は箚記が充分な編纂を經ないまま流布した可能性が高い。ここに述べた、經解としては不備とも言へる「易說」の體裁は、その撰述の經緯に由來するものであらう。

次いで『周易繫辭精義』の該當部分を示す。原典では「張氏曰」「又曰」の標示、また文字の異同に關する注記等は黑地に白拔きで表示するが、ここでは通常の文字として示す。

天尊地卑。乾坤定矣。卑高以陳。貴賤位矣。動靜有常。剛柔斷矣。方以類聚。物以羣分。吉凶生矣。在天成象。在地成形。變化見矣。是故剛柔相摩。八卦相盪。鼓之以雷霆。潤之以風雨。日月運行。一寒一暑。乾道成男。坤道成女。乾知大始。坤作成物。乾以易知。坤以簡能。易則易知。簡則易從。易知則有親。易從則有功。有親則可久。有功則可大。可久則賢人之德。可大則賢人之業。易簡而天下之理得矣。天下之理得而成位乎其中矣。

（まづ程氏の言四條を錄する。省略）

張氏曰。先分天地之位。乾坤立。則方見易。故其事則莫非易也。所以先言天地。乾坤易之門也。不言高卑而曰卑高者。亦有義。高以下爲基。亦是人先見卑處然後見高也。14

又曰。動靜。陰陽性也。剛柔。其體未必形。15

又曰。靜專動直。不爲物累。則其動靜有常。不牽制於物也。然則乾爲剛果。斷然不疑矣。16

又曰。天地動靜之理。天圓則須轉動。地方則須安靜。17

又曰。有形有象。然後知變化之驗。18

又曰。太虛之氣陰陽一物也。然而有兩體。健順而已。亦不可謂天无意。陽之意健。不爾何以發散和一。陰之性常順。然而地體重濁。不能隨則不能順。少不順卽在變矣。有變則有象。如乾健坤順。有此氣則有此象可得而言。若无則直无而已。謂之何而可。是无可得名。故形而上者。得辭斯得象。但於不形中得於措辭者。已是得象可狀也。今雷風有動之象。須得天爲健。雖未嘗見。然而成象。故以天道言。及其法也則是效也。效著則是成形。成形則地道也。若以耳目所及求理。則安得盡。如言寂然湛然。亦須行此象。有氣方有象。雖未形不害象在其中。19

又曰。以人言之。喘息是剛柔相摩。一出一入。上下相摩錯也。於鼻息見之。自鼻息相摩以蕩於腹中。物旣銷鑠。氣復升騰。20

又曰。天地雖一物。理須從此分別。太始者。語物之始。乾全體之而不遺。故无不知也。知之先者。蓋莫如乾。成物者。物旣形矣。故言作。已入於形器也。初未嘗有地而乾漸形。不謂之作。謂之何哉。然而乾以不求知而知。故其知也速。坤以不爲而爲。故其成也廣。易則易知。簡則易從。易知則有親。至其中矣。此皆言人體天地之德然也。可久者。可以久遠推行。而可大者。其德體也大。凡語道理之徒。道達不已。竟亦何求推行及民。

故以賢人德業措諸事業。而言易簡理得而成位乎天地之中。蓋盡人道。竝立乎天地以成三才。則是與天地參矣。但盡得人道。理自當爾。不必受命。仲尼之道。豈不可參天地。21

又曰。言知者。知而已。言能者。涉於形器。能成物者也。易則易知。易知則有親。今夫虎豹之爲物。豢之則雖馴。人亦不敢遂以親狎。爲其難側。惟其平易。則易知易從（一作信）。則人從信焉。以其可從信。人斯委任。故易有功矣。道體至廣。所以有言難言易。有言小。有言大。无乎不在。22

又曰。坤至柔而動也剛。剛乃積大勢成而然爾。乾至健无體。爲感速。故易知。坤至順不煩。其施普。故簡能。志大則才大。事業大。故曰可大。又曰富有。志久則氣久。德性久。故曰可久。又曰日新。23

又曰。德業不可久。不可大。不足謂之賢人。況可謂之聖人乎。24

又曰。簡易理得則知幾。知幾然後經可正。天下達道五。其生民之大經。經正則前定。事豫立。不疑其所行。利用安身之要莫先焉。25

又曰。成位乎其中。與天地合其德也。26

「易說」とは經文の置き方が違ふ。孔穎達正義は周弘正の意見に從つて繫辭傳を章分けし、ここまでを繫辭上傳の第一章とする。『精義』はそれを踏襲したのであらう。

「易說」と『精義』所收の言說と、同一の經文に對してどちらも十三條であるが、內容に出入がある。「易說」の2、3が『精義』に見られない。また11が『精義』では分割されてゐる。他方『精義』の19が「易說」に見られない。實は見られないのではなく、19の文は「易說」ではずつと後、繫辭下傳の最終章となる第九章、「夫乾天下之至健也」の箇所に繫けてある。しかも『精義』では繫辭下傳のその箇所で、

又曰。太虛之氣陰陽一物也。止不害象在其中。見天尊地卑編

と表記する。重出であることを明示するわけで、行き届いた校訂が爲されてゐると言へよう。

「易說」の9と同じく『精義』の21にも經文が混入する。本書では傍線を附して示した箇所だが、『精義』では途中を省略する。ここが經文であることを意識した上での措置であるに違ひなく。これまた「易說」よりも配慮が行き屆いてゐると評價してよい。なほ繁雜になるので一一指摘しないが、文字の出入は少なからず存在する。

この兩者を一つの紙面に收めた『張載集』所收「橫渠易說」の編輯を次に示す。注文を記すよりも概念化した方が分りやすいかと思ふので、右に用ひた番號で表示する。

天尊地卑。乾坤定矣。卑高以陳。貴賤位矣。

1、2、3を「文義を按じて」纏めて一條とする。『精義』14との同異(文字の違ひ)は『精義』に從つて改める。また「文義に依つて」文字を改め、脚注に注記する。2の闕字部分は空格にせず、夾注にもせず、脚注で「原文は空格であつた」と記す。

動靜有常。剛柔斷矣。

4『精義』15と同文。

5『精義』16との同異(夾注の有無)は脚注で示す。

6『精義』17との同異(文字の違ひ)は脚注で示す。

在天成象。在地成形。變化見矣。

7『精義』18と同文。この後の『精義』19について本文では觸れず、後出することを脚注で示す。

是故剛柔相摩。

8『精義』20との同異(文字の違ひ)は脚注で示す。

乾知大始。坤作成物。乾以易知。坤以簡能。

9の前半(經文混入箇所の前まで)「下文に從つて」文字を改めたと脚注に記すが、實は『精義』21に從つて改めたものと思はれる。

〔易則易知。簡則易從。易知則有親。易從則有功。有親則可久。有功則可大。可久則賢人之德。可大則賢人之業。易簡而天下之理得矣。天下之理得而成位乎其中矣。〕（混入した經文を獨立させて括弧書きで掲出）

9の後半『精義』21との同異（文字の違ひ）は『精義』に從つて改める。

10『精義』22との同異（文字の違ひ）は『精義』に從つて改めるが、一箇所、「精義の誤」を脚注に記し、當該本文は元の通りとする。

11を「文義に依つて」分割する（「然爾」まで）『精義』23との同異（文字の違ひ）は『精義』に從つて改める。

11の分割（「故簡能」まで）『精義』23の中間部分と同文。

11の分割（「志大則才大」以降）『精義』が23、24を分章することは脚注に記す。また『精義』との同異（文字の違ひ）は『精義』に從つて改める。

12『精義』25との同異（文字の違ひ）は「精義の誤」として脚注に記す。

13『精義』26との同異（文字の違ひ）は『精義』に從つて改める。


全體として「條分けは易說の原型に依據する」「文字の違ふ箇所は『精義』に依據して改める」といふ方針で點校したものと思はれる。前に述べた通り、『精義』の方が校訂が行き屆いてゐる面があるため、文字の異同に關しては『精義』を重視することとしたものであらうか。しかし時に「文義に依つて」點校者が條分けを變更し、文字を改める箇所もある。複雜な校勘と言ふか、結局のところ讀者には方針が傳はらない。かかる複雜なテキスト操作をした結果、「易說」も『精義』も、どちらの本來の姿も想起しがたくなつた。元の面目を知りたければそれぞれ原典に當るしかない。複數の材料を一覽できるので、大づかみに張載の易思想を知るためには便利であるが、撰述の意圖を探りながら精讀する作業に使ふには問題があると評價せざるを得ないであらう。

二　典據の探索について

『張載集』所収「横渠易說」では底本（沈自彰刻本）に無い文字を補つた箇所は括弧〔〕を附して示す。一條まるまる補ふ場合は多く脚注で「此の條、精義に依つて補ふ」などと明記する。補抄の經緯を丹念に注記する箇所もあり、また中には典據の示し方が不充分ではないかと思はれる修正箇所もある。

たとへば百八十三頁から百八十六頁にかけて、底本には無い「精氣爲物。游魂爲變。是故知鬼神之情狀」の經文を見出しとして掲出した上で、『精義』から張載の言四條を補ふ。第一條は次の通り。

〔「精氣爲物、游魂爲變」精氣者、自无而有。游魂者、自有而无。自无而有、神之情也。自有而无、鬼之情也。自无而有、故顯而爲物。自有而无、故隱而爲變。顯而爲物者、神之情也。隱而爲變者、鬼之狀也。大意不越有无而已。物雖是實、本自虛來、故謂之神。變是用虛、本緣實得、故謂之鬼。此與上所謂神無形而有用、鬼有形而無用、亦相會合。所見如此、後來頗極推闡、亦不出此。〕

この補充箇所に注して「此條依精義引文集補、文集抄不載」と記す。「文集」の完本は早くに失はれたらしく、『張子全書』各本とも「文集抄」を收錄する。『四庫全書總目提要』に「語錄抄、文集抄を收錄しながら全書と號するのは實體と合はない」と記すところである。『精義』のこの箇所を見ると確かに「又文集曰」の下に右の條を引く。そして「文集抄」には該當する文言が無いので、「文集抄不載」と注記するほかは無かつたであらう。

實は『禮記集說』卷百十二、「祭義」の「宰我曰、吾聞鬼神之名、不知其所謂」の箇所に注する形で張載の言を引いて云ふ。

又曰、「精氣爲物、遊魂爲變」精氣者、自無而有。遊魂者、自有而無。自無而有、神之情也。自有而無、鬼之情也。自無而有、故顯而爲物。自有而無、故隱而爲變。顯而爲物者、神之狀也。隱而爲變者、鬼之狀也。大意不越有無而已、物變而已。物雖是實、本自虛來、故謂之神。變雖是虛、本緣實得、故謂之鬼。此與上所言神無形而有用、鬼有形而無用、亦相會。

字句に出入は有るが、同文と見て差支へあるまい。典籍の檢索が今日のやうに便利でなかつた當時、繫辭傳にまつはる言辭が、原典で「文集」と注されてあれば、『禮記集說』を搜索する著意は得られなくて當然である。これについては『張載集』點校者を責めるには當るまい。

「精氣爲物、游魂爲變」に關する第二條は、長くなるので途中を省略して示す。

〔與范巽之言、易所謂「原始反終故知死生之說」者（中略）非如螢雀之化、指前後身而爲說。輔嗣所解、似未失其歸也〕

『精義』では「又語錄」と標示してこの條を引く。范巽之とは張載の高弟、范育のこと。この同文は「語錄」に無く、『正蒙』乾稱篇に見える。『張載集』の脚注ではこの條が「語錄」ではなく乾稱篇に見えること、最初の「與范巽之言」ならびに最後の「輔嗣所解、似未失其歸也」は乾稱篇に載せないことを述べ、また乾稱篇ではこれを五條に分けて收めるので、ここでは分割箇所を＊印で示す旨、注記する。行き屆いた校訂であるが、『正蒙』乾稱篇では第十二條から第十五條までに該當する。すなはち四條に分割するわけで、實は平仄が合はない。また「橫渠易說」では「文字の脫誤は『正蒙』に依つて補ふ」と注記し、反面、『正蒙』乾稱篇では「精義に依つて字を補ふ」と注記する。前述と同じやうに、元來の姿はどうであるのか想起しがたいといふ點で、讀者に不安を覺えさせる措置と言へよう。

第三條については可能な限り『張載集』の版面に似せて示す。

〔所謂山川門霤之神，與郊社天地陰陽之神，有以異乎？易（所）謂「天且不違而況於鬼神乎」！仲尼以何道而異其稱耶？又謂「遊魂爲變」，魂果何物？其游也情狀何如？試求之〔使〕無疑，然後可以拒怪神之說，知亡者之歸。〔此外〕學（者）〔素〕所〔援據〕以質成其論者，不可不察以自祛其疑爾。〕

この條について「精義の引く語錄に依つて補ふが、語錄には載せず、性理拾遺に見える」と注記する。『精義』では「又曰」とだけ標示するので、實のところ前條に續いて「語錄」から引いたと讀むのは少しく臆斷のきらひもある。それはともかく、注に記す通り、この條の同文は『張子全書』所收「性理拾遺」に見える。「性理拾遺」とは『性理大全』に見える張載の言辭を蒐集したもので、各種『張子全書』で卷十四に收める。右の引文における校訂は「性理拾遺」所收の同文に基づく。

しかし同文が「性理拾遺」に見えると判明したなら、一歩を進めて『性理大全』を捜索するのが妥當であらう。果して『性理大全』卷二十八、「論祭祀神祇」の段に云ふ。

張子曰、所謂山川門霤之神、與郊社（一作祀）天地陰陽之神、有以異乎。易謂、天且不違而況於鬼神乎。仲尼以何道而異其稱耶。又謂、遊魂爲變。魂果何物。其遊也情狀何如。試求之使無疑、然後可以拒怪神之說、知亡者之歸。此外學素所援據以質成其論者、不可不察以自祛其疑耳。

『性理大全』がこれをどこから採つたかといふことまでは判明しない。であるから典據を遡るのは『性理大全』を限度とするが、右の引文を見れば明かな通り、「性理拾遺」の文言が『性理大全』と完全には一致しないことでもあり、ともかくも『性理大全』まで遡つた上で點校する手もあつたのではないかと思はれる。

第四條は次の通り。

〔氣之於人，生而不離，死而游散者謂魂，一成而不變者爲魄。〕

脚注で『精義』に依つて補つたこと、『正蒙』動物篇（第二條）に同文があること、『正蒙』では末句を「聚成形質，雖死而不散者爲魄」に作ることを記す。これについては過不及の無い校語だと言へよう。

本書第二部第六章第三節で、張載のテキスト、さらには北宋諸儒のテキストを取り扱ふ上での困難について言及した。或る言說が本當に張載の言辭であるかどうかといふこと、また確實に張載の言辭であるとして、どれが本來の姿であるのかといふことについて、その都度、愼重に考慮する必要がある。

右に擧げた「易說」の各條について檢討することで、張載が『正蒙』を編む際、書き溜めてあつた箚記から拔粹しつつ文言にさまざま手を加へたこと、また經傳の或る語句に關する箚記であつても、材料はその經に對する注解とは限らない、つまり易に關する意見が「禮記說」に記されてあるといつたことが起ることが判明する。『周易繫辭精義』「横渠禮記說」「語錄」「文集」などを涉獵して得られた材料を、一まとめに「易說」の條文として落し込むのは、張載その人が行なふ作業であつて、點校者がそれを行なふのは結局、點校者が文獻を創作したのと同樣のこととなる。個個の文獻について綿密に點校を行なひ、個個の文獻として公刊すべきものではなかつたかと考へる。

まとめ

『張載集』は一九七八年、文化大革命の餘塵がくすぶる中で刋行された。同時期の中華人民共和國における刋行物一般に比して紙質が良く、印刷も良好で、版面が美しい。手間も費用も惜しまずに編纂された氣配があるのは、おそらくは文化大革命末期に行なはれたであらう編輯作業中の思想界において張載を「氣一元論の唯物主義思想家」と高く評價する意見があつたことと關係するものと思はれる。卷頭に『中國唯物主義思想簡史』の著者、張岱年教授の論文「關於張載的思想和著作」を收錄することも、その傍證とならう。力の入つた編輯が、「横渠易說」においては却つて扱ひの難しい成果物となつてしまつたのは殘念である。「易說」は「易說」として緻密に點校した方が有益であつたと思はれる。それと別に『周易繫辭精義』所引横渠易說」を編纂してをればさらに有益であつたらう。

〔注〕

（1）古くは戸田豐三郎「横渠易學小論」（「廣島大學文學部紀要」十九卷、一九六一年）、今井宇三郎『宋代易學の研究』など。本書第一部第二章で述べた通り、朱伯崑『易學哲學史』第三編第六章第六節に、「易說」に關する詳細な分析を載せる。邦譯本では第二卷、二百五十五頁〜三百二十三頁。また近年の成果報告だと、「易說」のテキスト研究では劉泉『横渠易說校注』が、「易說」を含む張載の易思想の内容については辛亞民『張載易學研究』（中國社會科學出版社、二〇一五年）が、また張載思想全體に占める易學の位置に關する研究としては胡元玲『張載易學與道學：以《横渠易說》及《正蒙》爲主之探討』が有益である。

補說二　橫渠四句に對する中國共産黨指導部の言及

本書第一部で述べた通り、『張子語錄』卷中に收める、

天地の爲に心を立て、生民の爲に道を立て、去聖の爲に絕學を繼ぎ、萬世の爲に太平を開く。

といふ言葉、通稱「橫渠四句」は、宋代士大夫の精神を集約的に述べた名句として知られる。一般に橫渠四句は、若干改變された、

天地の爲に心を立て、生民の爲に命を立て、往聖の爲に絕學を繼ぎ、萬世の爲に太平を開く。

といふ形で知られることも旣述の通り（本書第一部第二章）。

そして近年、橫渠四句は新たな脚光を浴びつつある。本書は中國古典思想の硏究を本旨とするのではあるが、張載思想に關する、現代における政治的取り扱ひの傾向について觸れておくのも一定の意義を有することであらうと考へ、ここに略述する。

二〇一六年、中國共産黨總書記習近平は短期間のうちに複數回、談話中に橫渠四句を引用し、それらの談話は中國共産黨中央によつて重要講話と位置づけられた(1)。

まづ四月三十日、「知識分子・勞働模範・靑年代表座談會」での講話において、

天下を公と爲し、道義を擔當するといふのが、知識分子多數の有するべき心情である。我が國の知識分子は

昔から、國を家とする濃厚な心情を持ち、社會への强烈な責任感を保持してきた。「修身齊家治國平天下」「天地の爲に心を立て、生民の爲に命を立て、往聖の爲に絕學を繼ぎ、萬世の爲に太平を開く」「天下の憂へに先んじて憂へ、天下の樂しみに後れて樂しむ」かうした思想が歷代知識分子の尊崇するところであつた。(2)

と述べた。つまり習總書記は「大學」八條目のうち「修身、齊家、治國、平天下」の四條、および范仲淹「岳陽樓記」の「先憂後樂」と竝べて横渠四句を引き、これらを中國知識人なら皆、懷くべき心がけであると說いた。

次いで五月十七日、「哲學・社會科學工作座談會」における講話では、主題として提示した四つの問題の第一、「堅持和發展中國特色社會主義必須高度重視哲學社會科學」の結びの部分において、

歷史が明かにするところによれば、社會の大變革の時代は、必ずや哲學・社會科學が大大的に發展する時代である。當代の中國はちやうど我が國の歷史上、最も廣汎にして深刻な社會變革を經つつあり、またちやうど人類の歷史上、最も宏大にして獨特なイノベーションの實踐を進めつつある。かうした前人未踏の偉大な實踐は、必ずや理論の創造、學術の繁榮に對して强大な推進力と廣闊な空閒とを提供するであらう。これは理論を必要とし、その上で理論の產生を可能とする時代でなくてはならず、また思想を必要とし、その上で思想の產生が可能な時代でなくてはならない。我我はこの時代を取り逃がしてはならない。古來、我が國の知識分子には「天地の爲に心を立て、生民の爲に命を立て、往聖の爲に絕學を繼ぎ、萬世の爲に太平を開く」の志向と傳統とがある。全ての、理想を持ち、抱負を持つ哲學・社會科學從事者は、皆、時代の潮流に立ち、古今の變化に通じ、思想の先聲を發し、積極的に黨と人民との爲に學を述べ論を立て建言獻策して、歷史が與へた光榮なる使命を引き受けなくてはならないのである。(3)

と述べた。

中共中央紀律檢査委員會・中華人民共和國國家監察委員會は横渠四句を疏釋して云ふ。「天地の爲に心を立て」

とは天理の上に立ち、天下に仁義・忠信といつた道德倫理の價値を行き渡らせること。「生民の爲に命を立て」とは天下の人民のために天の命ずるところを確立すること。「往聖の爲に絕學を繼ぎ」とは佛老の影響を排除して孔孟の道を繼承すること。「萬世の爲に太平を開く」とは孔子はじめ歷代の聖賢が唱へた政治上の理想を實現すること。その上で右の講話について、

これは疑ひもなく今日の哲學・社會科學從事者に極めて高い期待と要求とを示したものである。廣大な知識分子は習總書記の述べた通り、時代の潮流の先頭に立ち、古今の變化に通曉し、思想の先聲を發起し、積極的に黨と人民とのために學を述べ論を立て、建言獻策し、勇敢に歷史が與へる光榮なる使命を擔はなくてはならない。

と結論する。[4] 右を總合するならば、橫渠四句は、習指導部の揭げる「中國の特色ある社會主義の堅持發展」といふ政策の理論的支柱に位置づけられると解釋できよう。

本書の特に第二部第六章で詳述したところであるが、張載の思想には、理想主義的に過ぎ、實踐思想としては受容しがたいといふ側面がある。反面、張載の揭げる理想は、その高邁さによつて後進を感奮させ、儒者官僚の政治的實踐における成果の原動力ともなつてきた。本書執筆時點で任期第三期に入つた習指導部の動向をトする上において、習氏が繰り返し橫渠四句に言及したことは無視できない要素であると述べて差支へあるまい。二十一世紀世界における中國の存在感擴張は、經濟的發展を土臺とした、言はば形而下的、物質的な面での擴張であると見えるが、しかしそこには橫渠四句の理想といふ思想面での裏打ちも存することを意識する必要があらう。[5]

〔注〕
（1）人民網ウェブサイト「習近平系列重要講話數据庫」http://jhsjk.people.cn による。
（2）人民網ウェブサイト http://politics.people.com.cn/n1/2016/0430/c1001-28316161.html による。

（3）新華社ウェブサイト http://www.xinhuanet.com//politics/2016-05/18/c_1118891128_2.htm による。
（4）中央紀委國家監委ウェブサイト https://www.ccdi.gov.cn/lswhn/shijian/201611/t20161103_28962.html による。
（5）今世紀の初め、儒教を宗教として定義しようとする研究が一部で行なはれた。さうした研究動向については奥崎裕司／石漢椿編著『宗教としての儒教』（汲古書院、二〇一一年）を參照。中國の傳統思想中に世界宗教が存在することを立證し、經濟面で世界に冠たる地位を得た中華人民共和國が精神面でも世界を先導し得ることを示すといふ點において、中國共產黨指導部の要請によく合致する動きであつたと考へられる。本書第一部で指摘した通り、宋代新儒學には「漢民族が外に對して威嚴を保つための具としての思想」といふ側面が有ると見られるが、現代の儒教宗教論の動きも、さうした宋代思想動向との相似形として捉へ得るといふ觀點を提示したい。また習總書記による橫渠四句への言及も、中國獨自思想の誇示といふ點でこれらと同一の文脈にあるといふ觀點を提示したい。

附錄一　北宋四子墓探訪記

平成十一年度文部省在外研究員を拜命し、平成十一年五月から平成十二年二月まで、北京市清華大學に滯在した。その間、九月に陝西省郿縣で開催された「張載關學與實學國際學術研討會」に出席した折、北宋の大儒、張載、二程子、邵雍の墓地を參觀することができた。その狀況に關して、この場を借りて御報告申し上げる次第である。

＊＊＊

そもそも、平成十年秋、在外研究の申請を行なつたときには、ただ漠然と、陝西省に旅して、筆者の主要研究對象である張載の故地を巡つてみたい、と考へてゐたに過ぎなかつた。宮崎順子氏の「張載故里探訪記」（大阪市立大學『中國學志』師號、一九九二年）によつて、郿縣に、張載の第二十八代後裔に當る張世敏といふ人がゐることは知つてゐたが、連絡の方法などまるで見當がつかなかつた。ところが、張氏御本人から、大阪市立大學の三浦國雄先生に、學會への招請があり、たまたま平成十一年一月、三浦先生が北海道に來られた折、筆者に御教示下さつたのである。

その後三月初め、在外研究の許可が出るとすぐに張氏と連絡を取りあひ、たうとう九月の學會參加に漕ぎ著けた。

ほとんど初對面に過ぎなかつた筆者に、こまごまと御指導を下さつた三浦先生、及び、はるばる北京まで張世敏氏に關する情報を寄せて下さつた宮崎氏には、この場を借りて厚く御禮申し上げる。

＊＊＊

平成十一年（一九九九）九月十四日（火）、K四一列車で一七時一〇分北京西驛發、翌朝七時四〇分西安著。驛前の雜踏の中に、三浦先生から送つて頂いた寫眞で見た、張世敏氏の顏を發見する。一旦ホテルで待機、碑林など案內して頂いた後、出迎への車で寶雞行きの高速道路を走つて、西安の西、約百六十キロにある郿縣へ。宿舍兼會場となる太白山度暇村に著いたのは、もう夜の十時過ぎであつた。

翌九月十六日、開會式の後、車に分乘して、宿舍から十キロほど離れた横渠鎭へ向かふ。一本道に沿つて建物の列ぶ田舍町の、中央からわづかにはづれた場所に、張載の祠堂があつた。

ここここそ張載の故地であり、祠堂は元代、横渠書院の跡地に建設されたが、張載の後裔は、陝西を離れて福建省、江西省方面に移り住んでゐた。萬曆四十八年、時の鳳翔知府沈自彰に乞はれて、張載の第十四代張文運がその子三人とともに郿縣に移り住んで祠堂を守ることになり、以來今日に至つてゐる。多分に漏れず文化大革命で破壞されたが、一九八五年から復興が始まり、現在は正門、本堂、二棟の資料館などが立派に造營され

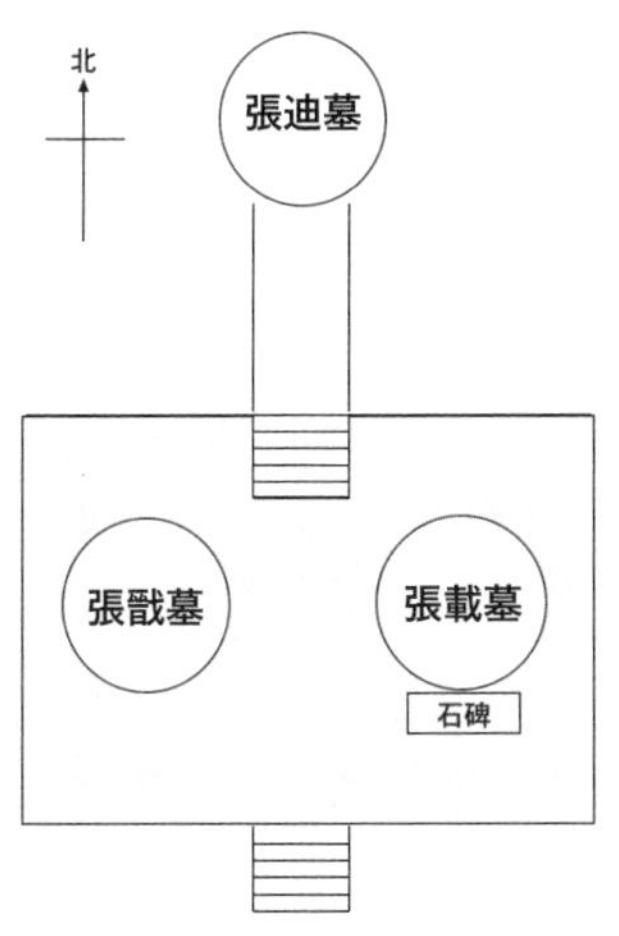

張氏墓概略圖

てゐる。

張世敏氏の説明を受けつつ參觀した後、再び車に分乘して、さらに十キロほど離れた山中にある張載の墓地へ向かつた。質素な煉瓦積みの農家が點在する山道を登り、最後は車が登れないとて歩いて行く。遺憾なことに張載祠でフィルムを使ひすぎてしまひ、肝心の墓所の樣子はほとんど撮影できなかつた。概略を圖示する。

宮崎氏の訪問記には、張載の墓の方が、父親である張迪の墓よりも上にあるので妙に思つた、また、墓地が北向きなので怪訝に思つたと書かれてゐた。しかし今見る張載の墓は、圖示した通り南向きに、張迪よりも下に配置されてゐる。どうなつてゐるのか、細かい事情はよくわからなかつた。墓地周邊は廣く木が拂はれ、石組み風の土臺に綺麗な芝生が整備されてゐて、これも宮崎氏の文章に、山林が迫つてゐて寫眞も撮れなかつたとあつた、その狀態は今は見られなくなつてゐる。張載墓の前には、一九九八年に韓國程朱學會が建立した、眞新しい石碑が建つてゐた。

今、この瞬間こそ、百二十人といふ學會參加者が訪れてゐるが、普段はこんな山の上まで參拜に來る人など滅多にゐないであらう。中央政界からは若干距離を置いて、生涯の多くを陝西の邊地で講學に過ごした學者の墓は、その爲人にふさはしい樣子で鎭まつてゐるやうに見えた。

＊＊＊

その日の午後は全體集會で基調講演などが行なはれ、翌日は分組討論。中國實學學會からの招きで御出席の、米澤女子短大の荻生先生、京大の小笠先生と筆者と、日本人三人同じグループで口頭發表を行なつた。九月十八日は閉會式の後、郿縣の隣、扶鳳縣にある法門寺參觀。十九日には太白山登山。

下山後、差し回しの車で西安まで戻り、建國飯店で一泊。二十日朝九時四一分發のY二〇二列車に乘り、同日午後三時過ぎ、洛陽に到著した。

＊＊＊

學會で同席した河南省行政學院の李保林教授から、二程墓は伊川縣にある、龍門からさう遠くなく、伊川の町のすぐそばだ、と教はつてゐた。念のため中國青年旅行社に賴んで車を手配し、二十一日朝、ホテルで運轉手の翟さんと落ち合ふ。彼は二程墓を知つてゐるのみならず、近くに邵雍の墓もあるよと言ふ。考へてみれば、邵雍も伊洛の人であつた。是非にと日程に追加する。

洛水を渡つて南下し、關林及び龍門觀光、伊川を渡つて白居易墓を參觀の後、伊川縣に向かふ。田園の中を相當長時間走る。どんな鄙びたところに連れて行かれるかと思つてゐたが、著いてみれば、伊川の町は化學肥料や銘酒の工場などがあつて、なかなかにぎやかな町であつた。

その郊外、駐屯地程近くの畑の中に、塀を巡らした一角がある。近寄つて見ると、彩色された門があり、河南省重點文物保護單位、二程墓、といふ石の標識が立つてゐる。滅多に參詣する人などゐないらしく、門が開くまで少し待たされたが、そのくせ、お一人樣一元也の入場劵はちやんと用意されてゐた。

宮崎氏の文章に、墓前は畑になつてゐたとある通り、何かを刈り取つた後の圓い敷地を巡るやうに石疊がある。それを右側からたどつて行くと、奥に墳墓が立ち竝んでゐる。その左寄りに、程顥の墓を見つけた。その左、少し北寄りに奥まつてゐるのが程頤、この兩者の閒の奥に程珦の墓がある。この三人の墓前には香爐、更にその南には、小さな動物の石像が竝んでおり、嘗て程朱學が權威の極みであつた頃、ここは立派な參道で、多くの參詣人がゐたのであらうが、今は草深い畑地になつてしまつて、見る影もない。見張りの少年がゐて寫眞撮影は許されなかつたので、概略を圖示する。

三人の墓を正面に見るところに、祠がある。中央に程珦、左右に程顥と程頤の像。この祠の前にも、韓国程朱學會が建てた新しい碑があつた。

一巡りして戻つてくると、我我の來訪を知つて驅けつけたものか、伊川縣文化局副局長、吳金科さんがやつて来た。門前で、吳氏、少年、翟さんと一緒に寫眞を撮り、車に乘る。出發間際、少年はGood bye!　と聲をかけてくれた。

＊　＊　＊

一旦伊川の町の方へ戻り、そこから改めて田園の中へ。舗装された農道を登りながら、翟さんがしきりと左側を氣にする。畑の中には、無造作に土を積んだ墓が點在する。時には碑も建つてゐる。邵雍の墓がその程度のものといふことはあるまいが、それにしてもこんな畑の中にあるのかと思ふうちに左折、農道と言ふより畦道の中に入る。横渠の田舎と同じく、もう何年も昔から、變はることなく暮らしてゐさうな農家の集落。通りすがりに農家の親子をつかまへて、邵夫子の墓は？　と尋ねると、そろつて、あつち、

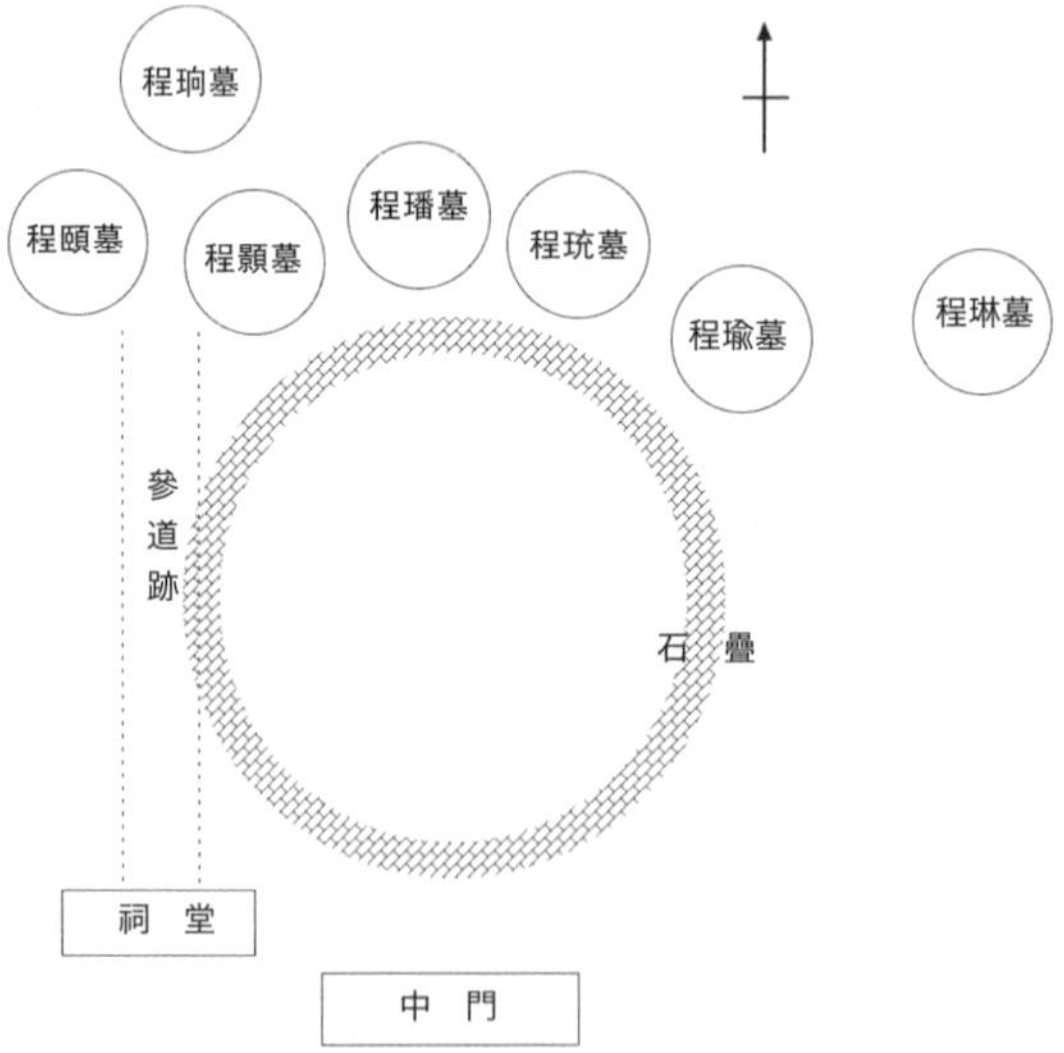

程珦墓
程頤墓
程顥墓
程璠墓
程琉墓
程瑜墓
程琳墓
參道跡
石疊
祠堂
中門

程氏墓概略圖

と指さした。そちらへ向かふうち、少し斜面を下つたところに、塀を巡らした場所が見えてきた。また道を聞く。あれで間違ひないんだが、さてどう行つたものか、と呟く。だいぶん心細いが、しかし翟さんは果敢に細い畦道に入る。脱輪などしたらえらいことだと思つたが、たうとう無事に墓前までたどり著いた。

同じやうに、河南省重點文物保護單位、邵雍墓、といふ石の碑は建つてゐるが、これはまた隨分こぢんまりと、ひなびた風情の墓である。大體、正門を入つた中庭に、トラクターが駐車してゐる。その横を通つて中に入ると、中門の左右に、いくらか新しい碑が建ち竝んでゐる。中門をくぐると、參道の左右は綿の畑。正面に祠。古びた祠に、新しい提燈が澤山下がり、飾り時計があつてちやんと動いてゐる。祠の奥が墓所。墓の周りには、花火の殘骸がたくさんある。どうやら、ここは儒者の祠といふより、村の鎭守のやうになつてゐて、何か祭でもあると、近隣の人が集まつてくるらしい。大體、さほど逸話の多くない張載についてすら、地元には「少年時代を四川で過ごした張載は、成人後も四川料理が戀しく、夜な夜な羽化登仙しては、一ッ飛びして四川に至り、四川菜を賞味してゐた」といつた傳說が殘つてゐるといふ。ましてや生前から傳說の中にゐたやうな邵雍とあらば、村人から氏神樣扱ひされるくらゐのことは不思議でもないのかもしれぬ。

邵雍の墓は圓形ではなく、八角形に作られてゐる。易の八卦に

邵雍墓

なぞらへたものかと思はれる。觀物篇を作つて過去から未來までを見通さうとした男の墓は、秋晴れの農村で、畑ととけ合ふやうにして鎭まつてゐる。彼は自分の墓所の未來を知つてゐたのだらうか。

＊　＊　＊

ここまで來れば、後は當然、周敦頤の墓にも詣でて、北宋五子の墓巡りを完結したいところであつたが、湖南社會科學院の梁紹輝氏の教示によれば、江西省九江市にあつた周子墓は、文革時に破壞され、今は畑になつてしまつて見る影もないのだといふ。周敦頤の家鄕は湖南省道縣にある。故里から離れてゐるせゐか、復興もままならないらしい。眞新しく改修された張載墓とは對照的である。

張載祠の改修はまだ途上にあり、張世敏氏は近いうちに橫渠書院を復興、そこに張載に關する內外の硏究成果を展示したいと語つてゐた。是非御協力をと依賴されたのだが、筆者の微力をもつてしては協力にも限度がある。博雅の士の、張載に關する御硏究について、山際宛、御連絡を乞ふ。厚かましいお願ひではあるが、斯學のため、ひいては日中友好のために、敢て贅言する次第である。

（初出：「東方」第二四〇號、二〇〇一年一月）

附錄二　橫渠鎭再訪錄

右に再錄した探訪記から十九年後、すなはち平成三十年（二〇一八）七月、「戊戌年關學國際研討會」に招待され、橫渠書院（張載祠）、張氏墓を再訪した。宿泊地は今回も太白山溫泉であつた。日本からの參加者は、このたびは筆者一人だけであつた。十九年前には得られなかつた資料も利用しつつ、張載祠および張氏墓の狀況をここに記錄しておく。

郿縣は行政區劃としては寶鷄市に屬する。縣城は西安市から西へおよそ百二十キロメートル、寶鷄市からは東へ五十キロメートルほど離れる。橫渠鎭は郿縣の東端を占め、郿縣の縣城からは二十餘キロメートル隔たつたところにある。北には渭水が流れ、南西には秦嶺山脈の最高峰、太白山を仰ぐ。

西安と寶鷄とを結ぶ道路沿ひ、東西に擴がる橫渠の町は面目一新して立派な建物が竝ぶ街道町となつてゐた。そのほぼ中心と見えるところに橫渠書院が鎭座する。文化大革命で被害に遭つたが、今は回廊を廻らした廣壯な伽藍建築風の結構が出來上がりつつある。大殿には昔と同じ張載像を祀る。

蘇軾に「太白山下早行至橫渠鎭書崇壽院壁」（『蘇東坡集』卷一）と題する詩があり、早くも北宋のころ、橫渠鎭に崇壽院なる書院が存在したことが伺はれる。「行狀」に「至つて僻陋」と記す橫渠鎭に、書院が幾つもあつたとは考へ難いから、張載はこの崇壽院で學を講じ、そこがやがて橫渠書院と呼ばれることとなつたものであらうか(1)。

横渠書院からほぼ眞南へ十キロメートル足らず、秦嶺山脈の裾に當る、迷狐嶺と呼ぶ丘陵地帶に張氏墓がある。山林の中、昔は無かつた立派な門から參道を行き、石段を上ると石疊の廣場となる。ここも文化大革命で被害に遭ひ、二十世紀末、韓國程朱學會の盡力により整備されたとのことである。中央奧の一段高いところに張迪、向つて左に張戩、右に張載が眠る。山中のごく邊鄙な場所であるが、今は門を入つたところに管理人駐在所、簡易消防施設が置かれ、手入れは行き届いてゐるやうに見えた。(2)

〔注〕

（1）張世敏『張載學說及其影響』（陝西新華出版傳媒集團三秦出版社、二〇一五年）を參照。ただし張波／張紅艷合撰「書院・祠祀・家族：歷史視域中的張載文化──以《（宣統）郿縣志》《（乾隆）鳳翔府志》爲中心的考察」（張波／米文科『關學研究探微』中國社會科學出版社、二〇一七年、二八二頁～二九三頁）では史料に記す崇壽院の位置と横渠書院の位置とが異なると指摘する。

（2）張載祠（横渠書院）、張氏墓の狀況に關しては林樂昌「中國哲學史個案研究的實地調査嘗試──以張載理學思想和歷史影響研究爲例」（『張載理學與文獻探研』人民出版社、二〇一六年、二百三十四頁～二百五十一頁）が參考になる。

張載祠門（2018 年 7 月 26 日）

張載祠大殿（2018 年 7 月 26 日）

張載墓（2018 年 7 月 27 日）

左：張戩墓　中央：張迪墓入口　右：張載墓（2018 年 7 月 27 日）

附錄三　「儒藏」における『孟子精義』の點校に關する一疑問點

『孟子』離婁章句下、第十二章に云ふ。

大人なる者は、其の赤子の心を失はざる者なり。

この章に關する北宋道學諸儒の見解を知るには、『孟子精義』を見るのが便利である。刊本として一般的なのは呂氏寶誥堂重刊白鹿堂本『朱子遺書二刻』所收本であらう。以下これを「呂氏本」と略稱する。呂氏本『孟子精義』卷八には次のやうにある。

孟子曰大人者不失其赤子之心者也章

伊川曰保民如赤子此所以爲大人謂不失嬰兒之心不若保民如赤子爲大

呂曰喜怒哀樂之未發則赤子之心當其未發此心至虛無所偏倚故謂之中以此心應萬物之變無所往來而非中矣先生曰喜怒哀樂未發之謂中赤子之心發而未遠乎中若便謂之中是不識大本也　問離說中以赤子之心爲已發是否曰已發而去道未遠也曰大人不失赤子之心若何曰取其純一近道也曰赤子之心與聖人之心若何曰聖人之心如明鏡如止水

楊曰赤子之心發而未離大本也故言大人以此而已語化之則未也

尹曰赤子之心純一無僞

念のため該當箇所の圖版（中文出版社影印本）を掲げておく（圖一）。『論語精義』『孟子精義』を見慣れた人なら卽座に、程頤の說一條、呂大臨の說二條、楊時の說一條、尹焞の說一條が列擧されてゐると見て取るであらう。

　これらの說に對する朱熹の意見を知るためには『孟子或問』を見ることになる。『孟子或問』下卷八の該當箇所を見ると、

　或ひと十二章の說を問ふ。曰く、程子の初說、趙注と同じ。恐るらくは其の論の未だ定まらざるなり。其の後の兩說は則ち已に密なり。

とある。程頤の說は『二程外書』卷二から採られたものであるが、これが趙岐と同じであるといふのは、『孟子』趙岐注に「大人とは君を謂ふ。國君、民を視ること當に赤子の如かるべく、其の民心を失はざるをこれ謂ふなり」とあるのを受けてのことであらう。これと『精義』所收の程頤の說とが類似することについては直ちに納得できるのだが、朱熹によればこれは「初說」であり、この後さらに二つの說、朱熹がより精密だと判定するところの說が存するはずである。しかるに前掲『精義』にはそれが存在せず、直ちに呂大臨の說が置かれてあるやうに見える。そこで『或問』の續きを見ると、

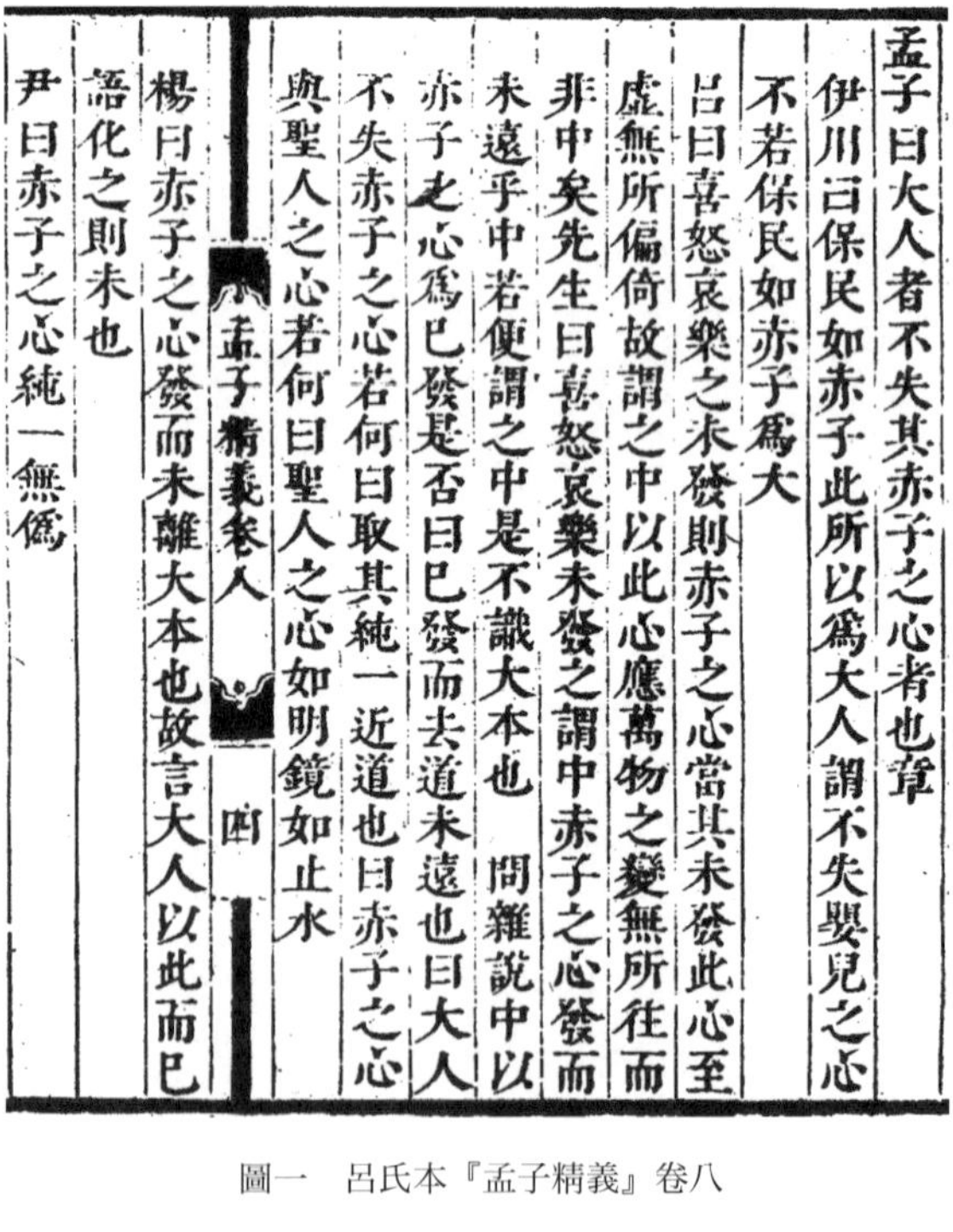

孟子曰大人者不失其赤子之心者也章
伊川曰保民如赤子此所以爲大人謂不失嬰兒之心
不若保民如赤子爲大
呂曰喜怒哀樂之未發則赤子之心當其未發此心至
虛無所偏倚故謂之中以此心應萬物之變無所往而
非中矣先生曰喜怒哀樂未發之謂中赤子之心發而
未遠乎中若便謂之中是不識大本也　問雜說中以
赤子之心爲已發是否曰已發而去道未遠也曰大人
不失赤子之心若何曰取其純一近道也曰赤子之心
與聖人之心若何曰聖人之心如明鏡如止水
孟子精義卷八　四
楊曰赤子之心發而未離大本也故言大人以此而已
語化之則未也
尹曰赤子之心純一無僞

圖一　呂氏本『孟子精義』卷八

曰く、赤子の心、張子呂氏、以て未發と爲す。而して程子、以て已發と爲す。夫れ赤子の心は、固より未發と爲すべからざるも、然れども豈に亦た未發の時有らずや。曰く、程子の呂與叔に告ぐるは、固、前に所謂、心を言へば皆已に發する者を指すを以て未だ當らずと爲すに自る。夫れ赤子の心、衆人の心、各ゝ未發已發の時有り。但、赤子の心は未だ私意人欲の累有らず。故に其の已に發して未だ必ずしも節要に中らずと雖も、亦た未だ中に遠からずと爲すのみ。

とある。ここで張載が赤子の心を未發と解したと述べるのは、『經學理窟』詩書、第五條に、

「帝の則に順ふ」(『詩經』大雅)とは、此れ赤子の心を失はざるなり。冥然として思慮する所無く、天に順ふのみ。赤子の心は人、皆知るべからざるなり。惟、靜に一なるを以て之を言ふ。

とあるのを踏まへてのことであらうか。いづれにせよここで朱熹は、張載および呂大臨の說を排して程頤の說に左袒するのであるが、その、赤子の心を已發と考へるといふ程頤の說が『精義』に見えないのは奇妙なことである。

さらに『或問』の續きを見ると、

曰く、程子の所謂、聖人の明鑑止水、其の赤子の純一無僞に異なる所以の者は何ぞや。曰く、赤子の心は全く未だ知る有らず。(下略)

となつてゐる。前揭『精義』の體裁を見ると、聖人の心を明鏡と止水とで表現するのは呂大臨であるかのやうに見えるのだが、朱熹はこれを程頤の言なりとしてゐる。

『論語精義』『孟子精義』と『論語或問』『孟子或問』とで擧げるところが異なることは殆ど無い。この離婁章句下の箇所については餘りに乖離が大きい。そこで改めて『精義』の該當箇所、特に「呂曰」以下の條をよく見ると、これが呂大臨と「先生」との對論であることに氣づく。すなはちこれは『河南程氏文集』卷九所收「與呂大臨論中書」(以下「論中書」と略稱)からの節錄である。そして『或問』の書き振りから推すに、朱熹はこれを呂大臨の說ではな

く程頤の説を紹介するものとして『精義』に採錄してゐる。

かうしたことを念頭に置きつつ、呂大臨の第二説と見える「問ふ、雜説中に」云云の條に關して調査すると、これは『河南程氏遺書』卷十八の第八十三條、程頤と蘇昞との對話から節錄されたものであることが判明する。これまた程頤の説を紹介するものであること、言ふまでもない。

要するに『孟子精義』卷八、「大人なる者は、其の赤子の心を失はざる者なり」の箇所に擧げるのは程頤の説三條、楊時の説一條、尹焞の説一條である。呂大臨がこの「赤子の心」を『中庸』の「喜怒哀樂の未だ發せざる、之を中と謂ふ。發して皆、節に中る、之を和と謂ふ」の解釋に援用して「赤子の心」を「未發」に結びつけ、程頤は「論中書」においてそれを非とした。この論爭が朱熹の學說定立に大きな影響を與へたことは、既に先學の指摘するところである(1)。それゆゑ朱熹も『精義』のこの箇所で、まづ呂大臨の語を置き、次いでこれを否定する程頤の語を配して、以て自說の典據としたのであらう。『或問』を見れば、朱熹の意圖がこれを程頤の語として引く點にあつたこと、疑ひない。

既述の通り『論語精義』『孟子精義』を見慣れた人であればあるだけ、「呂曰」なる文字を見れば卽座に呂大臨の說の紹介だと

「孟子曰大人者不失其赤子之心者也」章❷

伊川曰：「保民如赤子，此所以爲大人。謂不失嬰兒之心，不若保民如赤子爲大。」

呂曰：「喜怒哀樂之未發，則赤子之心當其未發，此心至虛，無所偏倚，故謂之中。以此心應萬物之變，無所往而非中矣。」先生曰：「喜怒哀樂未發之謂中，赤子之心發而未達乎中，❶若便謂之中，是不識大本也。」問：「《雜說》中以赤子之心爲已發，是否？」曰：「已發而去道未遠也。」曰：「大人不失赤子之心若何？」曰：「取其純一近道也。」曰：「赤子之心與聖人之心若何？」曰：「聖人之心，如明鏡，如止水。」

楊曰：「赤子之心，發而未離大本也。故言大人以此而已，語化之則未也。」

尹曰：「赤子之心，純一無僞。」

❶「達」，原作「遠」，據四庫本改。
❷「章」，原無此字，據四庫本補。

圖二　「儒藏」精華編第一〇九册『論孟精義』591頁、592頁より節錄

判定する可能性が有る。呂氏本の校訂者も——或は遡つて白鹿堂本の校訂者もさうであつたのかもしれぬ——恐らくはかうした錯覺によつて、朱熹の意圖に反して「呂曰」以下を改段してしまつたのであらう。

陳俊民『藍田呂氏遺著輯校』（中華書局、一九九三年）は、各種經解等に散見する呂大臨の經說を一本に集成し、呂大臨の學說を窺ふに有益である。『孟子』に關する呂大臨の言說は「孟子解」の名で收錄されてある。この「赤子の心」の章を見るに、『孟子精義』の「呂曰」以下二條が、呂大臨の孟子解として採錄されてゐる。「先生曰」の箇所に注して「先生、依河南程氏文集卷第九與呂大臨論中書、係指程頤」とあるので、陳氏はこの條の本來の典據を知らなかつたのではない。しかし呂大臨の「孟子解」を蒐集するに、この二條を擧げてしまつたのは、讀者を誤解に導きかねない處置であると言はざるを得まい。

「儒藏」精華編第一〇九册『論孟精義』（北京大學出版社、二〇〇七年）はやはり呂氏本を底本とし、和刻本を含む各種版本を參看して點校を加へる。しかるに『孟子精義』卷八、離婁章句下の「赤子の心」章を見ると、呂氏本と同じく「呂曰」で改段してあるのみならず、程頤の第三說「問雜說中」の前の空格を省いてある（圖二）。この體裁では「呂曰」から「如明鏡、如止水」までが呂大臨の

伊川曰保民如赤子此所以為大人謂不失嬰兒之
心不若保民如赤子為大
呂曰喜怒哀樂之未發則赤子之心當其未發此心
至虛無所偏倚故謂之中以此心應萬物之變無所
往而非中矣先生曰喜怒哀樂未發之謂中赤子之
心發而未遠乎中若便謂之中是不識大本也　問
雜說中以赤子之心為已發是否曰已發而去道未
遠也曰大人不失赤子之心若何曰取其純一近道
欽定四庫全書　孟子精義 卷八　六
也曰赤子之心與聖人之心若何曰聖人之心如明
鏡如止水
楊曰赤子之心發而未離大本也故言大人以此而
已語化之則未也
尹曰赤子之心純一無偽

圖三　文淵閣四庫全書『孟子精義』卷八

說一條であると受け取られかねまい。

その上、程頤の第二說、すなはち「論中書」からの節錄の後半、「赤子之心發而未遠乎中」が、「赤子之心發而未達乎中」に改められてゐる。當該箇所に注して「達、原作遠、據四庫本改」とあるので文淵閣四庫全書本『孟子精義』を見ると、確かに「發而未達乎中」に作る（圖三）。しかし同じく文淵閣四庫全書本『二程文集』卷十「論中書」では「發而未遠乎中」に作る（圖四）。筆者は特段、善本を蒐集するものではないが、管見の及ぶ限りではどの「論中書」でも「發而未遠乎中」となつてゐる。[2]

しかもこの「遠」「達」の違ひは、單なる魯魚の訛といふものではない。呂大臨が「未發」を「赤子の心」と等置したのに對して、程頤は、

赤子の心は發して未だ中に遠からず。若し便ち之を中と謂へば、是れ大本を識らざるなり。

と述べる。すなはち「赤子の心は已發ではあるがまだ未發の中からさう遠く離れない。しかしこれを未發と等置するのは間違ひだ」と述べる。前引『或問』の「夫れ赤子の心、衆人の心、各〻未發已發の時有り。但、赤子の心は未だ私意人欲の累有らず。故に其の已に發して未だ必ずしも節要に中らずと雖も、亦た未だ中に遠からずと爲すのみ」なる議論は、程頤のこの考へを繼承したものであつて、假にこれが「發而未達乎中」であるとするなら、朱熹の論は意味をなさないことになる。程頤が「赤子の心は已に發して、まだ中に達しない」と述べたのだとすれば、心が「已發」を含むものであり「中」と等置されないのは程頤にとつて、そして朱熹にとつても、自明の前提であ

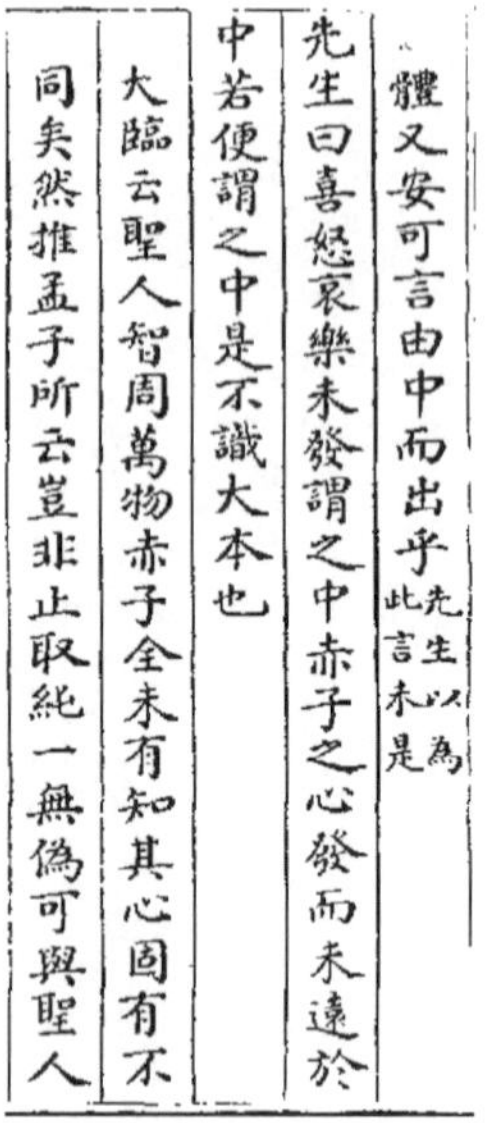

體又安可言由中而出乎先生以為此言未是
先生曰喜怒哀樂未發謂之中赤子之心發而未遠於
中若便謂之中是不識大本也
大臨云聖人智周萬物赤子全未有知其心固有不
同矣然推孟子所云豈非止取純一無偽可與聖人

圖四　文淵閣四庫全書『二程文集』卷十

るから、それが赤子の心であらうと衆人の心であらうと無關係になる。換言すればことさらに赤子の心について論を立てる必要が無くなつてしまふ。『朱子語類』巻五十七に、

「赤子の心は發して未だ中に遠からずといふことですが、これを未發と見ることはできないのですか」「赤子の心には未發の時も有れば已發の時もある。今、赤子の心を專ら已發とだけ見做すのはよろしくない。赤子の心は未發の時には老穉賢愚の心と選ぶところは無い。ただ已に發して、まだ私欲が存しない。だから、未だ中に遠からず、であるといふだけのことだ」(第十三條、董銖錄)

「程子は、已に發して未だ遠からず、と言つた。赤子が腹が減ると泣き、咽喉が渇くと飲む、といつたことは、已發のことだ」(第十四條、徐寓錄)

とあるのを見れば、朱熹の教團において「論中書」のこの箇所が「發而未遠乎中」として讀まれてゐたこと、疑ひを容れない。

また單に程頤の言をのみ見ても、この箇所が「發而未達乎中」であるとするなら、『精義』に引く程頤の第三説、

問ふ、雜說中に赤子の心を以て已發と爲す、是なるや否や。曰く、已發にして道を去ること未だ遠からざるなり。曰く、「大人は赤子の心を失はず」は若何。曰く、其の純一にして道に近きに取るなり。曰く、赤子の心と聖人の心と、若何。曰く、聖人の心は明鏡の如く、止水の如し。(3)

と合はない。限られた材料を基として輕率に斷定することは避けねばなるまいが、文淵閣四庫全書本『孟子精義』が「發而未達乎中」に作るのこそ傳寫の過であらう。だとすれば「儒藏」がこれに依據して底本の「發而未遠乎中」を「發而未達乎中」に改めるのは、臆改の譏を免れまい。

「儒藏」の編纂は中華人民共和國の國家的事業として進行してをり、將來、儒學思想に關して論ずる場合「儒藏」を底本とすることが一般化するといふやうなことも有り得ないではない。その「儒藏」に、かかる疑點が存するこ

とは看過し得ぬことであると思ひ、敢て贅言する。

〔注〕

（1）市來津由彥「呂大臨の思想」（『日本中國學會報』第三十二集、一九八〇年）。

（2）本稿を草するに當つては中文出版社影印和刻本『二程全書』、理學叢書『二程集』（中華書局排印、一九八一年）、『宋元學案』（商務印書館排印本および中華書局排印本）を參看した。

（3）『河南程氏遺書』卷十八では「明鏡」を單に「鏡」に作る。

（初出：「苫小牧工業高等專門學校紀要」第四十五號、二〇一〇年三月）

附記

本書は筆者の發表濟み原稿を基に構成された部分がある。以下、該當箇所と初出とを記す。

第一部第一章三　「北宋における官僚任用の一傾向――張載の場合――」（「中國哲學」第三十五號、二〇〇七年）を基に若干手を加へた。

第二部第一章　「張載『正蒙』に見られる循環の思想」（「中國哲學」第十八號、一九八九年）を基に手を加へた。

第二部第二章　「張載の性説について」（「中國哲學」第二十四號、一九九五年）に「張載の孟子説――心性論を中心として――」（「中國哲學」第二十二號、一九九三年）を融合して再構成した。

第二部第三章　「張載「横渠論語説」――「虚」と死生觀――」（『論語の思想史』第二部第一章、汲古書院、一九九四年）を基に若干手を加へた。

第二部第四章　「宋儒の「屢空」説」（「中國哲學」第二十七號、一九九八年）を基に手を加へた。

第三部第一章　「道學における氣の內面性――胡宏『知言』の讀解を手がかりとして――」（「中國哲學」第三十八號、二〇一〇年）を基に若干手を加へた。

第三部第二章　「道學の修養説――關學と洛學とのあひだ」（「中國哲學」第四十一・四十二合併號、二〇一四年）を基に若干手を加へた。

第三部第三章　「天泉橋問答の太虚説」（「中國哲學」第四十五・四十六合併號、二〇一八年）を基に若干手を加へた。

第三部第四章　「朱熹の存順沒寧解」（「中國哲學」第四十七號、二〇一九年）を基に若干手を加へた。

附錄一　「北宋四子墓探訪記」（「東方」第二四〇號、二〇〇一年）を基にわづかに手を加へた。

附錄三　「儒藏」における『孟子精義』の點校に關する一疑問點（「苫小牧工業高等專門學校紀要」第四十五號、二〇一〇年）

參考文獻

一　典籍類

『重栞宋本十三經注疏附校勘記』（藝文印書館影印、一九八九年）
通志堂刊『經典釋文附校勘記』（中文出版社影印、一九七二年）
元盱眙覆宋廖氏本『論語集解』（四部叢刊廣編所収、臺灣商務印書館、一九八一年）
正平版『論語集解』（京都大學附屬圖書館藏文化十三年覆刻本、京都大學貴重資料デジタルアーカイブ）
懷德堂刊『論語義疏（校本）』（『武內義雄全集』第一卷所収、角川書店、一九七八年）
『論語筆解』（清刊本『藝海珠塵』所収、國立國會圖書館デジタルコレクション）
『直講李先生文集』（內閣文庫藏明刊本、國立公文書館デジタルアーカイブ）
『司馬太師溫國文正公傳家集』（內閣文庫藏明刊本、國立公文書館デジタルアーカイブ）
陳克明點校『周敦頤集』（中華書局、一九九〇年）
郭彧整理『邵雍集』（中華書局、二〇一〇年）
章錫琛點校『張載集』（中華書局、一九七八年）
和刻本『徐必達校正周張全書』（中文出版社影印、一九八一年）
林樂昌編校『張子全書』（西北大學出版社、二〇一五年）
※增訂版　西北大學出版社、二〇二〇年
林樂昌『正蒙合校集釋』（中華書局、二〇一二年）
劉泉『橫渠易說校注』（中華書局、二〇二一年）
王孝魚點校『二程集』（中華書局、一九八一年）

陳俊民輯校『藍田呂氏遺著輯校』（中華書局、一九九三年）
※增訂版　儒藏精華編第二二〇冊（北京大學出版社、二〇〇七年）
曹樹明點校整理『藍田呂氏集』（西北大學出版社、二〇一五年）
林海權校理『楊時集』（中華書局、二〇一八年）
和刻本『上蔡語錄／延平答問附補錄』（中文出版社影印、一九七二年）
李劍雄／劉德權點校『邵氏聞見錄』（中華書局、一九九七年）
馬玉臣輯校『《中書備對》輯佚校注』（河南大學出版社、二〇〇七年）
吳仁華點校『胡宏集』（中華書局、一九八七年）
宋吳氏刊本『四書集注』（中文出版社影印、一九八〇年）
新編諸子集成『四書章句集注』（中華書局、一九八六年）
四部叢刊『朱文公文集』（臺灣商務印書館影印、一九八〇年）
郭齊／尹波點校『朱熹集』（四川教育出版社、一九九六年）
禦兒呂氏寶誥堂刋『朱子遺書』（中文出版社影印、一九七五年）
王星賢點校『朱子語類』（中華書局、一九九四年）
長澤規矩也／戸川芳郎編『和刻本儀禮經傳通解』（汲古書院影印、一九八〇年）
古逸叢書『晦庵先生校正周易繫辭精義』（叢書集成初編所収、上海商務印書館影印、一九三六年）
何忠禮點校『朱熹年譜』（中華書局、一九九八年）
楊世文／王蓉貴點校『張栻全集』（長春出版社、一九九九年）
楊世文點校『張栻集』（中華書局、二〇一五年）
鍾哲點校『陸九淵集』（中華書局、一九八〇年）
『禮記集說』（康熙十二年刋『通志堂經解』所収、哈佛燕京圖書館デジタルコレクション）
『慈湖先生遺書』（內閣文庫藏明刋本、國立公文書館デジタルアーカイブ）
和刻本『鳴道集說／求是編』（中文出版社影印、一九七七年）
上海師範大學古籍整理研究所／華東師範大學古籍整理研究所點校『續資治通鑑長編』（中華書局、二〇〇四年）
李之亮點校『宋史全文』（黑龍江人民出版社、二〇〇五年）

『玉海』（上海書店／江蘇古籍出版社、一九八七年）
影宋刊本『郡齋讀書志』（四部叢刊廣編所收、臺灣商務印書館、一九八一年）
『草廬吳文正公集』（乾隆二十一年刊本、哈佛燕京圖書館デジタルコレクション）
萬久富整理『禮記集說（陳澔）』（鳳凰出版傳媒集團鳳凰出版社、二〇一〇年）
孫玄常／李元慶／周慶義／李安綱點校『薛瑄全集』（山西人民出版社、一九九〇年）
和刻本『居業錄』（中文出版社影印、一九七五年）
『聖學格物通』（內閣文庫藏明刊本、國立公文書館デジタルアーカイブ）
『王陽明全書』（臺灣正中書局、一九七九年六版）
王曉昕／趙平略點校『王文成公全書』（中華書局、二〇一五年）
閻韜點校『困知記』（中華書局、一九九〇年）
『困知記／羅整庵先生存稾／思辨錄輯要』（廣學社印書館、一九七五年）
和刻本『龍溪王先生全集』（中文出版社影印、一九七七年）
錢明編校整理『徐愛 錢德洪 董澐集』（陽明後學文獻叢書、鳳凰出版傳媒集團鳳凰出版社、二〇〇七年）
趙瑞民點校『涇野子內篇』（中華書局、一九九二年）
『馮少墟集』（天啓元年刊本、哈佛燕京圖書館デジタルコレクション）
陳俊民／徐興海點校『關學編』（中華書局、一九八七年）
『孟子師說』（道光十一年姚江王氏刊本、學習院大學東洋文化研究所東アジア學バーチャルミュージアム）
船山全書編輯委員會編校『船山全書』（嶽麓書社出版、一九九二年）
陳俊民點校『二曲集』（中華書局、一九九六年）
沈芝盈點校『明儒學案』（中華書局、一九八五年）
湯志鈞點校『戴震集』（上海古籍出版社、二〇〇九年）
陳金生／梁運華點校『宋元學案』（中華書局、一九八六年）
『宋元學案補遺』（世界書局影印、一九七四年）
『易圖明辨』（『皇清經解續編』光緒十四年刊、國立國會圖書館デジタルコレクション）
點校本『宋史』（中華書局、一九七七年）

吳伯雄點校『宋史翼』（浙江古籍出版社、二〇一九年）
劉琳／習忠民／舒大剛／尹波等校點『宋會要輯校』（上海古籍出版社、二〇一四年）
『合印四庫全書總目提要及四庫未収書目禁燬書目』（臺灣商務印書館、一九八五年增訂三版）
『重編影印正統道藏』（中文出版社、一九八六年）
日本思想大系四十六『佐藤一齋　大鹽中齋』（岩波書店、一九八〇年）
『儒門空虛聚語』（育成會、一九〇二年。國立國會圖書館デジタルコレクション）
『標注傳習錄』（早稻田大學圖書館藏、早稻田大學圖書館古典籍總合データベース）
稿本『傳習錄欄外書』（國立國會圖書館デジタルコレクション）
和刻本『尙直編』（國立國會圖書館デジタルコレクション）
※典籍中、特記しないものは文淵閣四庫全書本に依つた。

二　論集、單行書籍（刊行年順）

胡適『戴東原的哲學』（上海商務印書館、一九二七年）
常盤大定『支那に於ける佛教と儒教道教』（東洋文庫、一九三〇年）
馮友蘭『中國哲學史』（中文出版社、一九七三年。原刊は商務印書館、一九三五年）
後藤俊瑞『朱子の實踐哲學』（目黑書店、一九三七年）
西晉一郎／小糸夏次郎譯注『太極圖說・通書・西銘・正蒙』（岩波書店、一九三八年）
マックス・ウェーバー『儒教と道教』（細谷德三郎譯、弘文堂書店、一九四〇年）
三島復『王陽明の哲學』（大岡山書店、一九四二年第三刷）
安田二郎『中國近世思想研究』（弘文堂、一九四八年）
張岱年『中國唯物主義思想簡史』（中國青年出版社、一九五七年）
今井宇三郎『宋代易學の研究』（明治圖書出版株式會社、一九五八年）
陳垣『二十史朔閏表』（中華書局、一九六二年）

楠本正繼『宋明時代儒學思想の研究』（廣池學園事業部、一九六二年）
阿部肇一『中國禪宗史の研究』（誠信書房、一九六三年）
河原由郎『北宋期・土地所有の問題と商業資本』（西日本學術出版社、一九六四年）
市川安司『程伊川哲學の研究』（東京大學出版會、一九七八年復刊。原刊は一九六四年）
島田虔次『中國革命の先驅者たち』（筑摩書房、一九六五年）
吉川幸次郎『論語』（新訂中國古典選、朝日新聞社、一九六五年）
島田虔次『朱子學と陽明學』（岩波書店、一九六七年）
岩間一雄『中國政治思想史研究』（未來社、一九六八年）
下見隆雄『中國古典新書　禮記』（明德出版社、一九六八年）
牟宗三『心體與性體』上中下（『牟宗三先生全集』第五册～第七册、聯經出版公司、二〇〇三年。原刊は臺北正中書局、一九六八年）
周藤吉之『宋代史研究』（東洋文庫、一九六九年）
山根三芳『中國古典新書　正蒙』（明德出版社、一九七〇年）
山下龍二『陽明學の研究　成立編』（現代情報社、一九七一年）
山下龍二『陽明學の研究　展開編』（現代情報社、一九七一年）
任繼愈『漢唐佛敎思想論集』（人民出版社、一九七三年）
昌彼得／王德毅／程元敏／侯俊德編『宋人傳記資料索引』（鼎文書局、一九七四年）
北京大學哲學系『中國哲學史講授提綱』（一九七五年）
小野澤精一／福永光司／山井湧編『氣の思想』（東京大學出版會、一九七八年）
荒木見悟責任編輯『世界の名著19　朱子　王陽明』（中央公論社、一九七八年）
友枝龍太郎『朱子の思想形成（改訂版）』（春秋社、一九七九年）
山井湧『明清思想史の研究』（東京大學出版會、一九八〇年）
蔡仁厚『宋明理學（北宋篇）』（臺灣學生書局、一九八〇年）
蔡仁厚『宋明理學（南宋篇）』（臺灣學生書局、一九八〇年）
譚其驤主編『中國歷史地圖集』第六册（中國地圖出版社、一九八二年）
陳榮捷『朱學論集』（臺灣學生書局、一九八二年）

姜國柱『張載的哲學思想』（遼寧人民出版社、一九八二年）
大濱晧『朱子の哲學』（東京大學出版會、一九八三年）
井筒俊彦『意識と本質』（岩波書店、一九八三年）
岡田武彥『宋明哲學の本質』（木耳社、一九八四年）
侯外廬／邱漢生／張豈之主編『宋明理學史』（人民出版社、一九八四年）
張立文『宋明理學研究』（中國人民大學出版社、一九八五年）
中國文化全書『中國思想史下』（高文堂出版社、一九八六年）
陳俊民『張載哲學思想與關學學派』（人民出版社、一九八六年）
功刀正『李翺の研究　資料編』（白帝社、一九八七年）
山田慶兒『朱子の自然學』（岩波書店、一九八七年）
黃秀璣『張載』（東大圖書公司、一九八七年）
進藤英幸『中國古典新書　伊洛淵源錄』（明德出版社、一九八九年）
程宜山『張載哲學的系統分析』（學林出版社、一九八九年）
蒙培元『理學範疇系統』（人民出版社、一九八九年）
陳來『朱子書信編年考證』（上海人民出版社、一九八九年）
朱建民『張載思想研究』（文津出版社、一九八九年）
中華書局編輯部編『宋元方志叢刊』（中華書局、一九九〇年）
任繼愈主編『道藏提要』（中國社會科學出版社、一九九一年）
陳來『宋明理學』（遼寧教育出版社、一九九一年）
周藤吉之『宋・高麗制度史研究』（汲古書院、一九九二年）
龐萬里『二程哲學體系』（北京航空航天大學出版社、一九九二年）
賴永海『佛學與儒學』（浙江人民出版社、一九九二年）
松川健二編『論語の思想史』（汲古書院、一九九四年）
陳金木『皇侃之經學』（臺灣國立編譯館、一九九五年）
朱伯崑『易學哲學史』（華夏出版社、一九九五年）

※邦譯　伊東倫厚監譯、近藤浩之主編、朋友書店、二〇〇九年
龔傑『張載評傳』（南京大學出版社、一九九六年）
松川健二『宋明の論語』（汲古書院、二〇〇〇年）
孔令宏『儒道關係視野中的朱熹哲學』（中華大道文化事業股份有限公司出版部、二〇〇〇年）
王瑞來『宋代の皇帝權力と士大夫政治』（汲古書院、二〇〇一年）
束景南『朱熹年譜長編』（華東師範大學出版社、二〇〇一年）
吳洪澤／尹波主編『宋人年譜叢刊』（四川大學出版社、二〇〇三年）
吾妻重二『朱子學の新研究』（創文社、二〇〇四年）
胡元玲『張載易學與道學：以《橫渠易說》及《正蒙》爲主之探討』（臺灣學生書局、二〇〇四年）
佐藤仁『宋代の春秋學　宋代士大夫の思考世界』（研文出版、二〇〇七年）
楊新勛『宋代疑經研究』（中華書局、二〇〇七年）
陳來主編『早期道學話語的形成與演變』（安徽教育出版社、二〇〇七年）
陳政揚『張載思想的哲學詮釋』（文史哲出版社、二〇〇七年）
李蕉『張載政治思想述論』（中華書局、二〇一一年）
奥崎裕司／石漢椿編著『宗教としての儒教』（汲古書院、二〇一一年）
吉田公平『中國近世の心學思想』（研文出版、二〇一二年）
李如冰『藍田四呂及其著述研究』（人民出版社、二〇一二年）
李曉春『張載哲學與中國古代思惟方式研究』（中華書局、二〇一二年）
陝西省考古研究所／陝西歷史博物館／北京大學考古文博學院／北京大學中國考古學研究中心編『異世同調——陝西省藍田呂氏家族墓地出土文物』（中華書局、二〇一三年）
徐時儀『《朱子語類》詞滙研究』（上海古籍出版社、二〇一三年）
張世敏『張載學說及其影響』（陝西新華出版傳媒集團三秦出版社、二〇一五年）
張波『張載年譜』（西北大學出版社、二〇一五年）
方光華／曹振明『張載思想研究』（西北大學出版社、二〇一五年）
周贇『張載天人關係新說——論作爲宗教哲學的理學』（中華書局、二〇一五年）

劉學智『關學思想史』(西北大學出版社、二〇一五年)
辛亞民『張載易學研究』(中國社會科學出版社、二〇一五年)
福田殖『宋元明の朱子學と陽明學　福田殖著作選Ⅰ』(研文出版、二〇一六年)
林樂昌『張載理學與文獻探研』(人民出版社、二〇一六年)
張波/米文科『關學研究探微』(中國社會科學出版社、二〇一七年)
諸葛憶兵編著『宋代科擧資料長篇　北宋卷』(鳳凰出版社、二〇一七年)
林樂昌主編『張載理學論集　思想・著作・影響』(中國社會科學出版社、二〇一九年)
土田健次郎『朱熹の思想體系』(汲古書院、二〇一九年)
葛兆光『中國は〝中國〟なのか　「宅茲中國」のイメージと現實』(橋本昭典譯、東方書店、二〇二〇年)
魏冬『張載及其關學――〝横渠四爲句〟視域下的現代闡釋』(西北大學出版社、二〇二〇年)
張興『宋代《大學》思想演變研究』(中國社會科學出版社、二〇二一年)
魏濤『關洛之辨――宋代關洛學派思想關係研究』(中國社會科學出版社、二〇二二年)
張世敏編著『宋儒張横渠的思想及家文化』(中國石鼓印社出版社、二〇二三年)

三　研究論文(發表年順)

吉田靜致「周張二子の哲學」(『哲學雜誌』卷十三、一三七號~一三九號、一八九八年)
藤澤誠「張子の成學過程に於ける二三の背景的考察」(『服部先生古稀祝賀記念論文集』冨山房、一九三六年)
宇野精一「中國古典學の展開」(『宇野精一著作集第二卷』明治書院、一九八六年。原刊は北隆館、一九四九年)
山井湧「明淸時代における氣の哲學」(『哲學雜誌』第六十六卷第七百十一號、一九五一年)
周藤吉之「北宋に於ける方田均稅法の施行過程――特に王安石・蔡京の新法としての――」(『日本學士院紀要』第十卷第二號~第三號、一九五二年)
藤澤誠「宋初に於ける儒家の排佛論の一傾向」(『信州大學文理學部紀要』第五號、一九五五年)
宮崎市定「北宋史概說」(『アジア史研究』第一、一九五七年)

山下龍二「羅欽順と氣の哲學」(名古屋大學文學部研究論集 XXVII、一九六一年)
戸田豐三郎「横渠易學小論」(「廣島大學文學部紀要」十九卷、一九六一年)
菰口治「正蒙の構成と易説について――その文獻學的考察――」(「集刊東洋學」第十二號、一九六三年)
山根三芳「張横渠思想研究序説」(「廣島大學文學部紀要」第二十二卷一號、一九六三年)
岡田武彦「胡五峰論――湖南學と朱子――」(復刊「東洋文化」第十號・第十一號、一九六五年)
山根三芳「張横渠の禮思想研究」(「廣島大學文學部紀要」二十四卷一號、一九六五年)
高橋正和「孟子字義疏証における理について」(「九州大學中國學會報」第十二卷、一九六五年)
菰口治「關學の特徵――特に地理的關係において――」(「集刊東洋學」第十八號、一九六七年)
佐藤仁「張横渠傳」(「久留米工業高等專門學校研究報告」七、一九六七年)
山根三芳「張横渠の天人合一思想」(「日本中國學會報」第十九集、一九六七年)
菰口治「關學の特徵(Ⅱ)――「禮」を中心にして――」(「文化」第三十二卷第三號、一九六八年)
山根三芳「張横渠思想研究―その(1)」(「哲學」第十五集、一九六八年)
西順藏「張横渠の思想――「天地」という世界――」(『西順藏中國思想論集』筑摩書房、一九六九年)
島田虔次「宋學の展開」(『岩波講座世界歴史9』岩波書店、一九七〇年)
山根三芳「張子禮説考」(「日本中國學會報」第二十二集、一九七〇年)
市川安司「物の生滅に關する張横渠・程伊川二氏の意見」(「東京支那學報」第十六號、一九七一年)
高畑常信「胡五峯の思想(一)――胡子知言を中心として――」(「支那學研究」第三十六號、一九七二年)
戸田豐三郎「張横渠の「經學理窟」について」(「中京大學文學部紀要」第七卷第一號、一九七二年)
山崎道夫「西銘の思想」(『鈴木博士古稀記念東洋學論叢』明德出版社、一九七二年)
下斗米晟「孟子盡心篇首章について」(「大東文化大學紀要」第十一號、一九七三年)
田中謙二「朱門弟子師事年攷」(「東方學報」第四十四號、京都大學人文科學研究所、一九七三年)
關正朗「張載の認識觀についての一考察」(『宇野哲人先生白壽祝賀記念東洋學論叢』、一九七四年)
吉川幸次郎「朱子學北傳前史――金朝と朱子學――」(『宇野哲人先生白壽祝賀記念東洋學論叢』、一九七四年)
田中謙二「朱門弟子師事年攷續」(「東方學報」第四十八號、京都大學人文科學研究所、一九七五年)
楠本正繼「宋學を導いたもの」(『楠本正繼先生中國哲學研究』、一九七五年)

大島晃「張横渠の『太虚卽氣』論について」(「日本中國學會報」第二十七集、一九七五年)
上山春平「朱子の禮學――『儀禮經傳通解』研究序説――」(「人文學報」第四十一號、京都大學人文科學研究所、一九七六年)
菰口治「呂大臨の禮思想について」(「中國哲學論集」第二號、一九七六年)
湯淺幸孫「宋學に於ける自然と人倫」(「京都大學文學部研究紀要」第十六號、一九七六年)
市川安司「北溪字義に見える理一分殊の考え方」(『二松學舍大學論集中國文學編』一九七七年)
山根三芳「司馬光禮説考」(『森三樹三郎博士頌壽記念東洋學論集』朋友書店、一九七九年)
黄錦鋐「張載的生平及其思想」(『森三樹三郎博士頌壽記念東洋學論集』朋友書店、一九七九年)
市來津由彦「呂大臨の思想」(「日本中國學會報」第三十二集、一九八〇年)
王曾瑜「王安石變法簡論」(「中國社會科學」一九八〇年第三期)
木下鐵矢「張載の思想について――「大」と「聖」――」(「中國思想史研究」第四號、一九八一年)
佐藤富美子「張横渠の性の概念について」(「フィロソフィア」第七十一號、早稲田大學哲學會、一九八三年)
三浦國雄「張載太虚説前史」(「集刊東洋學」第五十號、一九八三年)
大島晃「水氷の比喩試探――張載の比喩の淵源をめぐって」(「上智大學文學科紀要」第一號〜第二號、一九八四年〜一九八五年)
三浦國雄「朱子鬼神論補」(大阪市立大學文學部「人文研究」三十七―三、一九八五年)
松川健二「『論語』朝聞夕死章について」(『伊藤漱平教授退官記念中國學論集』汲古書院、一九八六年)
小笠智章「邵雍と張載の思想における〈神〉の意義」(「中國思想史研究」第八號、一九八六年)
市川安司「張横渠の一物兩體説」(「二松學舍大學創立百十周年記念論文集」一九八七年)
木下鐵矢「『正蒙』太和篇の一條について――「氣」の認識形態――」(「中國思想史研究」第九號、一九八七年)
吾妻重二「『悟眞篇』の内丹思想」(坂出祥伸編『中國古代養生思想の總合的研究』平河出版社、一九八八年)
山根三芳「張子禮説考(續)」(「哲學」第四十輯、一九八八年)
高橋均「論語義疏の二種の校本をめぐって」(「中國文化：教育と研究」第四十七號、一九八九年)
松川健二「『論語』吾有知章について」(「漢文教室」第百六十四號、一九八九年)
松川健二「從心と縱心」(『印度哲學佛教學』第六號、一九九一年)
宮崎順子「張載故里探訪記」(「中國學志」需號、大阪市立大學中文學會、一九九二年)
福田殖「朱子の死生觀について」(「中國哲學論集」第十八號、一九九二年)

福田殖「朱子の死生觀について（續）―鬼神の理は即ち是れ此の心の理なり―」（『文學論輯』第三十八號、一九九三年）
稻葉一郎「司馬光の少年期における家庭環境と教育」（『人文論究』第四十三卷第二號、一九九三年）
小笠智章「程伊川の〝氣〟をめぐって」（『中國思想史研究』第十六號、一九九三年）
三浦國雄「氣質變化考」（『日本中國學會報』第四十五集、一九九三年）
吾妻重二「太極圖の形成――儒佛道三教をめぐる再檢討」（『日本中國學會報』第四十六集、一九九四年）
室谷邦行「皇侃『論語集解義疏』――六朝疏學の展開――」（松川健二編『論語の思想史』汲古書院、一九九四年、第一部第五章）
末岡實「韓愈・李翺『論語筆解』――唐代古文運動の精神――」（松川健二編『論語の思想史』汲古書院、一九九四年、第一部第六章）
高橋均「論語注釋史考（一）：王朗、衞瓘、繆播、繆協」（『東京外國語大學論集』第五十一號、一九九五年）
近藤正則「徐積の〝孟子性善說〟について――宋代『孟子』受容史の視點から――」（『岐阜女子大學紀要』第二十四號、一九九五年）
平元道雄「程明道と新法」（『久留米工業高等專門學校紀要』第六卷第二號、一九九五年）
高橋均「論語注釋史考（四）：欒肇、殷仲堪、梁冀、琳公、顧歡、沈居士」（『東京外國語大學論集』第五十五號、一九九七年）
松川健二「『孟子』盡心篇首章と西鄕南洲」（『陽明學』第九號、一九九七年）
高橋均「論語注釋史考（五）：李充、太史叔明、褚仲都、沈峭、熊埋」（『東京外國語大學論集』第五十六號、一九九八年）
中根公雄「中國近世における博文約禮解と知行論（一）」（『陽明學』第十號、一九九八年）
中根公雄「中國近世における博文約禮解と知行論（二）」（『陽明學』第十一號、一九九九年）
東英壽「歐陽脩の科擧改革と古文の復興について」（『鹿兒島大學法文學部人文學科論集』第五十一號、二〇〇〇年）
楊祖漢「朱子「盡心章注」與胡五峰思想之關係」（『國立中央大學人文學報』第二十四期、二〇〇一年）
吾妻重二「朱熹の鬼神論と氣の論理」（『中國思想における身體・自然・信仰――坂出祥伸先生退休記念論集』東方書店、二〇〇四年）
高畑常信「宋代儒學と湖南學」（『東京學藝大學紀要第２部門』第五十五集、二〇〇四年）
渡邉義浩「井田の系譜――占田・課田制の思想史的背景について――」（『中國研究集刊』致號、二〇〇五年）
大場一央「王陽明の思想形成における龍場大悟の位置」（『早稻田大學大學院文學研究科紀要』第一分册五十二、二〇〇六年）
荒木龍太郎「良知現成論者の考察――渾一と一貫の視點から――」（『日本中國學會報』第五十八集、二〇〇六年）
牛尾弘孝「朱子學における靜坐・居敬の解釋をめぐって」（『中國哲學論集』三十四、二〇〇八年）
毛利英介「十一世紀後半における北宋の國際的地位について――宋麗通交再開と契丹の存在を手がかりに――」（宋代史研究會研究報告第九集『「宋代中國」の相對化』汲古書院、二〇〇九年）

土田健次郎「宋代士大夫の營爲はいかに研究されるべきか――余英時『朱熹的歴史世界―宋代士大夫政治文化的研究―』をめぐって――」（『中國―社會と文化』第二十四號、二〇〇九年）
黃敏浩「王龍溪〈天泉證道紀〉所衍生的問題」（臺灣東亞文明研究學刊第八卷第二期、二〇一一年）
緒方賢一「宋代の婚禮說について」（『立命館言語文化研究』第二十三卷第三號、二〇一二年）
佐藤錬太郎「明清時代における陽明學批判――『無善無惡』說をめぐる論爭――」（『日本儒教學會報』第二號、二〇一八年）

あとがき

筆者は中學二年生になつた春、論語を讀んで古典思想に興味を持つやうになり、昭和五十七年秋、北海道大學の、當時の言葉を使へば教養部から文學部哲學科中國哲學專攻課程に假移行して斯學の門を叩いた。まだ小講座制の時代で、中國哲學講座の教官は佐藤一郎教授、伊東倫厚助教授、宮本勝助手、教養部擔當の松川健二助教授といふ陣容であつた。一郎先生は昭和五十八年度を以て退休された。その後いくらも經たずに逝去されたのは惜しんでも餘りあることであつた。

在學中、宮本先生が北海道教育大學に轉出され、後任の助手に末岡實先生――いや、あまり敬して遠ざけてはかへつて申しわけない、末岡さんが入られた。また佐藤錬太郎先生が新銳の助教授として著任された。同窓には弥和順さん、名畑嘉則さん、水上雅晴さん、小幡敏行さんなどがをられた。集中講義で來道された戸川芳郎先生、日原利國先生、池田秀三先生、村山善廣先生、山下龍二先生、大島晃先生の謦咳に接する機會を得た。

平成二年三月、大學院文學研究科東洋哲學專攻博士後期課程を滿期退學し、同年四月、北海道の教員として苫小牧東高等學校に赴任した。高校教員生活は二年で終り、平成四年四月、國立苫小牧工業高等專門學校に講師として著任した。高專國語講師の募集を中國哲學講座に知らせてくださつたのは國語國文學の龜井秀夫先生であつた。國語の教官としては安藤和幸先生、蓼沼正美先生がをられ、筆者は學科增にともなふ新定員で採用されたものである。以後、平成八年七月に同校助教授、平成十四年四月に同校教授に昇任し、結局、社會人生活の大部分を苫小牧高專でお世話になつた。採用してくださつた校長は石井忠雄先生であつた。その後、佐久間哲郎先生、伊藤精彦先生、秋山俊彦先生、黑川一哉先生、但野茂先生、小林幸德先生の指導を仰いだ。在任中、安藤先生が在職のままで逝去されたのは忘れがたい悲痛事であつた。その後任として吉岡亮先生、片山ふゆき先生が著任され、また離任された。

平成十一年、文部省在外研究員に採用され、五月から翌年二月まで、訪問學者として北京市は清華大學に滯在した。末岡さんの斡旋で、葛兆光先生が招請狀を出してくださつた。清華大學では對外交流中心（當時）の李繼先先生に萬事面倒を見ていただいた。出發前、北大に集中講義に來られた三浦國雄先生にお會ひし、張世敏先生を紹介していただいた。秋、陝西省郿縣で開催された「張載關學與實學國際學術研討會」に出席して口頭發表の機會を得た。その際、張先生のほか、林樂昌先生と談論した。

平成八年以降數年おきに、集中講義の非常勤教員として北海道教育大學釧路校に呼んでいただいた。行くたびに比良輝夫先生、石井行雄先生、佐野比呂己先生から過分の歡待を受けた。比良先生が現役で逝去されたのは本當に殘念なことであつた。

本書は令和四年、北海道大學に提出した學位請求論文を書籍化したものである。魯鈍ゆゑに業績が溜まるのに時間がかかり、還暦過ぎてやうやく博士論文を纏めることとなつた。纏めつつ讀み返すとあらためて調査不足、考察不備の點が多多あるのに氣づくが、一つのけぢめとして刊行することとした。ここに至るまでに、伊東先生、松川先生は先師と呼ばねばならなくなつた。父母、岳父岳母に本書を見せることも叶はなかつた。學位請求を慫慂してくださつた錬太郎先生も、既に退休された。身の不敏を恥ぢるばかりである。また學位論文提出について相談申し上げた黑川元校長が、本書をお目にかける前に急逝されたことを無念に思ふ。

本書は令和六年度（二〇二四年度）日本學術振興會科學研究費助成事業（研究成果公開促進費・學術圖書）の助

成を得て刊行された（課題番號 24HP5002）。刊行に當つては北海道大學出版會の川本愛さんに諸事萬端お世話になつた。事務手續については苫小牧工業高等專門學校總務課の手を煩はせた。裝幀を飾る書は大澤玉翠先生の手になるものである。使用を許諾してくださつた大澤先生に深く感謝申しあげる。そして刊行を支援してくださつた皆様に心より厚く御禮申しあげる。

本書を妻に、筆者にとつて常に最高の理解者であり最大の支援者である妻に捧げる。

著者謹識

令和六年秋　　錦多峰關學堂にて

山際明利（やまぎわ　あきとし）

昭和 36 年（1961）北海道旭川市に生れる
平成 2 年（1990）北海道大學大學院文學研究科博士後期課程退學
博士（文學）（北海道大學）
現職：苫小牧工業高等専門學校教授（創造工学科總合人文科學系）
　　　中國陝西省横渠書院名譽顧問
著書：『論語の思想史』（共著、松川健二編、汲古書院、1994 年）など
論文：「『儀禮經傳通解』の「學記」解」（「中國哲学」第 50 號、2023 年 3 月）、
「關洛之閒：以修養説爲中心」（『戊戌年關學國際研討會論文集』陝西人民出版社、2020 年）他二十篇餘

張載思想研究
　宋明理學の中の「太虛」説

2024 年 12 月 10 日　第 1 刷発行

著　者　　山　際　明　利
発行者　　櫻　井　義　秀

発行所　北海道大学出版会
札幌市北区北 9 条西 8 丁目北海道大学構内（〒060-0809）
Tel. 011（747）2308・Fax. 011（736）8605・https://www.hup.gr.jp

（株）アイワード／石田製本（株）

ISBN978-4-8329-6899-8

人名索引

書名索引

た　行

な　行

は　行

ま　行

や　行

ら　行